2020

黑龙江省社会科学学术著作出版资助项目

中国证券市场非对称性与交易机制设计

耿晓媛 著

哈尔滨工程大学出版社
Harbin Engineering University Press

内容简介

本书以限价性交易制度为切入点,在对限价性交易制度合理性进行讨论的基础上,通过对收益率分布特征与市场有效性相互关系的考察,探讨了限价性交易制度对收益率分布的影响作用及其效应,同时结合行为金融学中有关投资者行为非对称的相关理论与实践,提出了非对称性限价交易制度的设计理念,并从实证分析的角度对中国主板市场和多层资本市场的限价性交易制度效应进行了分析,在模拟分析的基础上,制定了中国主板市场、中小企业板市场和创业板市场非对称性限价交易制度的具体优化方案。

图书在版编目(CIP)数据

中国证券市场非对称性与交易机制设计/耿晓媛著. —哈尔滨:哈尔滨工程大学出版社,2020.12
ISBN 978 – 7 – 5661 – 2643 – 6

Ⅰ.①中… Ⅱ.①耿… Ⅲ.①证券市场 – 市场交易 – 研究 – 中国 Ⅳ.①F832.51

中国版本图书馆 CIP 数据核字(2020)第 234691 号

选题策划　马佳佳
责任编辑　于海燕　张如意
封面设计　李海波

出版发行　哈尔滨工程大学出版社
社　　址　哈尔滨市南岗区南通大街 145 号
邮政编码　150001
发行电话　0451 – 82519328
传　　真　0451 – 82519699
经　　销　新华书店
印　　刷　北京中石油彩色印刷有限责任公司
开　　本　787 mm ×960 mm　1/16
印　　张　13.75
字　　数　256 千字
版　　次　2020 年 12 月第 1 版
印　　次　2020 年 12 月第 1 次印刷
定　　价　58.00 元
http://www.hrbeupress.com
E-mail:heupress@ hrbeu.edu.cn

前　　言

　　行为金融学理论告诉我们,证券市场投资者无论是对信息的反应还是对结果的处理均具有非对称性的特征,投资者行为的非对称性必然导致股票市场收益率的非对称,这一结论也被大量的实证研究所证实。然而,理论分析又同时表明,股票市场收益率对称分布是市场有效的必要条件,收益率分布非对称又会导致市场无效,从而招致效率损失。因此,改善收益率的对称性就成为提升资本市场运行效率的基础,寻求改善收益率分布对称性特征的现实路径也就成为资本市场运行研究的重大理论问题。

　　从实践上看,虽然中国资本市场的创建起步较晚,但无论是在规模还是在资本市场体系基本架构上,中国资本市场的发展都极其迅速。截至 21 世纪初,中国股票市场规模已位居全球各国股票市场的前列。一方面,近些年来,随着场外交易市场的试点,一个以主板市场、中小企业板市场、创业板市场和场外交易市场为基点的完善的多层资本市场体系架构初步形成。另一方面,随着中国股票市场规模的迅速扩张与多层资本市场体系的形成,资本市场运行过程中的一些问题不仅充分暴露,而且变得愈来愈突出,资本市场也面临着重大的"结构升级"问题,即资本市场"粗放型"发展已不再适合中国经济发展和金融发展的基本格局,资本市场的发展必须转向"精细化"的发展格局,而资本市场"精细化"的问题实质上是市场各种规则的科学化设计。此外,从现行统一的多层资本市场体系限价性交易制度上看,完全统一的限价性交易制度显然既没能体现多层资本市场体系的层次性,也与各层资本市场本身的收益与风险特征不相适应。因此,从制度设计的角度去探讨中国资本市场的健康与可持续发展,就成为我们当前所面临的重大的现实问题。

　　本书以限价性交易制度为切入点,在对限价性交易制度合理性进行讨论的基础上,通过对收益率分布特征与市场有效性相互关系的考察,探讨了限价性交易制度对收益率分布的影响作用及其效应,同时结合行为金融学中有关投资者行为非对称的相关理论与实践,提出了非对称性限价交易制度的设计理念,并从实证分析的角度对中国主板市场和多层资本市场的限价性交易制度效应进行了分析,在模拟分析的基础上,制定了中国主板市场、中小企业板市场和创业板市场非对称性限价交易制度的具体优化方案。

全书的主要内容如下:

(1)分别对本书的选题背景、研究意义、研究方法等方面进行了分析、论述。此外,还梳理回顾了国内外对这一问题的研究现状,厘清了本书的脉络,概括了研究框架,设定了研究内容,设计了研究方法,思考了需深入研究的相关问题。

(2)从有效市场理论入手,通过对有效市场的理论分析,说明收益率分布与有效市场及市场效率的关系。通过理论分析可知,有效市场是帕累托有效的,收益率对称性分布是有效市场的必要条件,而收益率非对称性将导致市场无效,进而带来效率损失。

(3)介绍了多层资本市场之间的内在关系与联动性,阐述了中国构建多层资本市场的必要性,以及论述了中国多层资本市场构建与实践现状。

(4)对中国多层资本市场在资源配置层面及风险配置层面进行了理论性的帕累托有效性分析,然后通过对有效市场基本条件的剖析论证了非对称性的波动特征必然会破坏市场的有效性,从而无法实现资源配置与风险配置的帕累托最优,结果招致多层资本市场效率的损失。

(5)利用行为金融学的相关理论,探讨投资者的投资心理是非对称性的,进而导致交易行为的非对称性。反映到整个市场上就是收益率的非对称性。显然,这与现在实行的对称性交易机制是不相符的,当前的对称性涨跌幅不但没有对投资者投资非对称行为进行疏解,反而加速了非对称性波动的产生。

(6)从波动视角深入探讨了中国证券市场的发展历程,进而分析了多层资本市场在收益率方面的基本特征,检验了其稳定性,分析了市场的回归性,为后续检验市场体系内部的联动性和一致性奠定基础。

(7)深入分析对称性交易机制运行时出现的问题,构建 VF - EGARCH - M 模型,这一模型是构建在价值函数理论基础之上的,集中探讨中国主板市场非对称限价交易制度的设计。结合实证主义的研究手段对中国资本市场涨停限价交易制度的非对称性效应进行了深入分析,并且在与极值理论进行密切结合的基础上,对涨跌幅进行了最优设计,蒙特卡洛模拟技术分析与检验的结果表明,中国主板市场的最优涨跌幅限价交易应调整为以跌幅 10% 为基准的涨幅13%。

（8）根据第9章有关主板市场非对称性交易机制设计的分析与结果，结合多层资本市场体系的相关研究结论，重点探讨了中国多层资本市场体系的非对称限价交易制度设计。研究结果显示，在主板市场非对称限价交易制度选择为（-10%，+13%）的前提下，中小企业板和创业板的非对称限价交易制度应分别设定为（-11.3%，+17%）和（-14.3%，+23%）。

（9）总结全书：对中国资本市场实行非对称机制的创设提出了相应建议，反思了本书的局限性并展望了未来的研究方向。

通过分析与深入研究，本书得到了一些有价值的结论，并在以下四方面做了一些创新性的工作：

（1）借助经济学分析工具，从理论上探讨了有效市场与帕累托有效的关系、有效市场与收益率分布特征的关系，以及收益率分布特征与帕累托有效的关系。

（2）对多层资本市场从资源配置和风险配置两层面分别进行了帕累托有效性分析，论证了收益率对称性是达到帕累托有效的必要条件。

（3）运用前景理论对股市收益率非对称性波动特征与对称性交易机制之间的关系进行了分析。

（4）构建了 VF - EGARCH - M 这一建立在价值函数基础之上的模型，运用实证研究的手段分析了中国资本市场对称性的涨跌限价体制之非对称性的效应，提出了主板市场和多层资本市场体系非对称性限价交易制度的最优设计方案，并借助蒙特卡洛模拟技术对设计方案做出了有效性的检验。

书中的主要内容是黑龙江八一农垦大学耿晓媛主持的黑龙江省普通本科高等学校青年创新人才培养计划项目"我国多层资本市场资源配置效率评价与风险防范研究（UNPYSCT - 2015088）"、黑龙江八一农垦大学学成、引进人才科研启动计划项目"我国多层资本市场效率评价研究（XDB 2015 - 27）"的阶段性研究成果之一。本书的出版受黑龙江八一农垦大学学术专著基金资助。

著　者

2020 年 6 月

目　　录

第1章 导　　论

1.1　选题背景和意义

虽然中国证券市场从建立到发展只经历了短短二十几年的历程,但随着市场经济不断深化发展,中国证券市场的改革也取得了显著成效,证券市场在中国国民经济中的作用和地位也日渐突出。然而,与世界发达国家证券市场相比,中国证券市场仍然处于起步阶段,在基础性制度方面存在着明显的缺陷与不足,内生稳定机制不健全,尚需政府从顶层设计的高度制定相应的政策措施对中国证券市场加以规范和调控,从而保障证券市场的稳定运行。

证券市场的健康、稳定发展是给投资者提供一个安全有效的投资环境的前提,证券市场如果波动过大,不仅会使投资者对其望而却步,还有可能影响到国民经济的稳定。因此,为了降低证券市场的波动性,控制其金融风险,世界各国的证券交易所纷纷制定出了各种不同的价格稳定机制来抑制证券价格的过度波动。目前,为了防止金融危机的产生,各个国家都实行了涨跌幅限制和暂停交易,以及断路器等一系列措施,来稳定证券市场。在这些稳定价格的措施之中,限制性涨跌幅措施受到了一些新兴证券市场国家的极大欢迎,已经被广泛使用,如东亚的韩国、日本等的证券市场都设立了涨跌停板限价措施。由2011年4月的世界交易所联合会的统计可知,在全球52个会员交易所中,已经有不少于22家交易所设立了不同涨跌幅度的涨跌停板限价交易制度。中国也于1996年12月16日正式在上海、深圳两地证券市场交易所同时实施±10%的涨跌幅限价交易制度。

限制性涨跌幅措施是一种人为控制的价格管理措施,可以防止每一交易日的证券价格出现较大波动,实行这种管理措施就是为避免证券市场的不足导致证券价格出现大的波动,进而出现市场失灵的局面。涨跌停板限价交易制度作为影响中国证券市场最重要的一种价格稳定机制,其引入、实施、取消、恢复再次实施,均对中国证券市场产生了深远影响。中国证券市场是一个新兴的证券市场,成立于 1990 年 11 月 26 日。最初,由于当时的投资者对证券市场机制不尽熟悉和了解,并且当时的市场规模较小,从某种层面上来说价格容易被操纵。因此,对于当时处于建设初期的证券市场而言,为了避免其潜在的负面影响所可能导致的社会波动,中国政府对证券价格的涨跌幅度做出了相应的限制。证券价格的涨跌幅交易制度的推行对当时中国证券市场的交易产生了深远的影响,当时的市场价格表现平静、交易不活跃,从而在一定程度上制约了中国证券市场的发展。为了配合国有企业改革与改制的总体战略,促进中国证券市场的健康、有序发展,中国政府于 1992 年 5 月 21 日取消了涨跌停板限价交易制度,开始实行自由的交易制度。自此之后,中国证券市场进入迅速发展阶段,当时,市场表现过热、投机氛围较浓重等一系列问题凸现,这在一定程度上破坏了通过发挥市场机制从而进行优化资源配置的市场功能。为了避免过度投机带来的危害,1997 年 1 月 2 日,中国政府决定再次实行涨跌停板限价交易制度来稳定市场,该制度规定沪深证券交易所对所有的上市股票和基金交易实行每日涨跌幅的波动限制,除首日上市的股票外,每只股票的日成交价不得超过前一交易日收盘价的 ±10%,是一种具有典型对称性特征的限价交易制度。

中国证券市场在建立初期阶段的最主要任务是促进中国金融市场的发展,相关的交易制度自然也就围绕这一主题展开,自从进入 21 世纪,中国证券市场的规模已经发展到一定水平,截至 1999 年 12 月 31 日,沪深交易所上市的人民币普通股股数已经达到 921 只,市值总额高达 26 167.62 亿元,占该年国内生产总值(GDP)的 31.98%。但是,与西方发达国家的证券市场相比,中国证券市场运行的制度性与规范性问题却日益突出,那么加强中国证券市场基本制度建设,规范各类相关行为主体的交易行为就成为 21 世纪以来中国证券市场发展最迫切的任务。对于一个"先天不足"的证券市场而言,规范性制度建设的首要任务应当是优先解决它的基础条件建设问题,即股权分置改革问题,中国证券市场经过多年的努力改革与发展,股权分置改革于 2006 年底已经基本完成。而股权分置改革的完成意味着中国证券市场在规范性制度建设这一方面已经开始由"粗放化"的层面向"精细化"的层面转变。证券市场交易制度在价格方面的政策(目前中国现行的在价格方面的证券市场交易制度为 ±10% 涨跌幅对称性限价交易制度)也到了应该被重新审视的时候了。

从中国证券市场是否应施行涨跌停板限价交易制度的角度来看,中国证券市场自 1990 年建立以来可以被划分为三个阶段:第一阶段为初始的探索性阶段(1990 年 11 月 26 日—1992 年 5 月 20 日),该阶段是中国证券市场借鉴国外成熟金融市场的有关经验,并且基于国内证券市场初创时期的主要目标及可能的特征的基础之上,政府出于谨慎的角度而推出的涨跌停板限价交易制度。第二阶段为自由交易阶段(1992 年 5 月 21 日—1996 年 12 月 31 日),该阶段是依据中国证券市场此时的发展需要和现实的证券市场表现,为解决需要与现实不一致这一主要矛盾而实施的另一种政策性的探索,该阶段将涨跌停板限价交易制度直接取消,证券市场的交易价格任由投资者的交易行为决定。第三阶段为对称性涨跌停板限价交易阶段(1997 年 1 月 2 日至今),该阶段是在总结中国证券市场运行的基本特征之后,综合考虑建设成熟市场所需要的交易制度的设计特点,以抑制股价过度波动为目的而实施的一种限价交易制度,该制度的显著特点是对称性地控制证券价格的涨跌幅度,控制范围选取人们习惯的十进位之整数,控制范围依经验而定。对比以上三个阶段可知,第一阶段时间较短,市场规模较小,公众对证券市场的认识也不甚清晰,且在此期间涨跌幅限价交易幅度又不断进行调整,正是这些多方面的因素导致了第一阶段不具有代表性,因此本书省略了对第一阶段的分析,仅对第二和第三阶段进行分析。

　　本书仅以上海证券市场——沪市作为分析对象,考察上述第二阶段与第三阶段的证券市场的基本运行特征,第二阶段分析的样本数据为 1992 年 5 月 21日—1996 年 12 月 31 日的日收盘价数据;第三阶段分析的样本数据为 1997 年 1月 2 日—2012 年 12 月 31 日的日收盘价数据,数据均来源于锐思金融数据库。本书定义收益率的表现形式为对数表现的形式,即

$$r_t = \ln y_t - \ln y_{t-1} \tag{1.1}$$

式中　r_t——第 t 日收益率;

　　　y_t——第 t 日收盘价;

　　　y_{t-1}——第 $t-1$ 日收盘价。

　　沪市在第二、第三两个阶段的日收益率变动轨迹分别如图 1.1 和图 1.2所示。

　　根据图 1.1 和图 1.2 可以看出:在这两个阶段中,它们的日收益率序列均比较明显地呈现出波动集群效应,即就收益率序列而言,在某一段时间内波动较为剧烈,而在另外一个时间段内波动却相对平稳。收益率序列波动的轨迹呈现出集群效应意味着收益率序列的波动具有非对称性的波动特征,即收益率序列的分布可能是非正态的、有偏的,在第二、第三这两个阶段中,日收益率序列的波动轨迹均表现出非对称性的波动特征。同时从图 1.1 和图 1.2 的比较中也可以看出,限价交易制度实施后,第三阶段股市的波动幅度要明显小于第二阶段股市的波动幅度,这恰巧从实践的角度验证了 Pinhuang Chou 的想法,即限价交易制度(简称限价交易制度)会减弱证券市场的非对称性波动。因此,为了

减弱证券市场的非对称性波动,在理论上和实践上都能获得支持的解决措施就是实施限价交易制度,可见,限价交易制度的实施是非常有必要的。

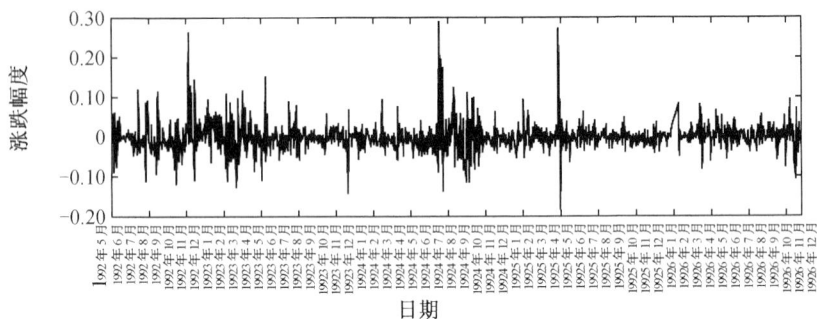

图1.1   第二阶段日收益率

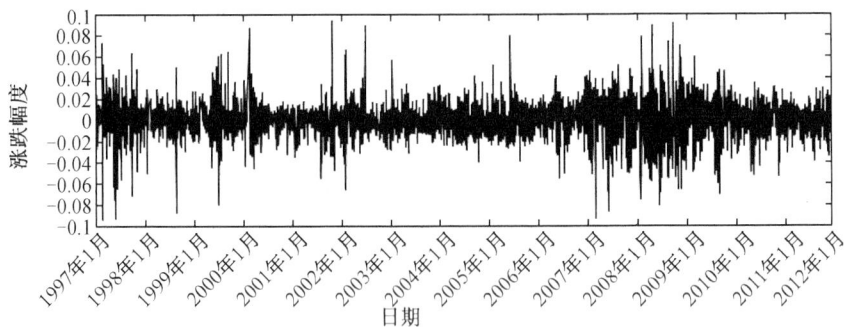

图1.2   第三阶段日收益率

目前,即第三阶段,在中国证券市场中实行的限价交易制度是对称性涨跌幅限价交易制度。为了对证券市场的波动进行比较准确的划分,需要设置一些标准将证券市场的波动划分成不同阶段。本书根据艾略特波浪理论并结合中国证券市场发展的政策干预和制度变迁特征对第三阶段的市场行情进行划分,将处在上升阶段的市场行情划分为牛市,处在下降阶段的市场行情划分为熊市。由图1.2可以大致看出,牛市与熊市的市场波动表现不尽相同,牛市的波动与熊市的波动呈现出一种非对称性,熊市持续的时间明显长于牛市,在一个未曾经历过"资本革命"的经济体中,无"赚钱效应"的股市显然不利于证券市场长期稳定发展,会导致证券市场的长期低迷。上述分析表明,限价交易制度可以降低证券市场波动的非对称性的程度,而对称性的限价交易制度会使得市场效率降低,长期后果则是导致股市的低迷。可见,对称性限价交易制度对中国目前来说并不是最优的限价交易制度,因此应该从另一个角度重新审视。

　　2004年,中国在深圳证券交易所设立了中小企业板市场,在创立创业板市场的过程中,其交易制度完全照搬了主板市场的限价政策。创业板市场的建立标志着中国多层资本市场体系的形成,多层资本市场体系的建立与完善不仅能为中小科技企业提供新的有效的融资渠道,完善资本市场的资源配置功能,进而提高全社会的资源配置效率和促进技术进步,而且能为不同风险偏好投资者提供与其风险偏好一致的金融工具,最大限度地满足不同风险偏好投资者的投资需求,优化全社会的风险配置效率。众所周知,投资者投资于资本市场,其核心是对自身面对的收益与风险所做出的权衡,多层资本市场体系之所以能够实现资源配置与风险配置效率的提高,取决于多层资本市场体系内的不同市场所提供的层级不同的收益与风险的权衡关系。正是这种层级不同的收益与风险的权衡关系才使其可满足不同风险偏好投资者的投资需求,从而达到提升中国资本市场的运行效率,进而共同优化资源配置与风险配置效率的目的。但是,中国多层资本市场(主板市场、中小企业板市场和创业板市场)却采取了统一的对称性涨跌停板限价交易制度,这种统一的对称性涨跌停板限价交易制度显然没能体现多层资本市场体系收益与风险平衡的层次性,这也势必会加剧中小企业板市场与创业板市场内部的非对称性波动,也会使得多层资本市场(主板市场、中小企业板市场和创业板市场)之间形成非对称性波动。

　　因此,研究中国证券市场收益率非对称性波动,探讨与中国多层资本市场体系收益与风险权衡相一致的涨跌停板限价交易制度,不仅能够使中国证券市场的运行更加有效,促进资本市场的发展更为有序、健康,降低中国资本市场的过度波动,而且对于促进中国资本市场在资源配置与风险配置功能的发挥上也具有重要意义。

1.2　国内外研究综述

1.2.1　国外研究综述

1.股市收益率分布特征研究综述

　　金融资产收益率是金融经济学中的一个非常重要的概念,它与投资者的切身利益息息相关。传统的金融理论通常都假定收益率服从正态分布。该假设最早是由法国数学家Bachelier在其1900年的博士论文中提出的,当时并未引起人们的重视,直到Markowitz在此基础上创立现代组合投资理论(modern portfolio theory)之后,人们才开始广泛关注 Bachelier 的研究成果。1959 年 Osborne 发现了与 Bachelier 同样的结论,并构建了 Bachelier - Osborne 模型,该模型假设价格的变动是服从独立同正态分布的随机变量,具有有限方差,并进一步假设方差的大小与时间间隔成比例关系。Kendall 和 Moore 分别从市场层面上证实了 Bachelier - Osborne 模型的假设,但他们都发现收益率序列在均值和极端值附近出现的概率大于正态分布的概率值,即"尖峰厚尾"的现象,该现象也在随后的几十年间得到了大量实证的支持。Antoniou 等通过使用交易量对收益率进行标准化处理,发现处理后的对数收益率服从正态分布。

虽然传统的金融理论在研究中假定资产的收益率服从正态分布,但是随着研究的深入,学者们却发现真实收益率并不服从正态分布。Alexander 仍然采用 Osborne 所选择的样本数据进行了重新分析,其分析结论表明传统理论假定的证券资产收益率服从正态分布的基本特征是不符合现实的,现实是证券收益率表现出尖峰与厚尾的形态。Peters 从理论的角度对这一现象进行了理论推导,当投资者对市场信息没有做出及时反应时,抑或市场没有对信息做出及时反应时,对证券收益率序列服从正态分布这一假定是值得商榷的。如果信息是基于一簇一簇的方式传递到市场,而不是按照某种线性的方式及时到达市场,就会导致信息的分布形态呈现出尖峰状态,因此证券收益率序列的分布也就会受到影响。另外,即便假设信息能够及时地、流畅地传递到市场,但是投资者此时并没有对市场信息做出及时的反应,而是等到相关信息堆积起来后,才去消化这些信息,这也会导致证券收益率序列的分布呈现出尖峰状态。此后,大量学者还从经验分析的角度对这一现象予以说明。Peters 在研究中发现,标准普尔 500 指数证券收益率序列在 1928—1989 年间呈现出负偏、尖峰、厚尾的分布特征。Harroson 以 18 世纪至 20 世纪的收益率序列为研究对象,发现收益率分布是有偏的,且存在"尖峰厚尾"等特征,且 Harroson 的研究还发现不同时期的收益率分布是相似的,都具有"有偏、尖峰、厚尾"等特征。Jondeau 和 Rockinger 的研究也发现对于不同国家的收益率分布,其上尾与下尾的分布特征是相似的。

在发现收益率分布不服从正态分布后,学者们开始尝试使用不同的统计分布来对收益率分布特征进行描述。Press 用泊松混合正态分布来刻画收益率分布的"有偏、尖峰、厚尾"等特征,Kon 提出用混合正态分布模型来刻画收益率分布的"尖峰厚尾"。Bookstabe 和 James 给出了一个新的分布模型——第二类广义贝塔分布(GB2)模型,通过选取不同的参数来刻画收益率分布的厚尾程度。Praetz、Blattberg 和 Gonedes 分别用学生 t 分布对收益率分布进行建模,认为学生 t 分布能更有效地描述收益率的分布特征。Badrinath 和 Chatter 使用 $g - h$ 分布来刻画收益率分布的"有偏、尖峰、厚尾"等特征,发现其拟合效果优于 t 分布。Mandelbrot 使用稳定帕累托(Paretian)分布对收益率分布进行拟合,结果发现收益率分布"尖峰厚尾"的特征并非偶然现象,且其分布服从特征数小于 2 的帕累托分布。经过研究,Officer 发现稳定分布能较好地对收益率分布进行描述,Fielitz 和 Rozelle 同样使用稳定分布对收益率分布进行仿真模拟和实证,得出了与 Officer 类似的结论。随后,Aase 使用标准逆高斯来对收益率分布进行拟合,发现 NIG 分布(normal inverse gaussian distributions)在实证分析中与真实收益率拟合的结果非常显著。Linden 通过构建 Laplace 混合分布模型来对收益率分布进行拟合,发现该分布的拟合度远远高于正态分布,且能解释收益率分布的"尖峰厚尾"和偏态等非正态特征。Bail 使用 Box - Cox 转换的方法对证券价格、汇率和利率的极端值分布进行了研究,发现广义帕累托分布和广义极值分布都不能精确地刻画金融市场极端情形。Kuchler 和 Neumann 使用双曲线分布对德国股票市场的日收益率分布进行了研究,发现四参数的双曲线分布族的拟合效果最佳。Bibby 和 Sorensen 发现一般的双曲线分布族可以对收益率分布的尾部特征进行较好的描述。

大量实证研究表明,收益率的波动并不是服从传统的金融理论假定,即服从正态分布,而是在实际的证券市场运行中呈现出一种尖峰、厚尾的非对称性的波动特征。当收益率分布具有"尖峰厚尾"、非正态分布这种分布特征时,收益率分布更符合本身就是非对称性的其他分布类型。

2.有关股市收益率非对称分布的研究

国内外大量文献利用广义自回归条件异方差波动率结构(GARCH)模型族对资产价格波动与市场交易行为进行研究。

(1)股市收益率波动理论模型研究综述

为了刻画收益率分布的"尖峰厚尾"的特征,学者们尝试用 GARCH 模型族对收益率的分布特征做出描述,其中具有典型代表的是由 Nelson 构建的 EGARCH 模型和由 Zakoian 构建的 TARCH 模型等。基于对这些模型的理论研究,大量的金融学者运用这一理论模型族对不同金融市场的价格波动表现进行了广泛的实证研究。

为了对这些现象进行较准确的描述,金融学者们将资本市场的实际与理论相结合提出了众多的模型,其中最具有代表性及影响力的模型是自回归条件异方差(ARCH)模型族。

20 世纪 70 年代以前,传统的金融理论研究中都假定收益率的波动率不随时间的变化而变化,直至 Engle 在 1982 年提出了 ARCH 波动率结构。Engle 开创性地将 ARCH 模型引入并用其刻画金融资产的价格波动行为,他认为,非线性时间序列模型中的随机扰动项的方差表现往往是不稳定的,它不但受到过去的价格波动冲击的影响,而且大幅度的波动常常聚集在某些时段。为了更加准确地对这类现象加以描述和预测,Engle 提出了将价格序列的随机扰动项的无条件方差视为一个常数,同时将它的条件方差视为关于过去随机扰动项的某种函数的假设。这一假设的提出使得 ARCH 模型能够较好地捕捉金融时间序列数据中存在的波动性的集聚现象。

①ARCH 模型

Engle 提出的 ARCH 模型的基本思想是假设模型 $y_t = \alpha y_{t-1} + \varepsilon_t$ 中的残差序列 ε_t 是具有时变性质的条件方差 $h_t = \mathrm{var}(\varepsilon_t \mid F_{t-1})$,其中 F_{t-1} 是指到 $t-1$ 时刻之前的过去信息的集合;将过去的局部方差 $\varepsilon_{t-j}^2, j = 1, 2, \cdots, p$ 对条件方差 h_t 做自回归建模,称为线性 ARCH(p)模型

$$h_t = \alpha_0 + \sum_{j=1}^{p} \alpha_j \varepsilon_{t-j}^2 \qquad (1.2)$$

1982 年,他对该模型的估计理论做了进一步研究,在运用极大似然方法估计该模型时建立起了估计的一致性与渐进正态性的条件,并提出了无条件异方差性(即条件方差 h_t 为常数)的拉格朗日乘子检验方法。

②GARCH 模型

自 Engle 开创性地提出 ARCH 模型的思想及线性参数化的模型后,由于该模型在当时能够较好地刻画收益率波动的情况,因而 GARCH(广义自回归条件异方差)模型在 1980 年以后被广泛应用。该模型结构简单,但是有时为了充分地描述资产收益率的波动率变化过程,往往需要设置众多参数。因此,Bollerslev 对 ARCH 模型进行了相应修正,他对条件异方差进行了平均化处理,即对条件异方差项做出了移动平均的处理,相应地提出了一个意义深远的 ARCH 模型的扩展形式,即 GARCH。Bollerslev 认为在 GARCH 模型中的阶数可以指定任意的(p, q)阶。1986 年,Taylor 独立提出 GARCH(1,1)模型。但是,在 Hansen 和 Lunde 的研究中,高阶的广义异方差结构的拟合效果并没有明显好于 (1,1)阶的拟合效果,因此,在实际应用中,广义异方差结构(1,1)阶的结构的应用最为广泛。

③GARCH – M 模型

GARCH – M 模型(广义自回归条件异方差——均值模型)是另外一种对称波动率的结构。在金融理论中,其在风险与收益之间起着相互支配、主导的作用。一般情况下,金融资产的收益情况会随着它的波动率进行同方向变化。

GARCH - M 模型的出现正满足了金融资产收益与波动率的这种要求,ARCH 和 GARCH 模型为条件二阶矩提供了有效工具。Engle、Lilien 和 Robins 引入 ARCH 模型并提出了 ARCH - M 模型,ARCH - M 模型满足了前期的波动率影响收益率均值的这一条件。在他们的研究中,他们基于一个两资产模型——由风险资产与无风险资产共同组成,用风险资产的条件方差函数来度量风险,风险厌恶者决定的金融资产价格会随时间发生扰动,均衡价格将决定收益率均值与方差之间的关系。该模型的最基本形式可以表示为

$$r_t = \beta + g(h_t) + \varepsilon_t \tag{1.3}$$

式中 ε_t——残差序列;

β——常数项;

r_t——某项金融资产在时刻 t 的超额收益率;

$g(h_t)$——风险是条件方差 h_t 的函数,其中

$$h_t = \alpha_0 + \sum_{j=1}^{p} \alpha_j \varepsilon_{t-j}^2 \tag{1.4}$$

式中,ε_{t-j}^2 为过去的局部方差。Engle、Lilien 和 Robins 将风险 $g(h_t)$ 取 $\lambda h_t^{\frac{1}{2}}$,$\lambda > 0$,即为条件标准差的因子。

公式(1.3)与(1.4)共同构成了 ARCH - M 模型。

Engle、Lilien 和 Robins 应用 ARCH - M 模型对美国国债进行了分析,通过研究他们发现若将三月期国债假定为无风险资产,那么所估计的风险项 $\lambda \hat{h}_t^{\frac{1}{2}}$ 显著地影响了六月期国债的超额收益率。

因为 AHCH - M 这种带均值的结构融入了波动率对市场收益率的影响,因此有些学者通过 ARCH - M 模型捕捉市场中的风险升水现象来进行研究。Ghysels、Santa Clara 和 Valkanov 利用加权滚动窗口的方法对 GARCH - M 模型进行了估计,研究结果表明收益率随着风险的变化而发生正向变化。Angetal 通过研究波动率变化和收益率变化的交叉协方差发现市场中存在负的风险升水现象,经进一步分析可知,既然在经济衰退时期的波动率会有更大的波动程度,那么与它共同变化的股票收益则必然要求更低的风险升水。Christensen、Dahl 和 Iglesias 在 GARCH - M 结构中假定波动率依赖于其自身的滞后项和收益率的观测项,经过他们改进的这一模型除了能够对非线性均值效应进行解释外,还能够线性地依赖于其他一些外生变量,如红利等。学者利用该改进模型对标准普尔 500 指数进行实证研究,表明正向关系确实存在于收益与风险之间,但是线性依赖于某些外生变量是不合理的,也会存在非线性依赖关系。

但是,ARCH、GARCH 和 GARCH - M 这三个模型都忽视了收益率的非对称

波动特征,而这种特征却广泛存在于现实的金融市场。有效市场 EMH 理论表明,在半强有效和强有效的市场中,证券价格反映了当期的所有信息,证券价格的变动趋势仅与未来市场上出现的新信息有关,因此未来市场中出现的好消息和坏消息将同等程度地对证券价格产生影响。但在现实的资本市场中资产价格的向上波动通常伴随着更强的向下波动,即信息对证券收益的冲击存在着不对称性,由坏消息导致的反应进而引发证券收益波动变化较大,而由好消息引发的波动变化较小。因此,为了能够较准确地刻画波动率的这一非对称性特征,一些学者适当地扩展了 GARCH 模型形成了非对称波动理论模型,而这是波动率理论的一个重要研究领域。

国外学者在 GARCH 模型的基础上做了大量的改进以便检测资产收益波动的非对称性现象,于是就形成了非对称的 GARCH 模型族。

④TARCH 模型

门限自回归条件异方差模型(Threshold ARCH,TARCH)可以追溯到 20 世纪 90 年代,最早由 Zakoian 提出。Zakoian 修正了传统的 ARCH 模型,将滞后残差项的线性函数定义为条件标准差,而且波动率可以根据不同符号的滞后残差项做出不同的反应,同时在条件方差方程模型中引入一个虚拟变量,用来刻画证券价格上涨信息和下跌信息对条件方差方程模型的不同作用效果。它具有的条件方差形式如下:

$$h_t = \alpha_0 + \sum_{i=1}^{q} \alpha_i \varepsilon_{t-i}^2 + \varphi \varepsilon_{t-1}^2 d_{t-1} + \sum_{j=1}^{p} \theta_j h_{t-j} \tag{1.5}$$

式中　h_t——条件方差项;

　　　α_0——常数项;

　　　θ_j——滞后项系数;

　　　ε_t——非负且说明杠杆效应是指数型的;

　　　φ——非对称项系数;

　　　d_t——名义变量。

$$d_t = \begin{cases} 1 & \varepsilon_t < 0 \\ 0 & \varepsilon_t \geq 0 \end{cases} \tag{1.6}$$

由于引入 d_t,证券价格的上涨信息($\varepsilon_t < 0$)和证券价格的下跌信息($\varepsilon_t > 0$)对条件方差方程模型的作用效果不同。上涨时 $d_{t-1} = 0$,其对条件方差方程模型的作用效果可用系数 $\sum_{i=1}^{q} \alpha_i$ 代表,下跌时为 1。当 $\varphi \neq 0$ 时,说明证券价格信息对条件方差方程模型的作用效果是非对称的。而当 $\varphi > 0$ 时,则认为市场中存在杠杆(leverage)效应。

Zakoian 运用此模型对法国股票市场进行了研究,对股票价格指数的收益率分别进行最大似然估计和最小二乘估计,研究结果表明,运用这一模型能较好地拟合股票收益率的波动非对称性。

⑤EGARCH 模型

指数广义自回归条件异方差模型(EGARCH)由 Nelson 在 20 世纪 90 年代初提出,该模型的提出恰好能够准确地刻画出条件方差项 h_t 对资本市场中正干扰、负干扰做出的非对称性反应。此时,条件方差项 h_t 为延迟扰动项 ε_{t-i} 的反对称函数:

$$\ln\, h_t \,=\, \alpha_0 \,+\, \sum_{j=1}^{p} \theta_j \ln\, h_{t-j} \,+\, \sum_{i=1}^{q} \alpha_i g(v_{t-i}) \tag{1.7}$$

$$\ln\, h_t \,=\, \alpha_0 \,+\, \sum_{j=1}^{p} \theta_j \ln\, (h_{t-j}) \,+\, \sum_{i=1}^{q} \alpha_i g(v_{t-i}) \tag{1.8}$$

$$g(v_t) = \varphi_i v_t \,+\, \left| \frac{\varepsilon_t}{\sqrt{h_t}} \right| - E \left| \frac{\varepsilon_t}{\sqrt{h_t}} \right| \tag{1.9}$$

公式(1.7)和(1.8)中条件方差项 h_t 采用了自然对数的形式,这说明此时的杠杆效应是指数型的。根据前文所述,若 $\varphi \neq 0$,则说明市场信息对证券价格的作用是非对称的;若 $\varphi < 0$,则说明杠杆效应比较显著。因此,学者可以运用 EGARCH 模型比较好地刻画出资本市场中收益率波动的非对称性。此外,由于条件方差项 h_t 被表示成指数形式,所以在用该模型进行研究时对其中的参数没有任何限制约束,这是 EGARCH 模型区别于其他 GARCH 模型族的一大优点。

Nelson 选取 1925 年 1 月—1956 年 7 月的“标准90指数”为样本数据,运用 EGARCH 模型进行分析,并运用广义矩估计的方法中正交条件对结果进行了假设检验。实证结果表明:EGARCH 模型可以比较准确地捕捉到能够导致波动程度大率的相关事件,特别是当波动率在某一相当长的时期内发生显著变化时,运用 EGARCH 模型进行预测,其效果显著,但是对于短期的波动率突然发生的变化,EGARCH 模型的预测效果就会大打折扣。Nelosn 基于上述分析得出相应结论:EGARCH 模型能够较好地拟合和预测条件异方差,是一种有效的方法,其主要优点是不仅能够对股市收益率波动的非对称性特征进行解释,而且无须对参数施以任何约束限制,只是资本价格收益率的实际分布可能相对于正态分布或广义误差分布而言具有更厚的尾部。

另外,Ding、Granger 和 Engle 继 Nelson 之后于 1993 年共同提出了非对称指数自回归条件异方差(asymetric power ARCH,APARCH)模型。相对于 GARCH 模型,APARCH 模型除了具有 GARCH 模型的一般特点,同时还多了两个参数,其中一个参数能够用来捕捉证券市场中存在的杠杆效应。

　　Ding 和 Granger 在 GARCH(1,1)模型的基础上构建了非对称的成分GARCH(component GARCH,CGARCH)模型,该模型通过引入暂时方程从而进一步刻画出资本价格收益序列的短期波动和长期波动的水平,Engle 和 Lee 又在 Ding 和 Granger 的 CGARCH 模型的基础上对模型进行了拓展,使得成分GARCH 模型能够更加完善地对长效依赖型进行刻画。

　　从 ARCH 类模型的推广及演变过程可以得出,从模型类别上看,APARCH通过在未预期到收益的波动项 ε^2 中加入参数来识别波动非对称;门限广义自回归条件异方差(TGARCH)模型采用过去未预期到的收益冲击的符号与未预期到收益的波动项 $D_{t-1}\varepsilon_{t-1}^2$ 来表示波动不对称;CGARCH 模型通过暂时方程既可以刻画短期波动,也可以刻画长期波动非对称水平;EGARCH 模型的方差方程采用了对数的方式,放松系数大于零的强约束,提高了方程的适应性。

　　(2)股市收益率波动非对称模型经验性研究综述

　　Brooks、Faff、Mckenzie 和 Mitehell 运用更加灵活的 GARCH 模型对 10 个国家的股票指数及加权世界股价指数的波动率进行拟合,估计结果显示:除新加坡外,其他各国的指数都更适合使用 TARCH 模型,即以条件标准差而并非条件方差作为考察重点。似然比检验的结果表明:在 ARCH 模型中加入条件方差标准差、非对称调整项,可以大大提高估计效果,从而证实了不对称性是存在于世界各股票市场的普遍现象。

　　另外,Huibing Zhang 和 Ming Liu 研究了四只单独的股票的不对称性,Ebens研究了道琼斯工业指数的不对称性,Andesren、Bollesrlev、Dibeold 和 Ebnes 研究了道琼斯工业指数所含 30 只股票的不对称性,他们的结论均表明:不对称性虽然在统计上是显著的,但其程度很小。Ebnes 研究了即期收益率、上期收益率对波动率的影响,其结论表明:道琼斯工业指数的即期收益率对波动率几乎没有不对称性影响。但是上期收益率对波动率有较显著的不对称影响。

　　Brooks 利用双门限自回归条件异方差结构拟合了法国法郎对德国马克的汇率,发现预测效果良好。该结构假定波动率是非线性的,还假定条件均值方程也是非线性的,然而估计该结构的难点是如何选择门限个数及门限值。另外一种门限波动率结构是 Caporin 和 McAleer 提出的动态非对称自回归条件异方差波动率结构(简称动态非对称结构),它通过设置多个门限体现了收益率残差的大小和符号同时对波动率产生的影响,且能够更好地刻画波动率的持续性及非对称效应对时间的依赖性。此外,Caporin 和 McAleer 还推导出了动态非对称结构的信息影响曲线,且多个门限的设置提高了信息影响曲线的灵活性。通过利用动态非对称结构对道琼斯欧洲蓝筹 50 指数、标准普尔 500 指数、日经 225

指数和伦敦金融时报 10 指数实证研究发现:杠杆效应不仅依赖于"好"或"坏"的消息,还依赖于"好"或"坏"消息的程度。

注意到广义异方差结构假定波动率是收益率滞后值平方或其自身滞后值的线性函数且不能刻画杠杆效应或非对称性,综合非线性和非对称性这两种思路,Pan、Wang 和 Tong 提出了幂变换门限自回归广义条件异方差波动率结构,该结构对波动率进行幂变换且根据均值修正后收益率的符号设置门限。幂变换的引入使得该结构比一般的自回归条件异方差结构具有更好的一般性,也能更好地刻画金融资产收益率序列中存在的长相关性。他们利用该结构拟合了香港恒生指数,结果表明:该结构能很好地刻画金融数据的非对称性及波动率的非线性。

幂变换门限广义自回归条件异方差结构是一类非常广泛的结构,它包括广义异方差结构、双门限自回归条件异方差结构和非对称自回归条件异方差结构等。

另外,近期有许多实证研究是对 20 世纪 90 年代以来出现的一些著名的非对称波动率结构进行检验和比较,这些非对称结构包括指数广义自回归条件异方差波动率结构(简称指数结构)、门限自回归条件异方差结构(简称门限结构),非对称结构、二次自回归条件异方差结构及不对称幂自回归条件异方差结构(简称不对称幂结构)等。McAleer、Chan 和 Marinova 研究了不同国家专利股票的波动率,实证表明:大多数国家专利股票的波动率都存在非对称效应,指数结构的拟合效果要优于广义异方差结构和非对称结构。Floros 为埃及和以色列股票市场的波动率拟合了指数、门限结构及不对称幂结构,研究表明:两国市场指数的波动率具有很强的持续性,且具有明显的杠杆效应,然而作为对风险的度量,波动率的上升未必能带来收益的上升。Zivot 给微软股票和标准普尔 500 指数拟合了指数结构、非对称结构、门限结构和不对称幂结构,实证结果表明:两种收益数据都存在明显的非对称效应,对于微软股票而言,门限结构最优,对于标准普尔 500 指数而言,不对称幂结构最优。Rodriguez 和 Ruiz 研究了标准普尔 500 指数和美元对加元汇率的杠杆效应,在峰度有限及有限方差的限制下分别拟合了门限结构、非对称结构、二次结构、不对称幂结构及指数结构,并假定残差分布服从 t 分布。研究发现:指数结构最具灵活性,然而在峰度有限的限制下非对称结构有很大的局限性,由门限结构和指数结构计算得出的波动率几乎相同,且与不对称幂结构给出的结果类似。然而,二次结构与其他结构给出的结构有很大区别。

3.有关股市收益率非对称分布与市场效率的研究

在发现股市收益率波动非对称这一现象后,广大学者建立了能够刻画这一现象的非对称 GARCH 模型族,而且还进一步对股市收益率非对称性分布对市场的影响进行了深入研究。

有效市场假说(EMH)是现代资本市场的一个重要理论假设。在有效市场上,由于资产的价格能够充分、及时地反映所有相关的信息,因此任何人在任何时间、任何地点都不可能以任何方式、利用任何信息赚取超常收益。从信息论的角度看,有效市场上信息的流动是均匀和及时的,任何投资者在同一时间得到的信息都是等量和等质的;从经济学的角度看,有效市场上资产的价值与价格相等;从统计学的角度看,有效市场上资产的收益或价格变动是独立的;从投资学的角度看,有效市场上的投资不可能获得超额收益。由此可知,有效市场是一个由理性投资者构成的信息分布均匀、资产价格均衡、价格变动独立、无超额收益的市场。但值得注意的是,有效市场假说还隐含着收益率时间序列服从正态分布这样一个假设。因为理性的投资者以当时可获得的信息为基础进行交易,其交易价格反映了已有的信息,市场未来的价格变化与现在的信息无关,只反映未来的新信息。而未来的信息又是随机出现的,所以未来的价格变化也是随机的、不可预测的。正是由于资本市场价格变化的独立性,同时理性的投资者又被假设为能够根据期望收益率及其方差进行投资决策,因此,当观测的收益率足够多时,有效市场假说隐含着收益率正态性的假设。Bachelier 和 Osborne 证明了如果每种资产每次交易价格的变动是相互独立和来自同一分布的,且在每个时间段的交易是均匀分布的,那么根据中心极限定理,该种资产各次交易的价格变动的总和服从正态分布。

因此可以推出,资产收益率服从正态分布成为检验有效市场假说的必要条件。这一"富有创造性的假设"为数学和统计学在资本市场理论研究中的应用扫清了障碍,使资本市场研究从一个以描述性为主的领域转变为以推断性为主的领域。但遗憾的是,随着研究的深入,学者们发现正态收益率分布假设与实际收益率分布之间存在偏差。这就使得有效市场理论必须面临这样一个不可回避的挑战,就是正态收益率分布假设与实际收益率分布不符。通过对文献的梳理可知,实证研究已经表明证券收益率分布并非服从正态分布,而是显著地偏离了正态,呈现出偏态、厚尾或尖峰的特征。这一分布特征动摇了有效市场理论的根基,使得对有效市场的有效性判别的结果不再可信,也就是说收益率非对称分布导致市场有效理论不成立,市场非有效。

早在 20 世纪 60 年代中期,Samuelson 就已经将市场有效性与信息联系起来,并对市场的信息有效性和资源配置有效性做了区分,指出资本市场中的资源配置有效对信息的要求更加严格,但进一步的结论是后来的学者做出的。资本市场是一个受时间约束的不确定市场,行为人的当期决策是否能达到最优依赖于预期收益率所能揭示的信息,而在同质信念和一致偏好的假定下,预期收益率的状态空间是可得信息集的单调函数,即充分统计量。Grossman 证明了在偏好常系数绝对风险厌恶、零交易成本和理性预期的情况下,单一风险证券的证券市场中存在信息完全揭示的竞争性理性预期均衡,此时市场是有效的。可见在揭示的信息是所有行为者外生变量的前提下,任何可行的投资方案均不能带来帕累托改进,这意味着在给定状态空间的条件下,这个理性预期均衡配置是帕累托最优的。

从总体上看,国内这方面的研究比较零散,缺乏一个系统的框架。虽然现有的研究已取得了一些重要的成果,但相对于国外来说,国内的研究还有很大的发展空间。

4. 有关股市收益率非对称分布与交易机制的研究

Pinhuang Chou 的研究表明,价格涨跌的限制会扭曲信息冲击的吸收过程,冲击的传递速度会变慢,在这样的条件下股价波动的非对称会减弱。自 1987 年美国股市大崩盘后,涨跌幅限制作为市场稳定机制的一种重要措施被提出,并相继被世界上许多证券交易所采用,其主要作用在于稳定市场,抑制过度波动。

(1)涨跌幅限制效应的理论研究综述

资本市场中对交易价格实行涨跌幅限制最早应用于期货合约交易,当时引入涨跌幅限制的目的是阻止由过度反应或者市场恐慌而引起的价格的大的波动。Bernnna 从理论上阐述了期货合约交易中价格限制的必要性,他认为,实施涨跌幅限制一方面是为了降低期货合约交易中的违约风险,另一方面是为了降低价格的波动和对消息的过度反应。结论是,在一定条件下,涨跌停板可以降低期货交易的违约风险,并可以降低有效保证金(effective margin)的数额。

对股票交易中采用涨跌幅限制的合理性的大量研究始于 1987 年 10 月美国股市大动荡之后。Schwert 曾将股价的波动性划分为基本波动性(fundamental volatility)和暂时波动性(transitory volatility)两种类型,其中基本波动性与股票价格的内在不确定性相关,源于股票基本面因素的变化;暂时波动性与股票交易过程中的不确定性相关,主要是由投资者的过度反应(overreaction)行为和噪声交易(noise trading)所引发的。因此涨跌幅限制限制的应该是暂时波动,而不是基础波动。

关于股票市场涨跌幅限制的研究,赞同的观点认为,涨跌幅限制对于控制波动具有两方面的作用,一是建立了价格约束,使得股票价格在一个交易日内的变动维持在当日涨跌幅限制范围内;二是在恐慌性交易期间提供了一个合理的重新估价的时间,即在价格剧烈变动时,涨跌幅限制可以暂停交易,使信息在投资者中充分扩散和吸收,使投资者的过度反应情绪得以缓解,防止出现不理智的极端行为,以实现防止股市暴涨暴跌、降低股价波动性的功能。批评的观点认为,信息只有在连续交易时才能广泛发散和传播,涨跌幅限制是以人为的方式对市场交易活动加以限制,妨碍了市场价格机能的运作,因此涨跌幅限制并不能降低信息的不对称性,相反会阻碍新信息的发散。Fama 指出,涨跌幅限制将抑制正常的价格发现过程和基本波动性,使得股价变化不能完全反映基本经济因素的影响,增加投资者的不确定性和股价的波动性。

此外,Harris 还曾提出一个政治学的分析思路。证券监管者面临着政策选择和市场运行的不同组合,一是不采用涨跌幅限制,但随后股市却出现非理性暴涨或暴跌,甚至引发系统金融风险,尽管涨跌幅限制不一定真正有效,此时社会公众将责难监管者没有采取稳定措施;二是不采用涨跌幅限制,市场运行也较为正常,但社会公众却不会赞扬监管者的明智;三是采用涨跌幅限制,但随后股市却出现非理性暴涨或暴跌,此时社会公众将不会责难监管者;四是采用涨跌幅限制,市场运行也较为正常,社会公众可能会赞扬监管者采取了正确的措施,即使涨跌幅限制并没有真正降低股价波动性。显然,监管者在面临上述四种不同组合时,会毫无疑问地采用涨跌幅限制,尽管涨跌幅限制不一定真正有效,尽管股市暴涨暴跌不一定会发生,且各国证券市场的实际情况也表明,监管者一般是在经历了暴涨暴跌后才采用涨跌幅限制等稳定措施,因此具有明显的政治驱动力。

(2)涨跌幅限制的实证研究综述

由于仅通过理论思想来探讨与通过实证方法研究涨跌幅限制的效应难以达成一致,许多学者以实证方法对涨跌幅限制的实施效果进行研究。许多国家和地区的股票市场,尤其是新兴的股票市场,纷纷采用涨跌幅限制作为价格稳定机制,给有关的实证研究提供了丰富的案例和数据。

虽然涨跌幅限制最直接的作用在于通过降低市场的过度波动来达到稳定市场的目的,但是正如 Lee 所指出的"股价波动性受到信息冲击、定价偏差等多种因素的影响,仅仅通过检验波动性来评估涨跌幅限制是不充分的"。因此,在实证研究中,为了证明涨跌幅限制是否在减少暂时波动的同时,又不限制基础波动,学者主要从涨跌幅限制对市场的波动性方面的影响来考察其对市场交易活动的影响。

波动性是证券市场与生俱来的特性,但是如果股价波动过大,价格变化不连续,则证券市场可能会失去应有的反映公平价格、引导资源合理配置的功能,广大投资者会面临很大的风险。抑制波动、保护市场和投资者利益是实施涨跌幅限制最直接、最重要的目的,因此相关研究中针对涨跌幅限制对股价波动的影响的实证研究最多。许多研究者,如 Greenwald 和 Stein 认为正是股价的过度波动引发投资者的恐慌行为,从而导致了 1987 年 10 月的股市大崩盘。这说明股市的崩盘源于市场的自动调节机制出了问题,当股价发生大幅波动时,交易者由于无法得知其交易价格而面临极高的风险,因此必须使用价格限制及其他相关机制来补充、完善市场的自动价格调整机制;同时涨跌幅限制可以为投资者提供暂时冷静的机会,使投资者能有较长的时间吸收信息,在此期间内可以冷静思考、评价信息的价值,做出更为理性的选择,避免引发市场的恐慌性行为,从而避免股价的过度波动。

根据涨跌幅限制与股价波动的内在联系,实证研究往往采用两种方法:事件研究法(event study)和时间序列分析方法(time series analysis)。

事件研究法主要是通过研究股价行为在发生涨跌停前后的差异,进而说明涨跌幅限制对波动性的影响。

涨跌幅限制效应的早期实证研究是以期货市场为研究对象的,Ma、Rao 和 Sears 以 1980 年 1 月 1 日—1983 年 12 月 3 日的芝加哥期货交易所的美国国库公债期货(treasury bond features)为研究对象,利用事件研究法研究美国在期货市场实施涨跌幅限制前后股价收益率变动的差异性,以及期货价格的波动幅度是否发生了显著变化。研究结果显示,涨跌停板后的价格波动幅度有趋于稳定或发生反转的现象,因此认为涨跌幅限制对市场交易有冷却作用,让交易者有时间接受新的信息,可以有效地稳定期货价格波动。

1989 年,Ma、Rao 和 Sears 再次应用事件研究法研究股票期货在涨跌停板前后波动幅度的差异,研究结果显示,涨跌停板后股价通常会伴随着较低的波动,直至达到原始水平,且有价格反转(price reversal)的现象,这显示涨跌幅限制为投资者提供了冷静思考的机会,有减缓市场波动幅度的效果。

对于涨跌幅限制能够有效抑制波动性的论点,许多学者提出了不同的看法,如 Lehmann 指出,股价波动性在经历了大幅涨跌和高度波动后自然倾向于下降,因此上述发现并不能证明涨跌幅限制可以降低股价波动。随后进行的研究克服了上述问题。Fama 认为,如果因为实施涨跌幅限制而使交易受阻,那么在随后的几个交易日里波动性会加剧。交易供给及需求的不平衡,实际上会引起价格达到其限制,暗示着随后几天交易的转换。由于涨跌幅限制阻止单日价格过高,其改变、阻止了在委买、委卖单下不平衡下立即的修正,因此涨跌幅限制可能导致较长时期内波动性的扩大而不是减少。Kuhn、Kurserk 和 Locke 也对波动性溢出效应进行了研究,他们都认为波动性会在价格达到涨跌幅限制之后的数个交易日内上升;他们对 1989 年美国股市崩盘事件进行实证研究,得出涨跌幅限制实际上没有降低股市波动性的结论。

　　Kim 和 Rhee 对涨跌幅限制对市场的效应进行了较为完整的实证研究,以 1989—1992 年的日本东京证券交易所为研究对象,检验关于涨跌幅限制的三个假说(即波动性外溢假说、延迟价格发现假说和阻碍交易假说)在日本股票市场是否成立;设计了分组研究的方法以检验价格涨跌幅限制对市场的作用,将样本分为达到涨跌幅限制和未达到涨跌幅限制两大类,其中未达到涨跌幅限制的股票作为对照组,采用事件研究法检验两类股票在涨跌停板日后的价格行为。将是否达到涨跌幅限制作为这两类股票的分组标准,通过比较价格达到涨跌幅限制的股票和对照组在事件期内的波动性变化态势来说明涨跌幅限制的作用。研究结果发现,无论是价格达到涨跌幅限制的股票还是对照组,在股价大幅上涨前的日涨跌幅和波动性都呈现逐渐上升的趋势,而在大幅上涨后的期间里,则呈现逐渐下降的趋势,这一发现证实了 Lehmann 的论断,即波动性在经历大幅涨跌后会下降,因此不能根据这一现象得出涨跌幅限制能够降低波动性的结论,同时发现在涨跌停板日后的 4 个交易日里,价格达到涨跌幅限制的股票的波动性要显著大于对照组,说明涨跌幅限制不能减少股票波动,只是将波动分散在更多的交易日,即所谓的"波动溢出"现象。

　　由于股票市场涨跌停板发生的频率很低,采用时间序列分析方法建立模型很难反映涨跌幅限制的真正效果,这无疑限制了时间序列分析方法在相关分析中的应用。尽管存在样本不足的困难,金融计量经济学的快速发展为研究人员采用时间序列模型来研究涨跌停板机制的市场效应提供了更多可能性。有关研究挑选证券市场的高波动时期作为样本期,使涨跌停发生达到一定比例,从而满足研究需要。

　　采用时间序列方法,主要问题在于如何处理受涨跌停板限制影响的观测,不同的处理方法得出的结论也存在差异。

　　早期的实证研究要么忽略涨跌停的影响,要么删除受影响的观测。因为当达到限制价格时,均衡价格由于超出限制范围而不能被观测到,忽略涨跌停限制的作用就是将受到影响的价格看作均衡价格。Wei K C J 和 Chiang R 研究了 1977—1979 年日元期货合约价格,无论是忽略涨跌停限制的影响,还是删除受影响的观测都会低估收益的标准差。除此之外,删除受涨跌幅限制影响的观测会破坏价格的动态结构,因此是不被主张的。Kodres 的研究在用计量经济方法处理涨跌停影响上有所突破,他首次将涨跌停结构引入模型中,发展了一种带滞后隐含因变量的回归模型,用经过涨跌停调整的条件方差模型对上述同样的五个外汇期货数据进行无偏性检验,结果认为涨跌停机制不会导致股票收益的序列相关。

本书主要对股市收益率在非对称性波动方面的研究进行了讨论,国外研究综述展示了对股市波动非对称性的理论性定义,明确了股市收益率非对称性波动在股市运行中的具体表现,学者们也根据股市收益率非对称性波动这一特征构造了能够较准确刻画这一特征的非对称 GARCH 模型族,并根据非对称GARCH 模型族对股市收益率非对称性波动进行了解释,尤其是结合近些年新兴的行为金融学的理论进行解释,为对这一特征的解释开辟了一条更为准确的道路,同时发现涨跌幅这一限价机制对股市收益率的非对称波动有一定影响。这些为本书的后续研究提供了坚实的研究基础,在此基础之上,本书又做了更深一步的研究和探讨。

1.2.2　国内研究综述

中国证券市场是一个新兴的市场,国内学者对股市收益率的非对称性波动的研究主要以对国外研究理论的借鉴性研究为主,本部分主要介绍国内学者在这一方面进行的实证研究的相关结论。

1. 股市收益率波动非对称性的实证研究

国内学者对金融市场波动非对称性的实证研究最早可以追溯到 20 世纪 90年代中期,俞乔以1994 年 4 月 28 日前的上证、深证两市综合股价指数为研究对象,以误差项的序列相关检验、游程检验及非参数性检验排除了中国股价遵循随机游走过程的假设,并以股票收益存在序列相关、股票收益具有周期异象、股价波动具有 ARCH 效应为依据,得出了中国股票市场是非有效市场的结论。但由于当时中国股票市场发展处于初期,不规范现象突出,且受样本期间有限的影响,该研究结论不具备普遍意义。陈泽忠、杨启智与胡金泉以 1997 年 1 月 2日—1999 年 12 月 30 日上证综合指数和深证综合指数每日收盘价以及两市的每日成交量为研究对象,运用 E‐GARCH‐M 模型进行实证分析,研究结果显示:所有参数的估计值都十分显著,中国股票市场波动性存在非对称性,但正向冲击对条件方差的影响要大于负向冲击对条件方差的影响,中国股市的波动性与收益率显著正相关,投资者所要求的风险补偿较高。

张思奇、马刚与冉华将上证 A 股指数分为两个子样本(1992 年 1 月 26 日—1995年 3 月 10 日,1995 年 3 月 10 日—1998 年 6 月 30 日),借助ARMA‐ARCH‐M模型研究其日收益率序列,得出以下主要结论:(1)市场风险降低的同时,市场的平均收益水平提高;(2)上海股票市场已具备某些弱式有效的特征;(3)上海股票市场存在明显的 ARCH 过程,且周末效应对上海股票市场收益有非常明显且相当重要的影响。

陈浪南和黄杰鲲采用 TGARCH 模型对 1993—2000 年中国股票市场上消息对收益率波动的非对称性进行了实证研究,发现从总样本区间来看,中国股票市场在 10% 显著水平上存在"杠杆效应",但是分时段考察,在前两个时段(1993—1997 年),利好消息比利空消息对市场波动性的影响更大,他们认为这与股市供求关系和投资者有关。1997—2000 年,则在 5% 显著水平上存在"杠杆效应"。

陆蓉和徐龙炳将股票市场波动划分为牛市和熊市两个阶段,采用 EGARCH 模型实证研究了中国股票市场在牛市和熊市阶段对"利好"与"利空"的不平衡性反应特征。他们发现中国股票存在显著的非对称信息效应,且牛市和熊市的非对称信息效应表现不同,并从投资者预期、结构、心理和交易机制等方面解释该现象。张兵通过运用滚动样本的检验方法,发现中国证券市场的波动不对称性是随着时间而演变的。1997 年以后,中国股市与成熟市场的波动不对称变得相同起来,杠杆效应显著出现,研究还发现波动不对称与市场所处的状态无关(牛市或熊市)。刘毅和张宏鸣发现市道对波动非对称也有显著影响。

陈守东根据涨跌幅限制政策将市场分成三个阶段,发现 1990 年 12 月 20 日—1992 年 5 月 20 日和 1992 年 5 月 21 日—1996 年 12 月 15 日不存在显著的"杠杆效应",1996 年 12 月 16 日—2003 年 12 月 31 日股票价格波动具有"杠杆效应",利空消息比等量的利好消息会产生更大的波动。

李胜利以上证综指为研究样本,通过运用 TGARCH 模型发现日收益率只在空头市场存在显著的"杠杆效应"。在全样本期、多头期及盘整期,正面消息导致条件波动率变大,而负面消息导致条件波动率变小,通过对存在杠杆效应的空头市场运用偏斜广义自回归条件异方差(SGARCH)模型发现存在明显的波动不对称反转现象。

赵进文对中国内地 A 股和香港 H 股两个分割市场分别建立能够反映其收益率波动的分形单整广义自回归条件异方差 FIGARCH(1,d,1)模型,利用 Teyssiere、Brunetti 和 Gilbert 所倡导的双变量 FIGARCH(1,d,1)模型框架,检验内地 A 股与香港 H 股市场的分形参数是否相同,发现并不能拒绝两个市场具有相同分形参数的假设。最后,对 A 股和 H 股的绝对收益率和平方收益率的线性组合建立 ARFIMA 模型进行估计,分形参数并不显著区别于零,从而得出结论:

两个市场拥有相同的分数单整阶数,其波动过程是分形协整的。

2. 股市收益率波动非对称性的解释

国内的一些学者也从不同的角度对股价波动典型现象的成因进行了分析。在投资者个体行为方面,成思危、李自然基于投资者的启发性偏误等多种心理偏差讨论了投资者的预期形成机制,其模型显示投资者的这些非理性行为是股票收益率分布尖峰厚尾的重要成因。

董大勇、金炜东分析了周内信息和投资者行为影响的传递机制,在此基础上建立了一个模型并对实证数据进行了拟合。研究结果表明波动率聚集及波动率的周末效应与周内信息和投资者行为影响的传递路径有关。

文凤华、陈耀年、黄德龙、杨晓光从定性的角度讨论了投资者的过度自信及后悔厌恶对股票收益率分布的影响,认为这两种心理偏差将导致股票收益率分布尖峰厚尾和左偏。在此基础上,他们对中国股票市场的波动特征进行了实证研究,结果支持收益率分布尖峰厚尾,且时间间隔越短尖峰厚尾性越强(如用周收益率数据而不是月收益率数据),实际的收益率分布右偏而不是左偏。他们在以上研究的基础上又从定量的角度对投资者的过度自信和后悔厌恶进行了数值模拟,虽然其研究得到了股票收益率分布的尖峰厚尾现象,但其研究方法是生成一个随机的正态收益率序列之后再乘以相应的反应不足和反应过度系数,存在一定的疑问。

李永立建立了一个人工股票市场模型,通过模拟集合竞价对股市中的信息传递机制及市场效率问题进行了分析。研究发现股票收益率分布与股市的信息传递效率有关,信息传递的效率越低,股票收益率分布的尖峰厚尾程度越高。

任海英、李思韦以行为金融理论中的前景理论为基础,讨论了投资者的决策规则并在此基础上建立了一个股票市场模型。模型的仿真实验产生了股票收益率分布的尖峰厚尾及波动率集群现象。

一些国内学者也从羊群效应的角度分析了股价波动典型现象的成因。朱少醒、吴冲锋、张则斌以随机图论为基础构建了一个羊群效应模型,研究得到了股票收益率分布的尖峰厚尾特征。

王佳佳、李青、周美莲应用元胞自动机技术模拟了投资者的羊群行为。模型中区分了价值投资者及模仿者,其中价值投资者以股票的内在价值为基础进行交易,模仿者则不关心股票的基本价值,而是模仿与其相联系投资者的交易行为。模型的仿真实验得到了股票收益率分布的尖峰厚尾和波动率聚集现象。

黄宗远、沈小燕也应用元胞自动机技术进行了类似的研究。研究指出羊群行为是股票收益率分布尖峰厚尾、波动率聚集等典型特征的重要成因。此外,其研究分析了羊群行为与波动率杠杆效应的关系,由于投资者存在损失厌恶(loss aversion),在损失情况下的羊群行为将导致波动率对股价上涨和下跌反应的不对称。

黄玮强、庄新田、姚爽从投资者的羊群行为出发,讨论了投资者的网络特征对信息传播的影响。模型的仿真结果显示股票收益率呈负幂律分布,具有尖峰厚尾特征,仿真的波动率也存在集群性。

从总体上看,国内这方面的研究比较零散,缺乏一个系统的框架。虽然现有的研究已取得了一些重要的成果,但相对于国外来说,国内的研究还有很大的发展空间。

3. 涨跌幅限制的实证研究

由于中国证券市场运行时间不长,对涨跌幅限制的研究还不多,主要的实证研究也是围绕着涨跌幅限制对市场波动性、有效性和流动性的影响而展开的。吕继宏和赵振全以1995年11月—1999年5月上海证券交易所(简称上交所)和深圳证券交易所(简称深交所)的上市公司股票、上海证券综合指数(简称上证指数)及深圳成分指数为研究对象,分别研究了实施涨跌幅限制对股市的长期影响和短期影响。研究结论表明,涨跌幅限制对市场价格行为产生了一定的影响,但它的长期和短期影响不同。从短期来看,它实际是作为一项政策影响股市的,在短期内没有降低市场波动性,反而使市场的波动有所增加;从长期实施效果来看,它确实使市场的波动性减小,降低了市场的系统风险。

刘晓峰、刘晓光和田存志建立了模拟实际股票市场的计算机程序,通过不同涨跌停板幅度限制下的大量模拟实验来研究涨跌停板制度规定对股市稳定性的影响。研究结果表明,当市场规模较小时,涨跌幅限制可以降低市场的波动性;当市场规模较大时,涨跌幅限制不但不能降低市场的波动性,反而会加剧市场的不稳定。该程序中设定的交易者人数分别为100人、300人、1 000人和3 000人,而在真实的股票市场中开设的交易者账户可能多达几千万个,这种小规模的模拟实验所得出的结论是否能够直接应用于大规模的真实市场等问题会影响该研究结论的合理性。

孙培源和施东辉参照Kim和Rhee的研究方法,利用深、沪股市1997年1月—2000年12月的数据对涨跌幅限制的波动溢出效应、价格发现延迟效应和流动性干扰效应进行检验,结果表明股价达到涨跌幅限制后,股价波动性要经历较长时间后才能回复到正常水平,产生波动性溢出效应,股价持续性也显著增加,产生了价格发现延迟效应。此外,涨跌幅限制还导致了流动性干扰效应。研究说明涨跌幅限制并没有降低股价波动性和投资者的过度反应行为,相反却阻碍了均衡价格实现过程和投资者的正常交易活动。

吴林祥对1996年12月16日实行10%的涨跌幅限制之前与之后的A股指数日收益率和周收益率的波动进行对比,结果表明涨跌幅限制实行后,市场的整体波动有了显著下降,并发现涨幅限制有较弱的波动性溢出和阻碍交易效应,延迟价格发现的效应较明显,跌幅限制的三个效应则都不存在。同时关于涨跌停时股价过度反应的实证分析表明,中国股票市场对导致股价发生涨停的信息存在一定的过度反应,但是没有对导致跌停的信息存在明显的过度反应,说明市场对利好消息的过度反应要甚于对利空消息的过度反应,且涨跌幅限制的存在显著降低了市场过度反应。

陈占锋、吴冲锋在选取有代表性的股票来研究涨跌幅限制对股票波动性和流动性的影响时,选取"深发展""上海石化"等6只股票,通过对6只股票在无涨跌幅限制下的流动性和10%涨跌幅限制下的波动性与流动性进行比较,分析涨跌停板对股票流动性的影响;选取ST粤富华等两只从正常的10%涨跌幅限制到5%的涨跌幅限制,再到10%的涨跌幅限制的股票,比较在不同限制幅度下波动性与流动性的变化,对涨跌幅限制的合适幅度进行探讨。该研究的缺陷在于抽取样本太少,不具代表性;将同一只股票在不同时期的行为做对比,将对比的差异单独归因于(或者主要归因于)涨跌停板不具说服力。

国内学者对波动非对称的研究起步较晚,而且该研究受到的关注较少,通过与国外相关研究综述进行对比发现,国内的研究具有明显的借鉴性,学术界对中国股市收益率波动的非对称性的存在基本认同,但绝大部分文献都只是简单地套用国外的GARCH模型,很少有文献根据非对称性这一特征改进模型,并同时给出行为金融理论解释。综合中国证券市场价格限制机制的相关研究可知,前人的研究主要集中在讨论价格限制政策的合理性、价格限制政策对市场运行的影响,以及价格限制政策非对称效应的实证。由于各学者研究的视角不同,分析方法与所选用的样本数据各异,得出的结论也存在明显的区别。尤其是当分析结果发现现行对称性价格限制性交易机制不合理时,现有的研究没能给出较为详尽而具体的改进方案。

1.3 研究内容与框架

本书以中国证券市场为研究对象和研究样本,是对中国证券市场收益率波动的非对称性特征的分析与研究,以对证券市场收益率波动的非对称现象进行全面和客观的认识作为本书研究的切入点,进而对中国证券市场收益率波动的非对称性特征进行深入探讨,从理论性视角分析了股市收益率非对称性波动的有效性及效率损失,并从行为金融学角度探讨了股市收益率与交易机制的关系,且从实证的角度分析了中国股市收益率的非对称性特征,发现通过调整当前的交易机制可以降低股市收益率非对称性效应,借助极值理论对最优的证券价格的涨跌幅度进行设定,通过蒙特卡洛(monte carlo)模拟技术对设定的最优涨跌幅进行模拟检验,从而对非对称性涨跌限制的具体制度予以设计、完善。图1.3描绘了本书的具体框架,以方便读者了解本书内容。

在具体的研究内容方面,有以下具体安排:

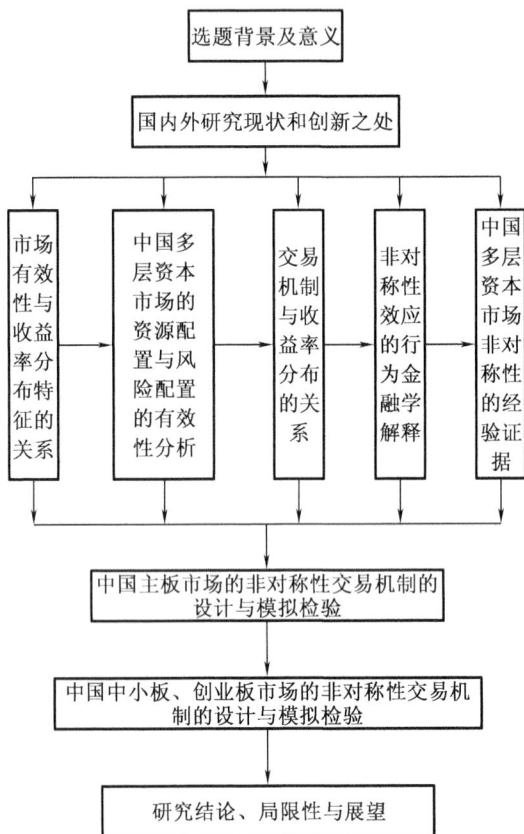

图1.3　研究框架

第1章为导论,对本书研究的选题背景、意义、研究方法与结构等方面进行了分析、论述。此外,还梳理回顾了国内外对这一课题的研究现状,厘清了本书的脉络,概括了研究框架,设定了研究内容,发掘出研究以资借鉴的具体方法,思考了需深入研究的相关问题。

第2章从有效市场理论入手,通过对有效市场的理论分析,说明收益率分布与有效市场及市场效率的关系,通过理论分析可知,有效市场是帕累托有效的,收益率对称性分布是有效市场的必要条件,而收益率非对称性将导致市场无效,进而带来效率损失。

第3章从理论层面角度分析多层资本市场的内容体系,以及各层资本市场之间的关系,并阐述风险投资对国家的宏观经济建设的重要意义。

第4章以中国资本市场发展为切入点,首先回顾了中国资本市场的发展历程,其次,论证建设多层资本市场对中国资本市场发展的重要性,以及建设多层资本市场对技术创新的影响。

第5章提出中国构建多层资本市场的整体思路与设计,并论证我国主板市场、中小板市场和创业板市场的最优框架与模式。

第6章对中国多层资本市场在资源配置层面及风险配置层面进行了理论性帕累托有效性的分析,然后通过对有效市场的基本条件的剖析论证了非对称性的波动特征必然会破坏市场的有效性,从而无法实现资源配置与风险配置的帕累托最优,结果遭致多层资本市场效率的损失。

第7章利用行为金融的相关理论,探讨投资者的投资心理是非对称性的,进而导致交易行为的非对称性,反映到整个市场上就是收益率的非对称性,显然这与现在实行的对称性交易机制是不相符的,当前实行的对称性涨跌幅不但没有对投资者投资行为非对称行为进行疏解,反而对非对称性波动产生了加剧的作用。

第8章首先从波动视角深入的探讨中国证券市场的发展历程,进而分析了多层资本市场在收益率方面的基本特征,检验了其稳定性;接下来分析了市场的回归性;而后为检验市场体系内部的联动性和一致性奠定基础。

第9章深入分析对称性交易机制运行时出现的问题,通过构建 VF - EGARCH - M 模型(这一模型的构建是建立在价值函数理论基础之上的)来集中探讨中国主板市场非对称限价交易制度的设计。此外,结合实证主义的研究手段对中国资本市场涨停限价交易制度的非对称性效应进行了深入的分析,并且在与极值理论进行密切结合的基础之上,对涨跌幅进行了最优的设计,蒙特卡洛模拟技术分析与检验的结果表明,中国主板市场的最优涨跌幅限价交易应调整为以跌幅10%为基准的涨幅13%。

第10章依据第9章有关主板市场非对称性限价交易制度设计的分析与结果,结合前述有关多层资本市场体系的相关研究结论,重点探讨了中国多层资本市场体系的非对称限价交易机制设计方案,研究结果显示,在主板市场非对称限价交易制度选择为(−10%, +13%)的前提下,中小企业板和创业板的非对称限价交易制度应分别设定为(−11.3%, +17%)和(−14.3%, +23%)。

第 11 章,总结全书,对中国资本市场实行非对称机制的创设提出了自己的建议,反思了本研究的局限性,展望了本课题在未来的研究方向。

1.4   研究方法与创新

1.4.1   研究方法

在理论研究分析过程中,运用经济学理论中的供求理论探讨了股市的供求曲线形状及股市特有的供求理论,借鉴生产者剩余与消费者剩余理论对证券市场进行了效率分析;对多层资本市场从资源配置和风险配置两层面分别进行了帕累托有效性分析,分析了达到帕累托有效时的必要条件;从行为金融学的视角,运用前景理论分析了收益率分布对称波动与对称性交易机制的关系。

在实证分析论证的过程中,首先,选用时间序列里面的几个模型分析中国资本市场的具体运作特征;其次,在检验资本一致性时选用了方差分析法;再次,借助实证主义的研究手段对中国资本市场、资本市场体系的收益、风险、收益和风险的关系、三个市场(包括主板市场、创业板市场及中小企业板市场)间的具体联动性进行了对应的研究;最后,在构建基于价值函数的非对称波动(VF − EGARCH − M)模型时引进了价值函数,在分析非对称类型的交易机制时引进极值理论,在检验设计的方案时使用蒙特卡洛模拟技术。

1.4.2   创新

(1)借助经济学分析工具,从理论上探讨了有效市场假说与帕累托有效之间的关系,有效市场假说与资本价格收益率分布特征的关系,以及收益率分布特征与帕累托有效的关系;

(2)对多层资本市场从资源配置和风险配置两层面分别进行了帕累托有效性分析,论证了收益率对称性是达到帕累托有效时的必要条件;

(3)运用前景理论对股市收益率非对称性波动特征与对称性交易机制之间的关系进行了分析;

(4)构建了 VF − EGARCH − M 这一建立在价值函数基础之上的模型,运用实证研究的手段分析了中国资本市场对称性的涨跌限价体制之非对称性的效应,设计了最优方案,并且借助蒙特卡洛模拟技术对设计的方案做出了有效性的检验。

第2章 证券市场收益率非对称性及效率损失

2.1 有效市场假说与资本市场效率

有效市场假说是建立在投资者对资本能够进行理性预期的基础之上的,是理性预期理论在资本市场的充分运用和体现,是目前金融理论中主流的资本市场效率理论。预期是经济行为人对经济变量在未来的变动方向和变动幅度的一种事前估计。如果变量的预期值随着时间的推移而与客观的经济活动结果系统性相一致,则这类预期称为理性预期,反之,则称为非理性预期。

设 P_{N+1} 是股票的下期价格,P_{N+1}^* 是对下期股票价格的预期值,$\Re_N$ 是到本期为止能搜集到的信息集,包含所有历史信息和现在信息(包括公开信息和私人信息),预期误差为 $\varepsilon_{N+1} = P_{N+1} - P_{N+1}^*$,则理性预期有两个基本性质,第一个性质就是预期值的无偏性,即

$$E(\varepsilon_{N+1} | \Re_N) = E(P_{N+1} - P_{N+1}^* | \Re_N) = 0 \tag{2.1}$$

公式(2.1)表明在理性预期的情况下,下期价格的理性预期值 P_{N+1}^* 就等于下期价格在信息集 $\Re_N$ 的条件数学期望,即

$$P_{N+1}^* = E(P_{N+1} | \Re_N) \tag{2.2}$$

理性预期的第二个性质就是预期值的较小方差性,即

$$Var(P_{N+1}) = Var(P_{N+1}^*) + Var(\varepsilon_{N+1}) \geq Var(P_{N+1}^*) \tag{2.3}$$

Fama 在他的经典文献《有效资本市场:理论和实证研究回顾》中提出,在一个有效的资本市场中,股票的价格能够充分及时地反映所有可得信息。Jensen 从另一角度对有效市场理论给出了定义,即在有效市场中基于所有可得信息的交易不能获得经济利润。Malkiel 对市场有效性这一概念进行了进一步拓展,认为市场是有效的应同时具备两个条件,一是市场信息的揭示不影响股票价格的变动,二是投资者不能通过独占信息获得超额利润,这一概念较之前的更为严格。

非套利性或不可预测性是经典有效市场理论的主要特征,其主要是通过对理论前提的逐步放松来进行刻画的。(1)理性投资者假定,如果所有投资者是理性的,那么在竞争性的市场中任何人都不能获得系统性的超额利润;(2)随机交易假定,即使存在非理性投资者,但只要投资者的交易是随机的,免责市场中系统性的套利机会将会得到中和;(3)有效套利假定,即使存在非理性投资者,但只要套利行为是有效的,那么也将消除系统性的套利机会,因而,市场仍然回归有效状态。这也表明,在有效市场,资产价格之间是相互独立的,且遵循随机游走过程。

Roberts 将影响股票价格的信息分为三类,如果投资者正处于第 N 期交易,则从第 1 期到第 N 期价格 P_N 形成前所发生的与股票相关的信息称为历史信息,研究过程中主要运用的是股票的历史价格和成交量信息,这一部分信息是存量信息,其信息搜寻成本是非常廉价的;从第 N 期的价格 P_N 形成之后到第 $N+1$ 期的价格 P_{N+1} 形成之前出现的信息称为现在信息,这一部分信息是增量信息。现在信息又严格分为公开信息和非公开信息或私人信息,前者主要指宏观经济状况、盈利公告等,其信息成本较低,后者主要指专家的交易策略、公司的商业秘密等,其信息成本非常大,所有历史信息与现在信息构成可得信息集。在第 $N+1$ 期以后出现的信息称为未来信息,未来信息构成不可得信息集,在人类一般的能力与技术水平上,不可得信息集的信息成本为无穷大。

为了更准确地描述信息对股价的作用,定义等价信息集,如果 $E[P_k|R_M] = E[P_k|\Re_N]$,则称信息集 R_M 等价于信息集,记为 $R_M \equiv \Re_N$。一般而言,历史信息集主要是股票的历史成交价格和成交量,因此,通常有 $R_N \equiv \{X_1, X_2, \cdots, X_N; P_1, P_2, \cdots, P_N\}$。

设 Q_{N+1}、D_{N+1}、r_{fN}、P_N 分别为第 $N+1$ 的时间随机贴现因子或定价核、每股红利、第 N 期的无风险收益率、股票价格,在交易成本为零和最佳预测模型的函数形式与参数值确定且投资者风险中性的条件下,如果投资者的期望利润为零,那么市场的有效性意味着:

$$P_N = E(Q_{N+1}(P_{N+1} + D_{N+1})|\Re_N) \tag{2.4}$$

式中,$E(\cdot|\Re_N)$ 是基于 $\Re_N$ 的条件数学期望,一般而言随机贴现因子 $0 < Q_{N+1} < 1$,Q_{N+1} 主要取决于市场完全度和交易时间跨度,市场越完全或交易时间跨度越小,则 Q_{N+1} 越小;反之,则越大。当市场完全竞争时,$E(Q_{N+1}|\Re_N) = \dfrac{1}{1+r_{fN}}$。令超额收益率 $R_{N+1} = \dfrac{P_{N+1} + D_{N+1} - P_N}{P_N} - r_{fN}$,且假定 $R_{N+1} > r_{fN}$。

由 $P_N = E(Q_{N+1}(P_{N+1} + D_{N+1})|\Re_N)$

$$\Rightarrow E(Q_{N+1}(P_{N+1}+D_{N+1}-P_N)\,|\,\Re_N) + E(Q_{N+1}P_N\,|\,\Re_N) - P_N = 0$$

$$\Rightarrow E\left(Q_{N+1}\frac{P_{N+1}+D_{N+1}-P_N}{P_N}\,\Big|\,\Re_N\right) + E(Q_{N+1}\,|\,\Re_N) - 1 = 0$$

$$\Rightarrow E(Q_{N+1}(((P_{N+1}+D_{N+1}-P_N)/P_N)-r_{fN})\,|\,\Re_N) + E(Q_{N+1}\,|\,\Re_N) +$$
$$E(Q_{N+1}r_{fN}\,|\,\Re_N) - 1 = 0$$

$$\Rightarrow E\left(Q_{N+1}\frac{P_{N+1}+D_{N+1}-P_N}{P_N} - r_{fN}\,\Big|\,\Re_N\right) +$$
$$E(Q_{N+1}(1+r_{fN})-1\,|\,\Re_N) - 1 = 0$$

$$\Rightarrow E(Q_{N+1}R_{N+1}\,|\,\Re_N) = E(1-Q_{N+1}(1+r_{fN})\,|\,\Re_N)$$

则 $E(Q_{N+1}R_{N+1}\,|\,\Re_N) = 1$

如果市场是完全竞争的,则 $E(Q_{N+1}(1+r_{fN})\,|\,\Re_N = 1$,因此

$$E(Q_{N+1}R_{N+1}\,|\,\Re_N) = 0 \tag{2.5}$$

根据条件协方差的定义,$COV(E(Q_{N+1}R_{N+1}\,|\,\Re_N)) = E(Q_{N+1}R_{N+1}\,|\,\Re_N) - E(Q_{N+1}\,|\,\Re_N)E(R_{N+1}\,|\,\Re_N)$,由公式(2.5)可得

$$E(R_{N+1}\,|\,\Re_N) = -\frac{COV(E(Q_{N+1}R_{N+1}\,|\,\Re_N))}{E(Q_{N+1}\,|\,\Re_N)} \tag{2.6}$$

如果随机贴现因子 Q_{N+1} 与超额收益率 R_{N+1} 非序列相关,则协方差 $COV(E(Q_{N+1}R_{N+1}\,|\,\Re_N)) = 0$,因此

$$E(R_{N+1}\,|\,\Re_N) = 0 \tag{2.7}$$

公式(2.7)意味着依据信息集 $\Re_N$ 的交易不能获得超额利润。当下期分红利率与上期的无风险收益率保持一致时,有 $Q_{N+1}(P_{N+1}+D_{N+1}) = (1+r_{fN})Q_{N+1}P_{N+1} = P_{N+1}$,故公式(2.4)又可表示为

$$E(P_{N+1}\,|\,\Re_N) = P_N \tag{2.8}$$

显然,Fama 所说的市场有效性是一系列假定下的命题。公式(2.8)表明在有效的市场中,本期的股票价格是其下期价格的最优估计,换言之,任何人依据 $\Re_N$ 都无法系统性地预测股票价格的变化趋势,即 $E(P_{N+1}-P_N\,|\,\Re_N) = E(\varepsilon_N\,|\,\Re_N) = 0$。

资本市场是一个受时间约束的不确定市场,行为人的当期决策是否能达到最优依赖于预期收益率的状态空间,而在同质信念和一致偏好的假定下,预期收益率的状态空间是可得信息集的单调函数,即充分统计量。

因此,如果资本市场是有效的,满足 Fama 的定义,则必有 $E(P_{N+1}\,|\,\Re_N) = E(P_{N+2}\,|\,\Re_N) = \cdots = E(P_{N+k}\,|\,\Re_N) = P_N$,这意味着在理性预期和交易成本为零的条件下,可得信息集 $\Re_N$ 的完全揭示将使任何投资者关于单位证券在以后任何时刻的当期超额预期利润为零,即 $E(P_{N+i}\,|\,\Re_N) - P_N = 0$,其中 $i = 1,2,\cdots,N$,

由于信息的完全揭示,根据充分统计量必有 $E(P_{N+i}|\vec{\theta}_N) = E(P_{N+i}|\Re_N)$,其中,$\vec{\theta}_N$ 是证券投资的预期收益率状态向量,显然,此时基于 $\vec{\theta}_N$ 或 $\Re_N$ 的任何可行资源配置都不能在不损害其他投资者的前提下给某些投资者带来额外的效用,因此资源配置是帕累托最优的。

反之,如果资本市场是帕累托最优的,那么任何投资者关于单位证券在以后任何时刻的超额预期利润都为零,即 $E(P_{N+i}|\Re_N) - P_N = 0$,在理性预期和交易成本为零时,这意味着任何投资者拥有相同的信息集 R'_N,即 $E(P_{N+i}|\vec{\theta}_N) = E(P_{N+i}|\Re_N)$,显然,这个信息集就是信息集、可得集 $\Re_N$,否则必有某些投资者会利用 $\Re_N \cap \Re'_N$ 进行套利以实施帕累托改进,因此,必有 $E(P_{N+1}|\Re_N) = E(P_{N+2}|\Re_N) = \cdots = E(P_{N+k}|\Re_N) = P_N$,即市场是有效的。

2.2　有效市场下的收益率特征

假设从时点 t 到时点 $t+1$ 没有红利支付,时点 t 的价格为 P_t,时点 $t+1$ 的价格为 P_{t+1},那么从时点 t 到时点 $t+1$ 的绝对收益为 $P_{t+1} - P_t$,则资产从时点 t 到时点 $t+1$ 的收益率为

$$R_{t+1} = \frac{P_{t+1} - P_t}{P_t} = \frac{P_{t+1}}{P_t} - 1 \tag{2.9}$$

变形得

$$1 + R_{t+1} = \frac{P_{t+1}}{P_t} \tag{2.10}$$

称 $1 + R_{t+1}$ 为资产总收益,即净资产收益加上成本 1。

假设从时点 t 到时点 $t+2$,收益率为 $R_{t+2} = \frac{P_{t+2} - P_t}{P_t} = \frac{P_{t+2}}{P_t} - 1$,变形后得

$$1 + R_{t+2} = \frac{P_{t+2}}{P_t} = \frac{P_{t+1}}{P_t} \times \frac{P_{t+2}}{P_{t+1}}$$

以此类推,从时点 t 到时点 $t+k$ 时(共有 k 个时期),总收益率为

$$1 + R_{t+k} = \frac{P_{t+k}}{P_t} = \frac{P_{t+1}}{P_t} \times \frac{P_{t+2}}{P_{t+1}} \times \cdots \times \frac{P_{t+k}}{P_{t+k-1}} = (1 + R_t)(1 + R_{t+1}) \cdots (1 + R_{t+k-1}) \tag{2.11}$$

若从时点 t 到时点 $t+k$ 这 k 个时期的平均收益率记为 $\bar{R}_{t+k}$,则

$$\bar{R}_{t+k} = (1 + R_{t+k})^{\frac{1}{k}} - 1 \tag{2.12}$$

可知,平均收益率是几何平均数。如果每一个时期的收益率都很小,则有

$$\bar{R}_{t+k} \approx \frac{1}{k} R_{t+k} \tag{2.13}$$

令 $r_{t+1} = \ln(1 + R_{t+1})$, r_{t+1} 为引入的连续复合收益率,则

$$r_{t+1} = \ln(1 + R_{t+1}) = \ln \frac{P_{t+1}}{P_t} = \ln P_{t+1} - \ln P_t \tag{2.14}$$

考虑到多期收益率 $r_{t+k} = \ln(1 + R_{t+k})$,则

$$\begin{aligned} r_{t+k} &= \ln(1 + R_{t+k}) = \ln \prod_{i=1}^{k}(1 + R_{t+i-1}) = \sum_{i=1}^{k} \ln(1 + R_{t+i-1}) \\ &= r_t + r_{t+1} + \cdots + r_{t+k-1} \end{aligned} \tag{2.15}$$

k 期连续复合收益率等于各个时刻连续复合收益率之和。

根据有效市场的假设前提,可知资产价格 P_t 是相互独立遵循随机游走的,所以可认定此处 r_{t+i} 也是相互独立遵循随机游走过程的,为独立同分布($i.i.d.$)随机序列。

按照前面对有效市场的定义,如果市场是有效的,那么所有可获得的并且对证券的价格有影响的信息将被及时、准确、完全地反映在该证券的价格变化中。因此,证券的价格变化(即证券的收益率 r_t)取决于对应的信息集 $\mathfrak{R}_N$ 的特征。对证券价格有影响的信息集 $\mathfrak{R}_N$ 反映了决定证券价格的经济变量。如果证券市场成熟、发展稳定,则这些经济变量发生较大变化的概率很小,即经济变量以较大的概率发生较小的变化,因此价格发生小变化的概率将很大,而发生大变化的概率将很小。根据上文所述,价格发生小变化表示证券的收益率 r_t(取绝对值)较小,价格发生大变化表示证券的收益率 r_t(取绝对值)较大,因为较小的收益率 r_t 发生的概率将很大,而较大的收益率 r_t 发生的概率将很小,当时期趋近于无穷时,收益率的方差将收敛于一常数,即收益率序列有有限的方差。

依据中心极限定理,$r_{t+1}, r_{t+2}, r_{t+3}, \cdots$ 是独立同分布的随机变量序列,且 $E(r_{t+i}) = \mu$, $Var(r_{t+i}) = \sigma^2 < \infty$,则

$$\lim_{k \to \infty} P\left(\frac{\sum_{i=1}^{k} r_{t+i} - n\mu}{\sqrt{n}\,\sigma} < r \right) = \frac{1}{\sqrt{2\pi}} \int_{-\infty}^{r} \exp\left(-\frac{t^2}{2} \right) dt \tag{2.16}$$

当 $k \to \infty$ 时,由于收益率独立同分布且具有有限方差,可知 r_{t+k} 近似服从正态分布。众所周知,正态分布是对称性分布,根据上述过程可知,有效市场形成的必要条件是收益率分布是正态分布和对称性分布。

2.3　收益率非对称性与市场有效性

　　金融波动性研究中的一个最基本、最重要的问题就是确定收益率的分布特性。中心极限定理的出现确立了正态分布在统计分析中的重要位置。中心极限定理的第一版被法国数学家棣莫弗发现,他在 1733 年发表的论文中使用正态分布去估计大量抛掷硬币出现正面次数的分布。之后,这个成果被著名法国数学家拉普拉斯在 1812 年发表的论文中进行了扩展,指出二项分布可用正态分布逼近。但同棣莫弗一样,拉普拉斯的发现在当时并未引起很大反响。直到 19 世纪末中心极限定理的重要性才被世人所知。1901 年,俄国数学家里雅普诺夫用更普通的随机变量定义中心极限定理并在数学层面上进行了精确的证明。至此,中心极限定理的地位才被正式确立。

　　由公式(2.16)可知,对于独立的随机变量序列 $\{r_{t+k}\}$,不管 $r_{t+i}(i=1,2,3,\cdots,k)$ 服从什么分布,只要它们是同分布且具有有限的数学期望和方差,那么,当 k 充分大时,这些随机变量之和 $\sum_{i=1}^{k} r_{t+i}$ 便近似地服从正态分布 $N(n\mu, n\sigma^2)$。

　　此外,正态分布还具有如下性质:

　　(1)密度曲线关于直线 $r_{t+i}=\mu$ 对称,即 $f(r_{t+i}+\mu)=f(r_{t+i}-\mu)$,$r_{t+i}\in(-\infty,+\infty)$;

　　(2)$f(r_{t+i})$ 在 $r_{t+i}=\mu$ 处达到最大值 $\dfrac{1}{\sqrt{2\pi}\sigma}$;

　　(3)$f(r_{t+i})$ 在 $r_{t+i}=\mu\pm\sigma$ 处有拐点;

　　(4)σ^2 越大,$f(r_{t+i})$ 曲线越低平;σ^2 越小,$f(r_{t+i})$ 曲线越陡峭;

　　(5)曲线 $f(r_{t+i})$ 以横轴为渐近线。

　　正是由于正态分布具有这些优良的统计特性,众多学者才在金融波动性的研究中对收益率的分布做出收益率的分布服从正态分布的假设。正是在这种假设的基础上,有效市场理论才被提出,且得到迅速的传播与发展。但是,近些年,国内外许多学者的实证研究结果都表明,金融收益率序列往往围绕着一个固定的均值,在其上下波动,并且实证研究表明,金融收益率序列并非呈现出正态分布的各个特征,往往具有更高的峰度、更厚的尾部,其概率密度函数值在均值附近及尾部往往更大。

　　在资本市场实践中,投资者的行为是由预期决定的,而预期的形成不仅与历史信息有关,还会受环境、心理和学习过程等因素的影响,这就意味着中心极限定理独立同分布的假设不可能获得满足,对证券价格有影响的信息集 $\Re_N$ 比较大的变化发生的概率变大,对发生微小变化的信息集 $\Re_N$ 的影响的概率变小。由此可知,此时收益率的方差不具有收敛性,方差不再是有限方差且趋近于一个常数,而是趋近于无穷。此时收益率序列不满足中心极限定理的要求,即收益率不服从渐进的正态分布,因此收益率序列也就不具有正态分布应具有的优良性质,即收益率序列呈非对称分布。

由于此时方差不能收敛于一个常数,而是趋近于无穷,这就使得此时的收益率序列 r_t 不能满足独立同分布这一条件,而这一条件是收益率 r_t 遵循随机游走的前提,而收益率 r_t 遵循随机游走是市场有效的必要条件,此时市场是无效的,即收益率 r_t 的非对称分布将导致市场非有效。

2.4　收益率非对称性下的效率损失

根据 2.3 的论述可知,收益率非对称导致市场非有效,那么投资者关于单位证券在以后任何时刻的超额预期利润则不为零,即 $E(P_{N+i} | \Re_N) - P_N \neq 0$,当理性预期和交易成本为零时,投资者拥有过的信息集 R'_N 不同,即 $E(P_{N+i} | \vec{\theta}_N) \neq E(P_{N+i} | \Re_N)$,显然,此时某些投资者会利用 $\Re_N \cap \Re'_N$ 进行套利,从而实施帕累托改进,也就是说此时是非帕累托有效的。可见,收益率非对称波动将导致非帕累托有效,造成市场效率损失。

考虑将价格视为外生固定的投资者的需求量调整行为,投资者面对给定的随机价格 p,决定自己的需求水平 q,假定投资者需求曲线为 $p = a - bq$,其中参数 $a > 0, b > 0$,则给定价格为 p_0 时,投资者需求数量为 $q_0 = \dfrac{a - p_0}{b}$。对于外生价格波动,投资者是否调整自己的需求数量取决于投资者 i 一次性调整成本 F_i,其中 i 表示第 i 个投资者。将投资者数量标准化,则 $i \in (0, 1)$,如果投资者价格调整的收益大于调整成本 F_i,投资者将调整自己的需求量到最优需求量。否则,惰性的投资者宁愿保持需求量不变。

投资者净利润 $\pi = pq - c(q)$,其中 $c(q)$ 表示调整成本。价格从 p_0 变化到 p_1,投资者调整需求量到 q_1 时的投资者利润 π_1 为

$$\pi_1 = p_1 \frac{a - p_1}{b} - \int_0^{\frac{a - p_1}{b}} (a - bq)\,\mathrm{d}q \tag{2.17}$$

公式(2.17)中前面部分为价格 p_1 时的总收益,后面的积分部分是需求量 $q_1 = \dfrac{a - p_1}{b}$ 时的总成本。如果投资者保持原来需求量 $q_0 = \dfrac{a - p_0}{b}$ 不变,则价格变

化后的利润为

$$\pi_0 = p_1 \frac{a - p_0}{b} - \int_0^{\frac{a-p_0}{b}} (a - bq)\,\mathrm{d}q \qquad (2.18)$$

令价格变化后调整需求量的净收益 $\Delta\pi = \pi_1 - \pi_0$, $\Delta p = p_1 - p_0$。简单运算可以得到 $\Delta\pi = \frac{\Delta p^2}{2b}$。利用图 2.1 可以更直观地解释:价格没有发生变化以前,生产者剩余等于三角形 $\Delta a A p_0$,外生需求水平的变化,导致价格水平上升到 p_1,如果不存在调整成本,投资者在 p_1 价格水平下需求 q_1,生产者剩余等于 $\Delta a B p_1$。但是如果调整成本足够大使得投资者维持需求量 q_0,则生产者剩余变成 $\square a C p_1$,不调整需求量的机会成本等于 $\triangle ABC$ 面积。所以只要 $\triangle ABC$ 面积小于调整成本 F_i,投资者将会选择维持在 q_0 水平下保持需求。反之,如果 $\triangle ABC$ 面积大于 F_i,投资者将需求量调整到 q_1。图 2.1 中三角形 $\triangle ABC$ 面积正好等于公式 (2.17) 与 (2.18) 的差,即等于 $\frac{\Delta p^2}{2b}$。

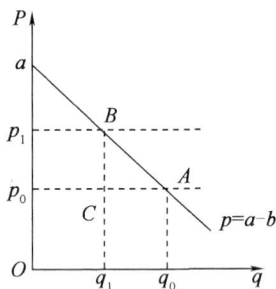

图 2.1　调整成本与需求量

如果投资者 i 无法调整自己的需求量,投资者将面临效率损失。$\triangle ABC$ 面积 $L_i = \frac{\Delta p^2}{2b}$;反之,对一个调整需求量的投资者而言,效率损失等于一次性调整成本,即 $L_i = F_i = f \cdot i$。

总结上述讨论,可以获得第 i 个投资者的配置效率损失:

$$L_i = \begin{cases} \dfrac{\Delta p^2}{2b}, & \dfrac{\Delta p^2}{2b} < F_i \\[3mm] F_i, & \dfrac{\Delta p^2}{2b} \geq F_i \end{cases} \qquad (2.19)$$

2.5　市场失灵与限价交易机制

股票市场不可能达到绝对有效,一定会存在市场失灵现象,矫正市场失灵的主体只有政府。有效市场理论是证券投资理论中最具影响的理论,它的诞生是证券投资理论一个新的里程碑,对整个证券投资的研究影响颇为深远。有效市场假说是由 Fama 进行全面论述的。所谓有效市场,就是证券价格总能充分反映所有信息,股票价格等于其"内在价值"即预期未来现金流的折现值。近些年来,以行为金融学为代表的很多金融理论都对有效市场理论提出了大量质疑,诸多理论和实证研究结果表明,市场并非完全有效。在行为金融学家看来,投资者的有限理性(即投资者的行为表现为非对称性)是股票市场失灵的主要原因,矫正市场失灵的唯一主体就是政府,由于政府行为也不会实现绝对理性,在矫正过程中有时使市场失灵减少甚至消除,但有时可能使市场变得更加糟糕。政府在矫正股票市场失灵的行为选择上就给我们提供了广阔的研究空间。

为避免股市剧烈波动,抑制市场中过度的投机行为,避免美国 1987 年那样的金融风暴再次发生,各国政府对于股票市场纷纷制定了断路器、交易暂停和涨跌幅限制等价格稳定机制。在各种稳定机制中,涨跌幅限制得到了最为广泛的应用,特别是在新兴市场国家(尤其是东亚国家)采用这种做法更为普遍,如日本、韩国等证券市场都设立了涨跌幅限制。涨跌幅限制在中国又称涨跌停板,是限制资产价格涨跌幅度的一种措施。涨跌幅限制是指当证券价格在当日涨跌达到参考价格(通常为前一交易日的收盘价)上下一定幅度时,价格便不能继续上涨或下跌,也就是说,涨跌幅限制规定了证券交易价格在一个交易日内的最大波动幅度。涨跌幅限制是市场稳定机制各类型中比较常见的,亚洲和欧洲的很多证券交易所基本都采用了涨跌幅限制,根据世界交易所联合会统计,截至 2011 年 4 月,在全球 52 个会员交易所中,至少有 22 家设立了涨跌幅限制。

本书在第 1 章经过初步分析得出,在中国证券市场实践中,第二、三阶段收益率的分布可能是有偏的,在两阶段中日收益率的波动均为非对称波动。经过进一步分析,又可得出:第二阶段存在明显的极端事件,且极端事件是非对称的,即日收益率正负超过 10% 的达到 32 天,占样本总数的 2.75%,其中涨幅超过 10% 的为 19 天,是跌幅超过 10% 的 1.46 倍,日收益率正负超过 20% 的为 3 天,全部为正收益。这种状况一方面说明第二阶段比第三阶段具有更强烈的投机性,另一方面表明第二阶段的确存在过于频繁的极端风险,而金融危机通常是由极端风险引发的,因此,无论是从预防金融危机还是从预防极端风险的角度来看,涨跌幅限价政策不仅是必要的,而且是有效的。这一结论明显不同于现有相关文献的研究结果。

　　为了更严格地说明问题,这里我们分别对两个阶段收益率的分布特征进行考察,第二、三阶段描述统计与正态性检验见表2.1。

表2.1　第二、三阶段描述统计与正态性检验

	均值	标准差	偏度	峰度	J－B统计量(p)
第二阶段	－0.000 27	0.037 8	1.283 71	12.851 08	5 030.635(0)
第三阶段	0.000 25	0.017 01	－0.220 87	7.185 42	2 669.480(0)

　　从表2.1的相关统计量可知,两个阶段收益率的分布状况存在明显的区别,第三阶段平均收益率为正,而第二阶段平均收益率则为负;第二阶段的标准差大于第三阶段,即第二阶段的波动程度高于第三阶段,说明第二阶段的风险大于第三阶段,实施涨跌幅限价政策有利于市场的稳定,具有抑制风险的作用,若再结合收益率的均值状况分析,则表明涨跌幅限价政策不仅提升了市场收益率水平,而且还使投资风险下降,是一种典型的帕累托改进;从偏度来看,两个阶段的分布均呈现偏态分布,第二阶段偏度系数大于零,说明它是右偏分布,意味着低于平均收益率的天数多于平均收益率的天数,而第三阶段偏度系数小于零,说明它是左偏分布,意味着高于平均收益率的天数多于低于平均收益率的天数。两个阶段收益率的分布均是非对称的,且非对称方向恰好相反;从峰度系数来看,第三阶段的峰度明显小于第二阶段,但因两个阶段的峰度系数都远大于3,说明收益率在两阶段都呈现"尖峰"状态,且第二阶段峰值明显更高;最后,由J－B统计量的值可知,这两阶段收益率的分布均不服从正态分布。

　　根据本章前面的分析可知,若市场是有效的,则应该满足收益率是对称性分布,符合正态分布,但从表2.1的检验结果可知,无论是在第二阶段还是第三阶段收益率均不符合对称性的分布状态,也就是说在这两个阶段中,市场是无效的,是失灵的。

　　考虑到两个样本阶段经济环境的差异对收益率分布可能产生的影响,我们对第二阶段的样本数据分别采取两种方法处理:(1)将第二阶段涨跌幅超过10%的数据从样本中删除;(2)将第二阶段涨跌幅超过10%的数据对应的都统一设定为10%,即涨幅超过＋10%的数据用＋10%替换,跌幅超过负－10%的用－10%替换。分别计算第二阶段经修正后的样本的分布特征值及其正态性检验统计量,结果见表2.2。

表2.2　第二阶段(剔除极端值后、调整后)的描述统计与正态性检验

数据	均值	标准差	偏度	峰度	J-B统计量(p)
剔除极端值后的数据	-0.001 72	0.028 59	0.122 45	4.577 93	118.461 3(0)
调整后的数据	-0.000 96	0.032 97	0.205 7	4.900 72	183.584 2(0)

由表2.2可知,无论是剔除极端值后还是将数据调整后,收益率的分布形状总体上没有发生大的变化,仍是右偏尖峰状。但相关统计特征值变化却很明显,收益率均值明显下降,标准差、偏度系数和峰度系数显著变小,这一方面说明涨跌幅限价政策可能对股价的上涨有不利的影响,另一方面表明它的确有降低风险的作用。然而,当我们将第二阶段修正样本所获得的相关统计特征值与第三阶段进行比较时,不难发现其中的矛盾出现了,第三阶段实行10%涨跌停板制度后,平均收益率由负转正,这似乎是限价政策对股价的上涨具有积极的影响,标准差降低,涨跌幅限价政策再次被证明具有抑制风险的作用。平均收益率的矛盾只能说明涨跌幅限价政策对收益率的分布有明显影响,且具有降低风险的作用。

由此可见,涨跌幅限价政策对收益率分布有明显的影响,对称性涨跌幅限价政策在降低市场风险的同时会加剧市场运行的非对称性,但它对市场收益率的影响方向是不明确的,现行的涨跌幅限价政策不是收益率的主要决定力量。另外,即便是像已有的相关研究文献所描述的那样,现行的涨跌幅限价政策导致市场波动程度的加大,由此就否认该政策预防风险的积极作用,甚至得出它会助长风险的结论也是值得怀疑的,原因不仅在于马氏风险度量指标(标准差)本身作为风险度量指标是有缺陷的,而且将极端涨跌幅与正常涨跌幅的风险评价同等对待本身也是值得商榷的,就像我们不应该将"死亡风险"视为正常风险的有限倍数一样。也就是说,当我们对极端风险与正常风险的评价采用非线性评价范式时,即便是第三阶段的标准差大于第二阶段,也不能否认现行的涨跌幅限价政策在防范极端风险方面的有效性,更何况上述经验分析表明第三阶段的标准差小于第二阶段。也就是说,第三阶段的市场效率相较于第二阶段有一定提高,即市场失灵状况得到改善。

综合上述结论,对现行中国证券市场交易政策的研究,其主题不应该是要不要实行涨跌幅限价机制,而是这一机制应采取对称性限价,还是非对称性限价,且限价幅度取什么值为宜,才能够进一步改善中国证券市场运行的效率,使之更趋向于有效市场。

2.6 本 章 小 结

　　本章从有效市场理论入手,通过对有效市场进行理论分析,说明收益率分布与有效市场及市场效率的关系,通过理论分析可知,有效市场是帕累托有效的,收益率对称性分布是有效市场的必要条件,而收益率非对称性导致市场无效,进而带来效率损失,并且从实证的角度分析,以中国股市第二、三阶段为样本,比较分析第二、三阶段收益率与风险存在显著性差异,结合行为金融学的相关理论,从实证的角度说明了政府干预的必要性。

第3章 多层资本市场的联动性分析

3.1 多层资本市场的本质及关联性分析

3.1.1 多层资本市场的本质

　　现代资本市场拥有复杂的体系结构。由于其金融市场和经济结构发展的路径不同,不同国家资本市场在层次结构上也呈现出不同的特点。按照美国的经验,资本市场包括直接资本市场和间接资本市场。直接资本市场中有私募股权资本市场、债券资本市场、公开股权资本市场、共同基金资本市场、衍生产品资本市场。间接资本市场主要有中长期货币市场,并与项目融资市场紧密相连。私募股权资本市场又分为风险资本市场和普通私募股权资本市场,主要是针对创业企业而提供服务的资本市场,可以广义地称为风险资本市场。而债券资本市场和公开股权资本市场是我们最为熟悉的传统的资本市场,是为成熟性产业企业提供金融服务的资本市场。衍生产品市场则是专为金融资产服务的金融市场。这三大类资本市场之间存在互动传递效应。

　　近年来,国内建设多层资本市场的呼声越来越高。《国务院关于推进资本市场改革开放和稳定发展的若干意见》指出:"在统筹考虑资本市场合理布局和功能定位的基础上,逐步建立满足不同类型企业融资需求的多层资本市场体系,研究提出相应的证券发行上市条件并建立配套的公司选择机制。继续规范和发展主板市场,逐步改善主板市场上市公司结构。分步推进创业板市场建设,完善风险投资机制,拓展中小企业融资渠道。积极探索和完善统一监管下的股份转让制度。"这一论述基本概括了目前我国多层资本市场的发展战略。但强调的仍然是公开资本市场。本书的一个基本观点是:多层资本市场建设不仅仅局限在公开市场上,还应该包括公开市场之外的大量投融资活动。正是公开的场内市场和繁荣的场外市场共同组成了一个层次丰富、活跃高效的资本市场多层体系。

3.1.2   资本市场之间的关联性分析

除公司债券市场与股权融资市场的划分外,资本市场层次划分中最重要的标准是市场的公开性。与公开挂牌上市的股票市场相比,私募股权资本市场受到的关注程度不高,规模通常也较小,参与者比较少。但私募股权资本市场对国家经济的发展和企业的成长往往更为重要。风险投资是私募股权资本市场中最具活力、最有创新精神的部分,对经济发展意义重大。就各层次资本市场之间的关系,本书已经从现代金融市场体系结构的内部进行了分析。概括地讲,这种内在关系主要体现在以下几个方面:

第一,各层次资本市场之间是以企业成长生命周期为内在纽带的。企业成长生命周期的不同阶段对不同金融服务有特别的需求。与企业发展存在的不断演进进程相对应,各层次资本市场也存在持续演进的特点。例如,从技术复杂程度来看,面对初创企业的天使风险投资通常没有复杂的投资决策分析过程和模型,更多地依靠投资者经验主义的判断。而面向高速成长企业的风险投资基金则需要聘请专业的产业、金融和法律人士,进行更为复杂的投资可行性分析,并在投资后展开更为认真的风险监控。参与者众多、规模庞大、信息披露充分的公开股票市场,其技术复杂度已经导致整个行业的进一步专业分工,如基金管理业、投资分析业、投资银行、证券经纪等,已成为股票市场下更为细分的行业。金融衍生品市场的技术复杂程度更深,需要越来越多地运用现代金融工程技术进行风险管理和投资分析。在这些明显的区别背后,不同层次资本市场服务的对象却往往是同一些企业不同的发展阶段。其不同阶段的特性导致这些金融市场特性差异明显,但同时也在这些市场之间形成内在的有机联系。

第二,各层次资本市场在服务对象、参与者和流动性特征方面存在明显区别。企业发展的生命周期演进将各层次资本市场联系在一起。同样,各层次资本市场也因此向不同发展阶段的企业提供了相应的资本市场服务。由于面向的服务对象不一样,因此不同层次资本市场的参与者也存在明显区别。这些参与者最大的区别在于风险偏好程度不同。相对而言,私人股权资本市场和金融衍生品市场需要投资者拥有较大的资金实力,具备更强的风险承担能力。而公开股票市场则比较开放,不同财富水平和风险偏好的投资者都可以积极参与。与之相对应,越是服务企业早期的资本市场,其金融产品流动性往往较低;而越是服务企业成熟期的资本市场,其金融产品的流动性往往较高。这些特性将不同层次的资本市场显著地区别开来。

第三,各层次资本市场之间存在着相互的依赖关系。较低层次的资本市场,其繁荣程度往往受到较高层次资本市场的影响。例如,当股票市场繁荣时,由于市场对企业股票的估值水平高,首次公开发行股票(IPO)更容易,从而刺激风险投资市场投资活跃,估值水平也得以提高。一旦股票市场陷入低迷,不仅已有的风险投资基金在对外投资时更加谨慎,而且新成立的风险投资基金在募集资金时也将面临更大的困难。对于股票市场而言,一个繁荣的风险投资市场也非常重要。如果风险投资萎缩,新型企业融资困难,企业发展受到压制,必然导致一段时间后公开资本市场缺乏新的上市资源,首次公开发行股票减少,市场发展速度降低。国际经验表明:繁荣发达的风险投资市场对公司股票市场的发展具有重要意义。

此外,股票现货市场与金融衍生品市场之间也表现出高度的相关性,当股票现货市场活跃时,以其为基础的衍生品市场也开始繁荣;而衍生品市场的繁荣反过来也会为现货市场投资者的风险控制提供更大便利,促进现货市场的发展。

3.1.3　不同层次资本市场间的特征

公开股票市场无疑是资本市场中最引人注目的组成部分,是整个资本市场体系中规模最大的,也是整个资本市场体系中最富技术含量的。

公开股票市场通常由柜台市场、创业板市场和主板市场三个部分组成。公开股票市场的不同层次市场之间存在着明显的区别。具体表现在以下四个方面:

(1)上市标准不同

以美国为例,纳斯达克(NASDAQ)全国市场首次上市对有形净资产的要求为 600 万~1 800 万美元,而纳斯达克小型资本市场的要求为 400 万美元,在柜台公报板(OTCBB)和粉红单市场(pink sheet market)挂牌则没有财务要求。再如我国台湾地区证交所上市、柜台交易中心挂牌等实收资本要求,分别为 6 亿、1 亿和 100 万元台币。

(2)交易制度不同

证交所通常采用集合竞价的拍卖制,场外交易通常采用做市商造市的报价制,更低一级的场外市场则采用一对一的谈判制。在柜台公报板、粉红单和我国台湾等市场,则只提供报价服务而不提供交易服务。

(3)监管要求不同

对于不同层级的资本市场,监管对象、范围和严格程度也是不同的。

（4）上市成本和风险不同

在一些国家，小额市场挂牌的公司只需要交纳很少的挂牌费用即可交易，大大节约了企业的上市成本。但是，由于小额市场对公司治理的要求不像大额市场那样严格，因而投资者的风险也要高于大额市场。

3.2 风险投资的必要性分析

作为投资范畴下的一种特殊形式，风险投资过程的独特性使这种投资形式能够发挥不同于一般投资形式的作用。将风险投资促进国家经济发展的功能归纳为一般机制、三大直接机制和三大间接机制，包括天使机制、技术加速机制、辅导机制三大直接机制，以及联动机制、聚合机制和溢出机制三大间接机制。其中一般机制是从投资行为角度考察对经济的整体作用途径；而天使机制、技术加速机制和辅导机制三大直接机制是从发挥创业经济的微观经济功能角度出发进行研究；联动机制、聚合机制和溢出机制三大间接机制是从风险投资间接引起新经济发展的宏观经济作用的角度来考察风险投资如何促进经济发展的。

1.弥补市场失灵的"天使"机制

创业企业发展初期，按传统定价方法衡量，企业价值非常低甚至为负，称为创业过程的"死亡之谷"。小企业尤其是高科技创业企业，其成立初期的技术开发、经营运作资金投入的需求非常高，需要大量的外部融资来支持企业的生存与发展。但是，由于新产品可能还未被市场接受，新开发的市场还不成熟，市场规模不大，导致企业销售有限；而企业的管理者是创业企业家，他们相对于成熟企业的职业经理人来说经验和能力都有所欠缺。这些未来的不确定性对于市场经济体系下的外部投资者来说风险太大了。他们在同等条件下宁愿投资风险更小的成熟企业，放弃投资创业企业获得高额报酬的机会。于是，那些最需要投资，且对经济发展具有更大推动作用的企业，反而得不到市场投资者的认同。换句话说，这时市场经济是失灵的。

这时，风险投资追求"高风险、高收益"的特性，就使以这种投资形式来弥补市场经济"死亡之谷"成为可能。为了抵消风险资本的高风险和长期资金占用对投资者的影响，风险资本必须表现出比其他投资工具更高的投资回报率。在新兴的中小企业中，具有高成长、高回报特点的科技企业恰好满足风险资本的这种要求。从投资与需求的关系上讲，风险资本只回避不好的项目，弥补了传统投资的死角。

这个机制的发挥过程是在认识到创业企业对国家经济进步的重要作用后，政府首先有动力来帮助这些企业跨过这个困难阶段。于是政府成为一个"天使"投资者，愿意为这些企业提供风险投资。正如其他风险投资者一样，由于是权益性投资，政府除了提供资金以外，还以多种形式辅导创业企业的经营和管理，为他们提供更多的资源。政府通过促进研发高校、科研机构与企业之间的产学研结合，为创业企业提供技术支持与产品保障；政府的税收优惠政策、优惠贷款制度能够减轻企业的运作压力；强大的政府采购需求也能够在一定程度上为创业企业解决市场规模不够的问题。

当然，家族成员、私人好友或者风险偏好的特殊风险投资者都可能成为"天使"投资者，在创业企业处于"死亡之谷"阶段，出于感情与信任关系而伸出援手，承担高额的损失风险。他们也是在这一机制下可能扮演"天使"角色的主体。

天使投资者为创业企业提供支持的这种机制，直接带来企业经营的改善、业绩的增长和未来生存发展的成功率，也就是直接对经济发展产生了推动作用。

2. 提高技术创新的加速机制

科学技术是第一生产力，可以提升技术创新能力，建立国家科技创新体系，是国家经济发展程度的重要标志。提高研究与开发的技术水平是各国政府发展经济的当务之急，其关键是加大资金投入力度。但是，单靠国家财政来支持科技创新是远远不够的。首先，由于政府的财政收入有限，同时又需要承担许多领域的经费。因此，政府对研发项目的投入往往是心有余而力不足。其次，银行资本历来极少向研发领域投资，因为血本无归的可能性太大了。这样一来，对研发领域的投入就只有两种主要途径：一是企业为提高自身的研发能力而进行的投入及个人自筹资金对其创造发明的投入；另一种就是风险资本研发项目的投入。前者是单个企业层面微观的、受制于企业或个人的生存压力和特殊因素；而后者是整体宏观的，非系统风险的局限性大大减小，因此发挥着更大的促进技术创新、带动经济发展的作用。

研究表明，接受风险投资的企业中，其研发经费的投入比一般企业通常要高出三倍。这就使这类企业有着比其他企业更强的研发能力，从而使一些大型企业在研发方面也不得不寻求与他们的合作，因为这些大型企业不可能在每一个有潜力的研发项目中都有所投入。可见，风险投资是研究与开发资金的重要来源之一，对国家科技创新体系的建立起着重要的支撑作用。

3.提高创业企业经营管理效率的辅导机制

风险投资活动对创业企业发挥作用是通过对风险投资者或投资公司现有的能力和资源,以及可引导的潜在资源两方面的影响机制实现的。一方面是风险投资对企业发展状况的直接影响;另一方面是通过风险投资的投资行为对创业企业的资源配置产生的间接作用,如图3.1所示。

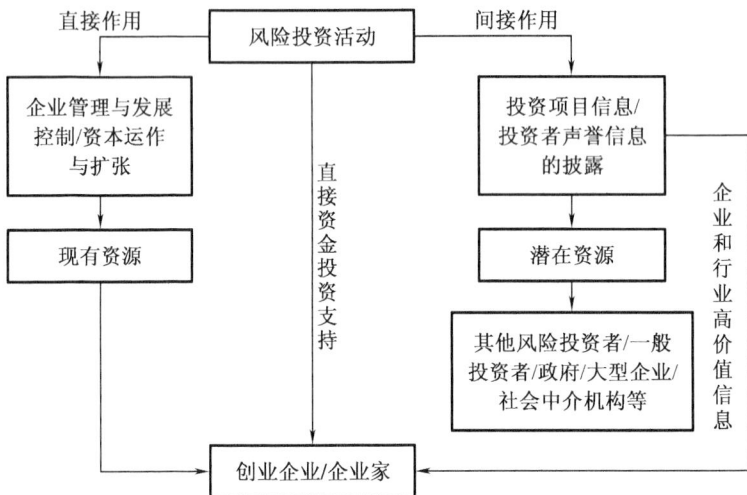

图3.1　风险投资机制的作用途径示意图

这里我们首先关注直接作用的辅导机制。风险投资利用其现有资金、人力和信息资源的投入直接改变了企业经营状况。在与企业投资合作关系形成后,双方的自身利益与企业的状况更加紧密相连。利益上的一致促使风险投资家与企业家发挥各自优势,尽快将技术和产品培育成熟,使企业价值最大化。创业企业规模小,管理者普遍经验不足,在管理理念和资本运营能力上的局限是制约企业发展的一大因素,处于创始阶段的企业尚没有能力雇用一个高级的管理团队。而且在创业企业中,无形资产的投资大于有形资产的投资,人力资源的管理有相当重要的地位。这些创业企业所短缺的条件正是风险资本所具备的优势。而技术创新型中小企业的优势和劣势是非常显著的,如果能够弥补其劣势,其优势就能够更加充分地体现和发挥出来。风险投资家具有丰富的投资经验和专业知识优势,可以帮助企业学习其他公司创业的成功经验和成功的管理模式。风险投资经验的广泛运用、规模化的信息系统和管理经验的提炼随着资本注入被投资企业,相应节省了企业在这些方面的资金和人力的支出,改善了企业的资源缺乏状况。

4. 鼓励资本投入的联动机制

"天使"投资者能够为创业企业直接提供发展支持。然而我们也认识到,政府用财政收入支持企业创业的程度是有限的,国家财政不可能无限度地承担如此高的风险。而且政府操作使用更多的是行政手段,不可避免地导致投资低效和更大的损失。作为另一个"天使"投资者,亲朋好友的投资资金量始终是有限的。因此,仅仅依靠"天使"投资者远远不能实质性地解决创业企业"死亡之谷"问题,需要发挥政府引导民间投资资本的引导机制。

由政府联合民间风险投资一起发挥作用,利用适度的市场化来避免政府投资的弊端,共同解决市场失灵的问题。首先,政府发挥积极作用,以政府补贴形式承担一定的创业附加风险而不要求相应的高额回报,使风险降低到可承受范围的同时仍然保持较高的预期收益。于是,那部分追求相对高风险、高收益的民间风险投资者就会参与到创业企业的投资过程,并按照风险投资的市场机制发挥"天使"投资者对创业企业的支持作用。同时,引进市场投资机制能够更有效地避免政府过度干预经济,提高整体风险投资的效率。

其次,第一批风险投资者进入后,也增大了吸引更多的后续阶段投资者的能力。即使创业企业在天使投资者的直接帮助下度过"死亡之谷",也并没有完全完成创业过程,需要更多的后续资金投入。这样的投资接近或者属于正常的风险资本投资,相对成熟产业投资来说仍然存在较高的风险。这时,创业企业能够凭借已经进入的风险投资者的信誉,增强自身在融资时的说服力,从而降低再融资的风险评级和融资成本。也就是说,早期介入的风险投资能够为企业在多层资本市场中获得其他风险投资者甚至一般投资者的再融资资金提供间接的信用支持。

经过风险投资扶植成长起来的企业,也更有能力进一步带动银行和保险资金的投入,更大程度上发挥金融市场的杠杆机制。对于传统的银行投资而言,投资与需求的整体效果是不对称的,最需要资金而资金生产率又最高的项目往往因为风险较高而得不到贷款;发展成熟、收入趋于稳定的企业却因为风险较小往往为银行所追捧。这就导致了众多急需资金发展的中小企业得不到银行贷款支持。政府和大型风险投资机构都有可能为有成长潜力的创业企业提供直接或间接担保,从而引入大量的银行资金和保险资金,带动整个中小企业的加速发展。

总体而言,这一机制可理解为"死亡之谷"高风险规避之后的联动机制,简称风险的联动机制。

5.整合经济资源的聚合机制

风险投资能够通过优化市场资本配置来发挥有效获得社会资源的聚合机制的作用。

在市场经济条件下,对利润最大化的追求能够带来资源的最佳配置。风险投资追求的目标就是投资利润的最大化,这与以银行为代表的传统投资机构所追求的"定息保本"的投资目标有着本质区别。风险投资理念是对传统投资理念的一种创新。风险投资凭借自身的能力,将资金投向最需要的地方。这一过程本身优化了资本的配置,使资本资源的使用更趋合理化。

风险投资所建立的信息传导机制是对高技术中小企业价值信息传导障碍的弥补,通过完善的价值评价体系和高效的资源配置体系予以加强,提高了信息流的质量和公众的参与程度,从根本上减少了高技术产业发展的资源障碍。在市场经济条件下,通过投资资金流向的变动推动经济资源在不同产业部门之间的流动和产业结构的调整,从而实现资源的优化配置。在这一过程中,通过资金的融通活动也带动了生产要素的转移,跟随资金从低效产业部门流向高效产业部门,引导优势资源的集中,促进高效产业部门的发展,提高经济发展质量。

在间接作用机制下,风险投资通过其自身投资行为和投资成果传递企业和行业信息,以风险投资者个人的声誉信息和投资情况披露为信息传递媒介,获得市场的关注和反应,从而影响企业的资源配置状况。这种信息传递途径的有效性也是由高技术产业的特点决定的。信息传导途径不畅导致了更强的公众投资模仿倾向,风险投资家的知名度和商业信誉、职业投资家的投资行为示范效应也具有更强的社会影响力。风险投资对某些行业或企业的关注和投入情况所传达的一种价值信号,不仅作用于个别创业企业,对其发展产生直接影响,而且对其他风险投资家、其他融资渠道的资金动向也会产生重要的间接影响,使得高技术产业在资金、人力资源、企业管理等方面的状况能够得到有效改善。风险投资在资本的供求双方之间充当媒介,在创业企业的经营扩张和资本扩张中,通过风险资本市场建立起不断集中资本、创造资本增值的机制。随着基金规模的增加,单位投资的收益呈现递增趋势。这是因为,风险资本的绝对规模扩大,投资经验和信息随着投资规模和数量的扩张而快速积累起来。风险投资公司也将获得有利于未来发展的良好声誉,从而大幅降低融资成本,提高投资效益,使风险投资自身变得更有价值,从而吸引上下游企业、大型企业集团、政府、专业机构、相关产业界及社会各界纷纷主动投入各自的资源,以分享企业未来的高额收益。

6. 对宏观经济产出的溢出机制

溢出机制的本质是创造新经济,如现代风险投资促进了美国以现代高科技及其产业增长的新的经济发展。

(1)风险投资带动了被投资行业和其他行业的发展

首先,风险投资带动了创业企业产品价值链上相关传统行业的发展。当获得风险投资的企业在产品市场中运作时,一方面增加了上游企业的市场需求;另一方面也为下游企业提供了更经济的中间产品,提高了它们的竞争力。

其次,新产品和新市场的产生又为其他企业或创业企业家发掘更具前瞻性的未来领先行业提供基础,逐步推进国家经济发展与技术的升级换代。

最后,风险投资的发展也影响着经济环境中的其他行业。新兴行业的成长与成熟对社会平均劳动时间、企业平均收益率都产生一定的压力,促使社会各个行业的企业不断提高自身的竞争力,以继续吸引市场与投资者的注意力。

(2)风险投资创造并拉动了需求

创业企业无论是推出新产品还是发掘新市场,都蕴含着一种创造和培养市场需求的教育活动。风险投资通过支持创业企业的发展,帮助它们开发和稳固市场需求。这种行为本身也是拉动国家经济需求和促进消费的过程。

(3)风险投资创造了大量的就业机会

风险投资所投向的企业一般都具有高成长的特点。这些企业开始大都人员较少。当风险资本介入后,这些企业的高成长性特点很快就体现出来。由于成长速度加快,企业在进入创立期、扩张期及成熟期时需要不断吸纳大量营销人员、管理人员和其他员工。这就不断地为社会创造了大量的、新的就业机会。

(4)风险投资促进了产业结构和经济结构的调整

风险投资是促进知识经济发展的加速器。新经济的产生必然伴随社会的产业结构和经济结构的变动,或者说社会的产业结构和经济结构的变动必然导致新经济的产生,而风险投资在这种结构的变动中起到了重要的促进作用。风险资本的扶植推动了高科技企业的兴起,加快了高科技企业的发展速度,扩大了高新技术产业化的规模,带动了以工业为代表的相关服务业的发展。20世纪90年代以来,发达国家服务业的比例呈逐年上升趋势。目前这一领域的行业比例已经达到50%以上,远远超过了曾经主宰着传统工业的制造业的比例。不仅如此,高科技产业的发展大大加速了利用高科技产业改造传统工业的进程。因此,风险投资促进了产业结构的调整。而这种产业结构的变化也带动了经济结构的变化,加速了旧经济向新经济的转型。

(5)风险投资行为引起社会文化氛围与投资管理理念的变革

风险投资为了获取未来高额收益,愿意承担高风险,又谨慎、适度地参与企业经营管理决策,得到真实可见的回报后,会引起其他投资者乃至社会各界的关注与反思。社会开始认可这种投资理念,并在不同程度上开始效仿时,社会对投资与管理的理念就发生了变革,从而引起社会文化与价值理念整体的转变。这更有利于创新型积极社会风气的形成,提升了经济加速发展的内生动力。

3.3　本　章　小　结

资本市场是一个包括公开市场和风险资本市场在内的完整的市场体系,公开市场与风险资本市场之间应该建立良好的互动关系。一个发达的资本市场必须包括一个繁荣的风险投资市场(风险投资基金是其中活跃的成员),否则不仅不利于经济发展,而且公开资本市场自身的发展也将成为无源之水、无本之木。

第4章 中国多层资本市场的发展及必要性

4.1 中国多层资本市场发展历程

1978 年开始实施的改革开放政策启动了中国经济从计划体制向市场体制的转型。在转型过程中,国有企业改革的逐步深化和中国经济的持续发展需要与之相适应的金融制度,中国资本市场应运而生,成为推动所有制变革和改进社会资源配置方式的重要力量。随着市场经济体系在中国的逐步建立,其对市场化资源配置的需求日益增加,中国资本市场逐步发展壮大。回顾改革开放以来中国资本市场的发展,大致可以划分为三个阶段。

第一阶段:1978—1991 年,中国经济体制改革全面启动,伴随股份制经济的发展,开始出现中国资本市场。

第二阶段:1992—1998 年,以中国证监会成立为标志,资本市场纳入统一监管,区域性试点推向全国,全国性资本市场开始形成并逐步发展。

第三阶段:1999 年至今,以《中华人民共和国证券法》的颁布实施为标志,中国资本市场的法律地位得到确立,并随着各项改革措施的推进得到进一步规范和发展,特别是 2005 年股权分置改革后发生了转折性变化,获得了突破性发展。

4.1.1 第一阶段(1978—1991 年)

中国走上经济改革之路是中国资本市场产生的先决条件。1978 年 12 月起,经济建设成为国家的基本任务,改革开放成为中国的基本国策。改革开放前,与高度计划经济模式相匹配,资金通过行政手段逐级下拨到生产企业。随着经济改革的推进,作为微观经济主体的企业对资金的需求日益多样化,这成为中国资本市场萌芽的经济和社会土壤。在这样的背景下,越来越多的企业开始发行股票、债券,政府也发行了大量的国债、金融债等,形成了证券发行的一级市场。

随着证券发行的增多和投资者队伍的逐步扩大,证券流通的需求日益强烈,股票和债券的柜台交易陆续在全国各地出现。1986 年 9 月,中国工商银行上海市信托投资公司静安业务部率先对其代理发行的飞乐音响公司和延中实业公司的股票展开柜台挂牌交易,标志着股票二级市场的初步形成。

1990 年,中国政府允许在有条件的大城市建立证券交易所。1990 年 12 月,深交所、上交所开始营业。1991 年,上交所共有 8 只上市股票,25 家会员;深交所共有 6 只上市股票,15 家会员。1991 年 4 月 4 日,深交所以前一天为基期 100 点,发布深证综指。1991 年 7 月 15 日,上交所以 1990 年 12 月 19 日为基期 100 点,发布上证综指。

4.1.2　第二阶段(1992—1998 年)

1992 年,国务院证券管理委员会和中国证券监督管理委员会成立,标志着中国资本市场开始逐步纳入全国统一监管框架,全国性市场由此开始发展。中国资本市场在监管部门的推动下建立了一系列的规章制度。1997 年"亚洲金融危机"后,为防范金融风险,国家对各地方设立的交易所场外股票市场和柜台交易中心进行清理,并对证券经营机构、证券投资基金和期货市场中的违规行为进行整顿,化解了潜在的风险。同时,国有企业的股份制改革和发行上市逐步推进,市场规模、中介机构数量和投资者队伍稳步扩大。在这样的背景下,中国资本市场迅速由地区性市场发展为全国性市场。

1.统一监管体制的建立

1992 年 5 月成立的中国人民银行证券管理办公室是最早对资本市场实施统一监管的机构。1992 年 7 月,国务院建立国务院证券管理办公会议制度,代表国务院行使对证券业的日常管理职能。1992 年 10 月,国务院设立证券管理委员会和中国证监会。1992 年 12 月,国务院发布《关于进一步加强证券市场宏观管理的通知》,明确了中央政府对证券市场的统一管理体制。

1997 年 11 月,中国金融体系进一步确定了银行业、证券业、保险业分业经营、分业管理的原则。1998 年 4 月,国务院证券委撤销,其全部职能及中国人民银行对证券经营机构的监管职能同时划归中国证监会。中国证监会成为全国证券期货市场的监管部门,并在全国设立了 36 个派出机构,建立起了集中统一的证券期货市场监管体制。

2.资本市场法规体系的初步形成

中国证监会的成立推动了一系列证券市场法规和规章的建设。1993 年 4 月颁布的《股票发行与交易管理暂行条例》对股票发行、交易及上市公司收购等活动进行了规范;1993 年 6 月颁布的《公开发行股票公司信息披露实施细则(试行)》规定了上市公司信息披露的内容和标准;1993 年 8 月发布的《禁止证券欺诈行为暂行办法》和 1996 年 10 月颁布的《关于严禁操纵证券市场行为的通知》对禁止的交易行为做了较为详细的规定,以打击市场违法交易活动。

1994 年 7 月施行的《中华人民共和国公司法》对公司的设立条件、组织机构、股份的发行和转让、公司债券、破产清算程序及法律责任等做了较为具体的规定,突出规范了有限责任公司和股份有限公司法人治理结构,为股份制企业和资本市场的发展奠定了制度性基础。

监管机构还陆续出台了一系列规范证券公司业务行为的管理办法,主要包括《证券经营机构股票承销业务管理办法》和《证券经营机构证券自营业务管理办法》,对证券公司开展业务起了重要的引导和规范作用。1997 年 11 月,国务院证券委发布的《证券投资基金管理暂行办法》推动了证券投资基金的规范发展。上述法规制度的发布实施促使资本市场的发展走上规范化道路,为相关制度的进一步完善奠定了基础。

3.股票发行审批制度的建立

中国证监会成立后,股票发行试点走向全国。在市场创建初期,各方对资本市场的规则、自身权利和义务的认识不足,为了防止一哄而上,由股票发行引起投资过热,监管机构采取了额度指标管理的审批制度。具体做法是将额度指标下达至省级政府或行业主管部门,由其在指标限度内推荐企业,再由证监会审批企业发行股票。在发行方式上,为了充分体现公开、公平、公正的原则,自 1993 年开始相继采用了无限量发售申请表、与银行储蓄存款挂钩、上网定价等方式向公众公开发行股票。1998 年起允许发行量在 5 000 万股以上的公开发行可以按比例直接销售给证券投资基金。

在发行定价方面,由于当时发行人、投资者和中介机构等市场参与者尚不成熟,也由于机构投资者的缺失,股票发行定价是根据当年每股盈利预测(或者发行前 3 年平均每股税后利润)乘以一定的市盈率来确定的。1998 年《中华人民共和国证券法》规定发行人与主承销商协商确定新股发行价格。此后,一些发行人夸大盈利指标或者选用较高的市盈率,引起投资者的不满。于是,从 2002 年开始中国证监会将新股发行的市盈率限制为不能超过 20 倍。

4. 证券交易所的建设和发展

1990 年成立的上交所、深交所逐步采用了无纸化交易平台,按照价格优先、时间优先的原则,实行集中竞价交易、电脑配对、集中过户,市场透明度和信息披露方面远远优于原先的黑市和区域性柜台交易,交易成本和风险大大降低。相应地,交易所的登记结算公司分别建立了无纸化存管制度及高度自动化的电子运行系统。由于股票流通量小,降低价格波动、交易涨跌幅度限制有过多次调整,从 1996 年 12 月开始实行 10% 涨跌停板制度,一直沿袭至今。上交所、深交所成立初期曾推出 $T+0$ 交易机制,从 1995 年起开始实行 $T+1$ 交易机制。

随着市场的发展,证券交易所交易品种逐步增加,由单纯的股票陆续增加了国债、权证、企业债、可转债、封闭式基金等。随着集中监管体系和全国性交易平台的形成,上市公司数量、总市值和流通市值、股票发行筹资额、投资者开户数、交易量等都进入一个较快的发展阶段。中国资本市场也由建立之初的区域性市场发展成为全国性资本市场。

4.1.3 第三阶段(1999 年至今)

1999 年 7 月《中华人民共和国证券法》实施,以法律形式确认了资本市场的地位。2005 年 11 月,修订后的《中华人民共和国证券法》发布。《中华人民共和国证券法》的实施及随后的修订标志着资本市场走向更高程度的规范化运作,也对资本市场的法规体系建设产生了深远影响。

在第三阶段,中国围绕完善社会主义市场经济体制和全面建成小康社会进行持续改革。随着国企改革的深入,国有和非国有股份公司不断进入资本市场,成为资本市场新的组成部分。2001 年 12 月,中国加入世界贸易组织,中国经济走向全面开放,金融改革深化,上海资本市场的深度和广度日益扩大。

1. 资本市场立法和执法体系逐步完善

《中华人民共和国证券法》是中国第一部规范证券发行与交易行为的法律。为了适应经济体制和金融改革的深化及证券市场的发展变化,2003 年起,全国人大着手对《中华人民共和国证券法》《中华人民共和国公司法》进行修订。2006 年,修订后的《中华人民共和国证券法》和《中华人民共和国公司法》(以下简称"两法")同时实施。修订后的"两法"提升了资本市场的地位,完善了对市场主体的约束机制和监管措施,加强了对投资者权益的保护力度,拓宽了证券市场创新发展的空间,有助于提高我国证券市场的国际竞争力。随后,有关部门对相关法规、规章和规范性文件进行了梳理和修订。

与此同时,执法体系逐步完善。2002 年起,监管机构实施"查审分离",将调查权和处罚权分离。同时,监管机构开始与公安部合署办公,进行证券犯罪侦查。2006 年,监管机构将行政处罚委员会专职化,负责证券期货案件的审理。证监会从成立至 2006 年底,先后做出 506 件行政处罚,涉及机构 595 家、涉及人员 1 369 名。在这个阶段,监管机构查处了一些重大的违法违规案件,打击了证券市场不法行为,为资本市场的健康发展提供了良好的监管环境。

2.市场进一步规范和发展

随着 1998 年《中华人民共和国证券法》的颁布,中国资本市场得到较快发展,上市公司数量快速增长,二级市场交易活跃。但是,资本市场发展过程中积累的遗留问题、制度性缺陷和结构性矛盾也开始逐步显现。从 2001 年开始,市场步入持续四年的调整阶段:股票指数大幅下挫;新股发行和上市公司再融资难度加大、周期变长;证券公司遇到了严重的经营困难,到 2005 年全行业连续四年总体亏损。

这些问题产生的根源在于中国资本市场是在向市场经济转轨过程中由试点开始而逐步发展起来的新兴市场,早期制度设计有很多局限,改革措施不配套。随着市场的发展壮大,一些在市场发展初期并不突出的问题逐步演变成市场进一步发展的障碍,包括上市公司改制不彻底、治理结构不完善;证券公司实力较弱、运作不规范;机构投资者规模小、类型少;市场产品结构不合理,缺乏适合大型资金投资的优质蓝筹股、固定收益类产品和风险管理的金融衍生产品;交易制度单一,缺乏有利于机构投资者避险的交易制度;等等。

为了积极推进资本市场改革开放和稳定发展,国务院于 2004 年 1 月发布了《关于推进资本市场改革开放和稳定发展的若干意见》(以下简称"若干意见"),此后,中国资本市场推行了一系列改革措施,完善资本市场的基础性制度,主要包括以下内容:实施股权分置改革;提高上市公司质量;综合治理证券公司;改革发行制度;大力发展机构投资者等。经过这些改革,投资者信心得到恢复,资本市场出现转折性变化。2006 年以来,中国资本市场规模迅速扩大,股价指数连创新高,市场交易高度活跃。截至 2007 年 5 月底,沪深两个交易所共有上市公司 1 474 家。股票市价总值达到 177 739 亿元,市价总值占 2006 年GDP 的比率超过 84.88%,资本市场在国民经济中的重要性大大提高。从国际排名来看,中国股票市场市价总值在亚洲排名第二、全球第五。同时,市场摆脱了 2001 年股市下跌以来的阴影,股价指数连创新高,给投资者带来了丰厚回报。2007 年 1 月—5 月,沪深交易所股票成交总额高达 185 775 亿元,在亚洲地区排名第二、在全球排名第四。中国已成为全球主要的资本市场之一,集聚了包括大批世界一流投资银行在内的庞大的机构投资者群体,对全球资本市场的影响日益突出。

3.机构投资者快速发展

大力发展机构投资者是中国证券市场长期以来的工作重点,经过多年的努力,这一工作取得了显著成效。目前,证券投资基金持股市值已经超过中国股票市场流通总市值的30%,合格的境外机构投资者(QFII)、保险公司、社保基金等机构投资者也得到了快速发展。过去以个人投资者为主要特征的投资者结构得到了显著改善。截至2006年底,我国证券市场投资者开户总数为7 854万,证券市场拥有雄厚的投资者基础。其中,机构投资者占据了越来越重要的地位。具体体现在以下三个方面:

(1)证券投资基金日益成熟,成为市场的主导力量

近年来,证券投资基金持续发展,基金投资范围得到拓展,基金销售渠道进一步拓宽。经过长期积累,中国基金业已经步入了一个全盛时代。截至2006年12月底,我国共有基金管理公司58家,管理各类基金321只,资产净值合计8 564.61亿元(仅当年新募集基金的资产净值就有4 028亿元),份额规模合计6 220.35亿份。其中,53只封闭式基金资产净值合计1 623.50亿元,占全部基金资产净值的18.96%,份额规模合计812亿份,占全部基金份额规模的13.05%;268只开放式基金资产净值合计6 941.10亿元,占全部基金资产净值的81.04%,份额规模合计5 408.35亿份,占全部基金份额规模的86.95%。在证券市场上,基金已经成为市场的主导力量,成为国内最大的机构投资者。在市场的发展中,证券投资基金的投资理念对资本市场产生了巨大冲击。在机构投资者——基金、境外投资者、社保基金、保险资金、企业年金的共同引领下,我国资本市场投资理念发生了翻天覆地的转变。我国证券市场的盈利模式在短短的几年内从投机和坐庄盛行转向以公司基本面分析为主、长线持股的理性投资,在市场的教训和失败中,机构投资人日益成熟。

在2005—2006年的股权分置改革中,基金以其理性的投资行为和巨大的投票权对中国资本市场的改革起到了积极的推动作用。以基金为代表的机构投资者从资本市场战略发展的高度,用行动阐述了他们对股权分置改革的理解和支持,共同推进着这场资本市场的利益重新分配的大变革。基金在这场多方利益的博弈中,坚定而有力地维护了持有人的利益,对完善我国上市公司法人治理结构,尊重流通股股东利益起到了支持作用。而基金倡导的理性投资和长期持股理念,也从根本上维护了证券市场的稳定和健康运行。

（2）合格境外投资者持续发展

近年来，境外投资者稳步推进，获得了较大发展，有效促进了中国证券市场的对外开放。为进一步吸引境外投资者投资于国内资本市场，中国证监会已经与外管局就审批体制、降低境外长期资金投资境内市场的锁定期等事项达成一致意见。截至2006年12月底，共批准境外投资机构52家，批准外汇投资额度95.45亿美元。52家境外投资者持有A股的总市值已经达到971亿元，占沪深两市2006年末流通总市值的3.88%，一跃成为A股市场仅次于基金的第二大机构投资者。境外投资者的持续发展提高了中国证券市场的国际影响力，促进了市场信心的提升，推动了中国资本市场的发育和制度完善。中国证券市场已经吸引了越来越多的境外投资者，成为全球资本市场的重要组成部分。

（3）社保基金、保险基金等机构投资者加快参与证券市场

近年来，通过促进社保基金、保险资金、企业年金及其他养老金入市，初步改变了我国资本市场中各类机构投资者发展不平衡的问题。中国证监会会同保监会、劳动和社会保障部等相关部门积极采取措施，促进社保基金和保险资金稳定入市，加快企业年金入市进程。

全国社会保障基金自成立以来，积极参与股票市场投资，投资余额逐年增长。如图4.1所示，截至2006年9月，全国社保基金投资的股票余额达567.5亿元，股票投资在社保基金资产配置中占23.46%，仅次于占54.55%的固定收益投资。此外，实业投资占13.69%，现金等价物投资占8.30%。而在2005年的社保基金资产分布中，股票类投资占10.95%；股权类投资（即实业投资）占6.46%；固定收益类和现金及等价物类投资分别占59.65%和22.94%。社保基金股票投资比例显著提高。从收益来看，股票投资极大改善了社保基金的收益状况。全国社保基金2005年年度报告显示，2005年社保基金实现收益52.90亿元，2004年为45.91亿元。2006年社保基金收益迅速增长为195亿元，实现收益率为9.3%，其中，按12月31日社保基金所持有股票的市价初步统计，在资本市场上浮盈为424亿元。全国社会保障基金已经成为证券市场重要的投资主体。随着我国社会保障制度的建设和发展，社会保障基金对证券市场的投资还将继续稳步增长。

保险资金已经成为证券市场投资的主力军。截至2006年末，保险资金股票投资为633亿元。从历史来看，早期保险资金主要通过间接方式（投资于证券投资基金）进入股票市场，有效地控制了风险，分享了股票市场成长的收益。随着股票市场日益成熟及保险公司风险管理能力的提高，2005年以来，保险资金越来越多地直接投资于股票市场，已经成为证券投资基金市场最重要的机构

投资者,在发展基金事业、稳定资本市场、维护市场信心方面发挥了重要作用。

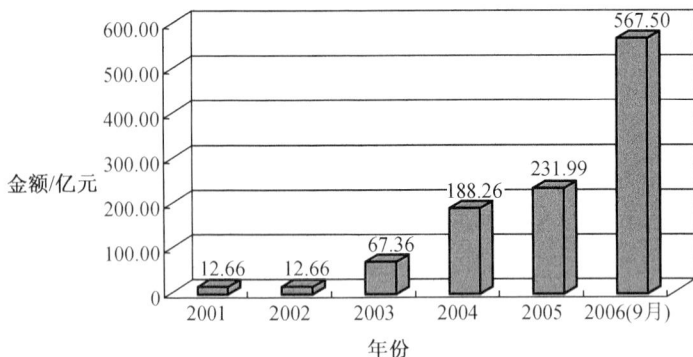

图 4.1　全国社保基金投资于股票市场金额

4.蓝筹市场建设获得成功

随着大型企业的不断发行上市,蓝筹企业在中国资本市场中的地位迅速提高。从市场集中度来看,2002 年底时上海市场最大的 10 家上市公司市值占整个市场市价总值的比例仅为 21.9%。而到 2006 年底该值已经超过 56%,表明蓝筹市场建设已初获成功。

从上市公司的经营业绩来看,蓝筹股在中国资本市场的地位越来越高。统计分析发现,上证 50 指数样本股 2006 年末的股本数、股东权益分别占全部上市公司总和的 71.98% 和 66.43%,而主营业务收入和净利润分别占所有上市公司总和的 59.12% 和 80.65%,均较 2005 年同比略有提高。样本股 2006 年度全部盈利,主营业务收入、净利润分别较 2005 年同期数增长 26.08% 和 35.32%,略高于市场平均增长水平,这样的增长能力对于几乎全是由大盘蓝筹公司构成的上证 50 指数样本股来说是极为不易的。

5.中国资本市场为国民经济和金融业的发展做出了巨大贡献

大批企业的发行上市为经济建设筹集了大量资金,推动了资本形成和经济增长。1991—2007 年,我国企业通过境内、境外资本市场累计筹资总额近 2 万亿元,改变了我国直接融资与间接融资结构的不对称。同时,这些资金对国民经济发展也发挥了积极的促进作用。国有企业通过改制发行上市,在改变公司资本结构的同时,也改变了企业的治理结构,为国有企业体制改革做出了积极贡献。近年来,中国银行、中国工商银行等国有商业银行先后在上交所发行上市,在推动上海蓝筹股票市场建设的同时,也促进了金融体制改革。同样重要的是,股票市场的繁荣改变了我国居民传统的投资意识,促进了金融服务业的发展。正是在这样的背景下,中国社会对资本市场重要性的认识有了很大提高。

4.2　中国多层资本市场建设的必要性

一直以来,中国资本市场层次单一,只有上海、深圳两个交易所市场。企业发行上市的标准单一,门槛较高,难以满足处于不同阶段企业的融资需求和投资者不同的风险偏好。为丰富资本市场层次,深交所于 2001 年开始积极探索筹建创业板市场,并于 2005 年 5 月设立中小企业板,截至 2006 年底,已有 102家公司在中小企业板挂牌交易。为妥善解决原全国证券交易自动报价系统(STAQ)、中国证券交易系统(NET)挂牌公司流通股的转让问题,中国证券业协会于 2001 年设立了代办股份转让系统。此后,该系统承担了退市公司股票的流通转让功能。2006 年 1 月,中关村高科技园区非上市股份制企业开始进入代办股份转让系统挂牌交易,该系统的功能得到拓展。截至 2006 年底,代办股份转让系统有 9 家 STAQ、NET 系统的公司、沪深交易所,36 家退市公司和 10 家中关村高科技园区公司在内的 55 家公司挂牌,参与转让账户开户达 42 万户,历年累计成交数量 25 亿股、成交金额 59 亿元。中小企业板市场的推出和代办转让系统的出现是中国资本市场对多层市场的初步尝试。随着多层资本市场建设的持续推进,中国资本市场将逐步发展成为结构合理、层次丰富的成熟市场。对于中国经济、资本市场、企业而言,这都具有重要意义。

企业规模的大小和融资需求的多样性从根本上决定了资本市场应该是多层的。而投资者多元化的投资需求也需要一个多层的资本市场。随着资本市场在我国经济发展中的重要性日益凸显,建立完善的资本市场体系迫在眉睫。"十一五"规划建议指出:"要积极发展股票、债券等资本市场,加强基础性制度建设,建立多层次市场体系,完善市场功能,提高直接融资比重。"

4.2.1　不同类型的融资需求

按照现代资本结构理论,企业融资应遵循"啄食"顺序,即内部融资优先,债权融资次之,股权融资最后。这一"融资定律"在西方国家得到普遍验证。而我国恰恰相反,上市公司表现出强烈的股权融资偏好。过分追求股权融资不仅导致股权稀释和控制权结构发生变化,还使公司由于放弃债权融资而产生"杠杆效应",放弃了负债给公司带来的税收减免效应。因此,发展债券市场尤其是企业债券市场是企业优化资本结构的内在要求。要大力发展债券市场,一方面,政府应转变"重股权、轻债权"的思想,取消对企业债券市场的各种歧视性政策;另一方面,应加快利率市场化改革的进度,放松对企业债券利率的限制,使其收益与风险能较好地对应起来。

从股权融资的角度来看,不同类型的企业也有不同的需求。例如,一些企业由于行业属性等原因规模较小,如果进入规模要求较高的主板市场,无论是从发行上市成本,还是从投资者群体来看,都可能面临问题。因此,诸如中小企业板这样的特殊市场板块,对这类企业就具有更大的吸引力。

各个市场层次都应有明确的细分定位,以满足各种不同参与主体的交易需求。根据其他国家资本市场分层的经验,交易所是一国资本市场"金字塔"的顶端,其上市标准高,上市公司规模大、业绩稳定、投资风险较低,适合各类投资者。同时,交易所市场也因汇集了大批投资者和巨额资金成为大型企业理想的融资场所。而众多非正规经济体尤其是为民营经济服务的非正规资本市场,如场外市场、区域性市场及无形市场,由于其上市标准低,上市费用低,且能吸引一些高风险承受力的专业投资者,成为中小企业、创业企业股份的流通场所。两类市场具有不同的市场定位和发展重点,同时,两者间相互补充、相互联通、彼此促进的良性互动机制,还可使交易所的退市公司到场外市场挂牌。场外市场的公司若达到交易所的上市条件,也可申请到交易所上市,使场外市场成为上市公司的孵化器。

4.2.2 不同阶段的融资要求

企业在初创和成长阶段由于规模小、经营风险大,不可能迈入高一层证券市场的门槛。此时,低一层证券市场就为它们的融资活动提供了渠道。同时,低一层市场对在该市场交易的企业起着比较、选择和推荐的作用,只有那些经营业绩突出、市场表现不凡的企业才有可能被推荐到高一层证券市场。美国的纳斯达克市场就是应中小企业的融资需求而逐步发展起来的。我国虽然在2004年5月建立了"中小企业板"市场,但由于上市门槛高,还只是主板市场的附属板块,并不能称为真正的创业板市场。因此,建立创业板市场要针对高速成长的中小企业特征,设置有别于目前主板市场的上市标准,降低对企业历史经营业绩和盈利能力等硬性指标的要求,注重企业的研发能力、科技含量和成长潜力等软性指标,拓宽资本市场对创新型中小企业支持的广度和深度,为更多处于不同成长阶段的中小企业提供资本市场服务。

多层市场的建立可以满足不同规模、成长阶段、产业特点、融资成本的企业融资功能的客观需求。据有关部门统计,向累计超过 200 人发行证券的非上市公司存量已超过 10 000 家。其中,符合中小企业板市场上市条件的全国高新技术企业有 4 000 多家;更有大量的有潜质的非上市有限(私募)公司。这些企业要想通过直接融资渠道实现其融资需求,如果没有多层资本市场配合,将会出现众多企业同过主板市场"独木桥"的现象。同时,还容易造成企业为争主板市场而过度虚假包装,影响主板市场上市公司质量;还会出现本应在本土市场上融资的企业另辟蹊径,寻求海外上市融资途径,造成本土优质企业上市资源流失的现象。所以,多层市场的建立是与目标企业市场细分紧密相连的,企业将根据不同层次市场的上市或挂牌标准、制度安排等条件安排直接融资渠道,从而满足直接融资的需求。

4.2.3 多元化投资需求

资本市场与经济发展高度相关,互动统一。资本市场是为经济发展服务的,特别是为宏观经济的微观主体——企业服务,企业规模的大小和融资需求的多样性从根本上决定了资本市场应该是多层的;同时,资本市场又是为投资者服务的,只有多层的资本市场,才能满足投资者多元化的需求。只有建立多层的资本市场,才能最大限度地满足市场主体对资本的供给与需求,才能高效率地优化配置资源,实现资本市场的全面、协调和可持续发展,进而推动经济发展。中国资本市场的发展路线有其特殊性,但多层选择是其必由之路。

投资者对风险的承受能力有高有低,对投资企业信息的获取渠道、信息获取的完整性及真实性也有差别,不同投资者对投资企业的同一信息的分析判断能力也不同,投资者对其投资资金的流动性、收益性要求也不同,上述这些因素导致了投资者投资需求的多样性和差别性。多层市场的建立,给投资者更多的选择空间,不同类型的投资者将在不同的市场中找到符合自身风险收益要求的投资品种。

中国经济和社会的发展要求资本市场提供更为完善的投资渠道。国有企业改革、社会保障制度改革的不断深化,居民收入的不断增加和全社会投资意识的不断增强,都需要进一步壮大资本市场规模,为满足相关市场主体的投资需求提供更加便捷有效的渠道。改革开放以来,多元化投资需求日益显现,广大居民的财富迅速增长,也提出了多样化的投资需求。这些投资需求是多样化的,需要建立不同层次的资本市场,为他们提供不同风险特征的投资工具,以满足他们的投资需求,进而将这些投资需求转化为实际的投资。

4.3　多层资本市场对其他方面的影响

4.3.1　基于多层资本市场角度认识技术创新体系

20 世纪 50 年代以来,创新逐步成为经济发展的主要驱动力量。我国已经确定了建设创新型国家的经济发展战略。然而在世界各国经济发展的实践中,我们看到这样一个基本的现象和问题:在传统创新理论体系的指导下,同样是发达国家,为什么美国能够以新经济的发展力量,将欧洲、日本等发达地区、国家抛在后面? 为什么我国是被世界公认为政府支持创新力度最大的国家,但是成效总是不够理想?

我们认为,对国家创新体系的理解应该包含三个方面的内容:

(1)基于企业存在前提下的微观企业创新体系;

(2)现代科技企业创业的创新体系;

(3)国家为了支持创新的财政体系和为支持创业的风险投资金融创新体系。

过去的理解仅限于经典创新理论基础上的理解和扩展。且不说缺少对新经济创造的创业本质的认识,对创新本身的认识也往往与国家财政体系割裂开来,导致在强调创新的背景下,因为没有很好的财政支持,造成企业“搞技术改造是找死,不搞技术改造是等死”的局面。同样,科技企业的创业是在该企业不存在的前提下,经过一个结合市场的技术经济过程的创业,使得该企业被创造出来。这样的创业创造了以前没有的新经济。显然,创业的技术经济过程是不同于创新的。创新是在一个企业存在的前提下的商业行为。不论是创新还是创业,都离不开资金的支持。国际经验证明,创新需要国家财政体系给予积极支持,而创业则需要国家风险投资金融支持体系给予支持。

4.3.2　实现自主创新国家战略的必然选择

全国科技大会和“十一五”规划纲要把增强自主创新能力作为科学技术发展的战略基点和调整产业结构、转变增长方式的中心环节。增强自主创新能力需要建立以企业为主体的国家创新体系,无论是促进国民经济持续健康发展,还是加强对创新型企业的支持,资本市场都将在其中发挥不可替代的作用。

资本市场是支持自主创新的重要平台,激励社会资金投资创业型企业,增强企业自主创新能力。健全的资本市场可以为创业投资提供风险共担、利益共享的支持机制,促进科技成果的产业化进程,实现我国国民经济在较短时间内向创新型经济的转型。从发达国家的经验来看,资本市场、风险投资和科技产业的相互联动形成了一整套独特的发现和筛选机制,不断发现新科技和经济增长点,成为经济可持续发展的动力机制。

多层市场的建立为我国高新技术企业发展、提高自主创新能力提供金融支持,并为高新技术企业风险投资创造退出机制。高新技术企业是知识密集型和资金密集型企业,在企业创业时期,需要大量资金投入技术发明、实验室研究;同时,也面临着技术发明向规模生产转化的风险。创业时期高新技术企业资金来源渠道除了民间投资、银行信贷等渠道外,创业投资机构的创业投资起着举足轻重的作用。在美国,众所周知的英特尔(Intel)、戴尔(Dell)公司等都是在创业投资的支持下发展起来的;在我国,前程无忧、中芯国际等中国企业也都有美国风险投资商的风险投资。而风险投资的退出机制是风险投资能否发展的关键。风险投资企业可以通过证券市场、产权交易市场实现投资退出,包括股权上市转让、股权协议转让、被投资企业回购等。在美国,80%的风险资金通过并购方式实现退出,20%的风险资金通过上市退出;在日本,通过上市退出的风险资金达到90%。这说明上市是风险投资重要的退出渠道。

多层市场的建立将为科技含量较高、自主创新能力较强的中小高新技术企业利用资本市场创造条件,有利于创业资本退出机制的完善,满足多元化的投融资需求,增强企业科技自主创新能力,促进高新技术企业发展。

西方发达国家成熟的多层资本市场体系是适应不同规模、行业、经营状况、盈利水平和发展阶段的企业的融资需求自发形成的,是市场自然演进的结果。而政府的角色只是顺应市场发展需要,提供良好的外部环境。因此,在我国构建多层资本市场的过程中,要对政府角色进行明确定位,界定政府在资本市场的活动范围和内容。政府可间接地、有限度地、理性地参与和监管,并按市场规律来引导资本市场的资源配置,从而使多层的资本市场真正服务于多层的投融资主体,为多层资本市场的发展和完善提供一个公平、规范的制度环境和法律环境。

4.3.3 多层资本市场影响创新创业

技术创新型企业不同于一般企业,更不同于大型企业的发展特点,其融资特点更突出地表现为两个方面:一是技术创新型企业的融资呈现出周期性特征,发展的不同阶段需要不同的融资渠道;二是从融资结构来看,技术创新型企业对外源性融资尤其是外源权益性融资有更大的依赖性。技术创新型企业的这一特点决定了技术创新的良好发展取决于是否具有一个从风险资本市场到首次公开发行股票再到再发行市场的、充分发育的多层资本市场体系。

技术创新型企业从创立开始，经过若干阶段成长为一个成熟的企业，其间要经历若干次融资。在整个过程中，企业的经营性风险、技术风险和市场风险逐渐降低，从高风险偏好者到普通公众，潜在的投资者范围逐渐扩大。个人投资者、私人风险投资者、风险投资基金、金融机构、资本市场交替发挥作用。而在这些融资渠道中，限于技术创新型企业的特点，它们对私人风险投资者、风险投资基金、创业板市场等外源融性资渠道有较高程度的依赖性。对于传统企业而言，其融资历史是一个随着企业经济实力的增强而逐渐从内源性融资到外源性融资交替发展的过程，但科技型企业从创建伊始就对外源性融资依赖更深。一方面，内源性融资难以满足技术创新型企业技术商品化对资金的需求，因此科技型企业对外源性融资更为依赖；另一方面，技术创新型企业在初创和发展过程中，由于规模小、风险高、缺乏实物抵押资产等原因，很难获得债权性融资，因此企业对外源权益性融资有着更强的依赖性。

根据风险资本市场理论，非正式的私人"天使"风险投资者、规范的风险资本和创业板市场共同构成一个完整的企业从初创到初步成熟的资本市场。该市场主要为初创企业和成长阶段的中小企业，特别是科技型中小企业筹集资本。这三类资本构成了培育技术创新型企业的一个完整链条。在这个链条中，三种资本自身的发展壮大对风险资本市场的发展及技术创新型企业的融资问题的解决具有重要意义。"天使"资本和风险投资基金并不是为了长期拥有企业股权而投资的，当企业发展到一定阶段这两种资本就会寻求退出企业并实现资本增值。一般来讲，这两种资本的退出有多种方法，包括首次公开发行、兼并与收购、股权回购、破产清算等。其中，在创业板市场实现公开发行上市是各种方法中最为方便、收益率最高的一种。当企业在创业板市场上发展到一定程度和规模后，在恰当的时机实现转板可以更有效地扩大投资者基础，寻求更强的资本市场服务。显然，要促进技术创新型企业的发展，需要建立一个多层的资本市场体系。这是一个以风险资本市场为核心的，包括各种非正式风险投资者、规范的风险投资基金、创业板市场和主板市场在内的无缝的资本市场体系。

4.3.4　金融发展对技术创新的影响

当今的国际竞争说到底是综合国力的竞争，其关键又是科学技术的竞争。一个国家能否长久地在激烈的国际竞争环境中保持优势已越来越多地取决于国家科技进步的速度。而决定这个速度的就是自主创新的水平和能力。随着知识经济时代的发展和经济全球化的挑战,以往那种以消耗不可再生资源为代价和以外向技术依存拉动经济的粗放式发展模式已难以适应我国经济可持续发展的需要,以"自主创新"为核心的经济结构调整将成为未来中国经济发展的着力点。作为我国自主创新主体的技术创新型企业,由于金融体系的结构缺陷,一直面临着"夭折"的威胁。如何利用政府创新政策的实施,矫正"市场失灵"现象,依靠多层资本市场的扶持,帮助创新型中小企业走出"死亡之谷",是自主创新国家战略的一个重要内容。

在研究中小企业发展的文献中,人们经常引用这样的一组数据,即根据学者对美国中小企业的研究,在全部中小企业中,只能存活5年以内的约占68%,19%的企业可生存6~10年,只有13%的企业寿命超过10年。这一组关于中小企业死亡率的数据尽管只采样于美国,但已经将中小企业的高死亡率体现得淋漓尽致。

为解决技术创新型企业所遭遇到的"市场失灵",国家创新政策应运而生。在这一政策中,构建一个有效的多层资本市场占据了重要地位。国务院《关于实施〈国家中长期科学和技术发展规划纲要(2006—2020)〉若干配套政策的通知》第十九条明确提出"建立支持自主创新的多层资本市场"的要求。多层资本市场的建立和完善,可以实现科技园区孵化企业、技术创新型中小企业、成长型中小企业的柔性连接,并推动它们发展成具备规模优势的技术创新型企业,为国家自主创新战略的实施提供资本保障。

第5章 中国多层资本市场体系构建

5.1 中国多层资本市场的设计思路

中国多层资本市场的建设经历了较长的酝酿过程。早在 2003 年,中共十六届三中全会通过的《中共中央关于完善社会主义市场经济体制若干问题的决定》中就已提出:"大力发展资本和其他要素市场,积极推进资本市场的改革开放和稳定发展,扩大直接融资。建立多层资本市场体系,完善资本市场结构,丰富资本市场产品。"2004 年国务院发布了《国务院关于推进资本市场改革开放和稳定发展的若干意见》中规定:"建立多层股票市场体系。在统筹考虑资本市场合理布局和功能定位的基础上,逐步建立满足不同类型企业融资需求的多层资本市场体系。"随着股权分置改革的完成和资本市场自 2006 年以来的突破性发展,多层资本市场的建设进程也明显加快。

5.1.1 中国多层资本市场构建的总体设计

1. 中国多层资本市场的建设思路

建立我国多层证券市场,既要借鉴海外证券市场的经验,又要结合我国国情,不能原样照搬。首先,要完善主板市场的功能,强化主板市场的上市规则和上市公司的治理结构;其次,要大力发展场外证券市场,扩大场外证券市场规模,尽快完善场外市场的融资功能及其向主板市场的递进机制,从而确定我国多层的市场层次。那么,中国应建设什么样的"多层"资本市场?国外发达资本市场的经验表明,不同层次的资本市场之间存在着相当大的差异。这种差异性由投融资双方的特性所决定,以满足不同投资者和融资者的需求。因此,对于目前深圳中小企业板这类在同一交易所内设立,在上市标准、交易制度、监管标准上基本不存在差异的市场来说,不是一个区分资本市场层次的成功做法。对中国这样一个幅员辽阔、企业众多的大国来说,理想的多层资本市场架构应当遵循这样的建设原则:

（1）以企业特性为分层标准的原则

根据企业特性进行分层，这一原则符合证券市场分层揭示风险，使风险定价更合理。同时，这一分层标准也具有可操作性。在界定企业特性时，重点考虑的应该是企业的规模、成长阶段、成长模式等，"国有"和"民营"的所有制标准应该淡化。这是符合中国经济改革大方向的，也是符合证券市场运行规律的。

（2）充分利用现有市场资源的原则

多层市场体系的建设必须尊重我国证券市场发展的历史与现状，充分考虑、利用和整合现有的市场资源，避免重复建设。目前我国证券市场除沪交所、深交所外，还有由中国证券业协会管理的委托代办股份转让系统。在建设多层市场体系过程中，应充分考虑利用和依托这些资源。

（3）各市场层次之间适度交叉与竞争的原则

我国20多年经济改革的实践表明，竞争是保持市场活力、提高产品与服务水平、降低成本的最有效手段。纳斯达克的发展离不开美国其他证券交易市场，尤其是纽约证券交易所的竞争；韩国的科斯达克市场也是在与韩国证券交易所的竞争中发展起来的。我国证券市场的高速发展，在很大程度上得益于深交所、沪交所之间的适度竞争。没有竞争，处于绝对垄断地位的证券交易所很难为投资者及上市公司提供良好的服务。因此，在构建多层市场体系时，既要明确各层次市场的分工、避免功能重复，又要使市场层次之间有一定交叉，存在适度竞争。

（4）市场的筹资功能与交易功能分割并制定独立标准的原则

我国最新修订的《中华人民共和国证券法》规定股份转让应当在依法设立的证券交易场所进行或依国务院规定的其他方式进行，还规定了证券申请上市交易由证券交易所依法审核。但是，目前实践中一直将公开发行条件与上市条件等同，公司发行股票后必须到交易所上市。这使得除交易所以外的其他层次市场无法具备融资功能，难以发展。从建设多层市场体系的角度出发，应将公开发行与上市审批分开，由中国证监会负责审批股票公开发行申请，各层次市场组织者负责审批股票上市或挂牌申请，在降低股票公开发行条件的同时，依据层次不同适当提高审查上市或挂牌条件。

综上，为充分发挥资本市场对经济发展的促进作用，推进我国全面建成小康社会宏伟目标的实现，当前我国多层资本市场建设的思路应该为规范发展主板市场，定位于服务中国的大型企业；以中小企业板为核心建设名副其实的创业板市场，服务于中国大量成长性好、科技含量高的创业企业和高科技企业；整合全国产权交易市场,把代办股份转让市场建设成为功能完备的全国统一监管的股份转让系统,为公开发行非上市股份有限公司和非公开发行的股份有限公司的股份转让提供服务。

2.市场各层次之间的关系

总体而言,各个市场之间应当是一种"彼此独立、互为补充、协同发展"的关系。第一,现有主板市场、创业板市场与股份转让系统彼此独立,层次分明。各个市场的进入门槛、交易制度、信息披露制度等有所区别。现有主板市场与创业板市场及股份转让系统的上市(挂牌)主体定位需十分明确。主板市场以业绩相对稳定的大中型企业为主;创业板市场则定位于具有巨大成长潜力的中小型创业企业和高科技企业;股份转让系统则为"不愿意,不能够,没有"在交易所上市的股份公司提供股份转让服务。三个市场各自独立发展,互不影响。同时,适当的竞争有利于提高市场运行效率,创业板市场可以不单单定位在中小型创业企业,也可以为全国范围内的大型企业提供上市融资的灵活选择权,进而与主板市场形成良性竞争、相互促进的局面。这是我国资本市场保持旺盛生命力的源泉。

第二,不同市场面向不同类型和发展阶段的企业,发挥相互补充的功能。主板市场面向规模较大的成熟企业,创业板市场面向达到上市标准的中小型、科技型成长企业。代办转让系统除接纳已退市的上市公司,还面向达不到上市条件的中小企业特别是科技型中小企业,整合现有的产权交易市场,形成类似于美国柜台公告板市场和粉单市场的孪生的柜台市场。这可以避免因市场定位模糊、上市对象雷同而造成的资源浪费,促进资源的合理有效配置,有利于提高资源的配置效率和利用效率。同时可以满足不同层次和不同风险偏好投资者的需要。

第三,通过一定的转板、退市机制实现三个层次市场的协同发展。这三个层次之间存在着一定的升降级或转板交易的关系。股份转让系统中的挂牌条件较低,企业成长后满足创业板市场、主板市场条件的可以转到主板市场或创业板市场上进行交易。创业板市场上市公司的条件较股份转让系统高但比主板市场低,主板市场和创业板市场的公司在不能满足持续挂牌要求时,应降入股份转让系统。这样,一方面可以为处于较低层次板块的企业提供目标与激励,另一方面也有助于保持较高层次市场的活力与质量。

中国多层资本市场框架如图5.1所示。

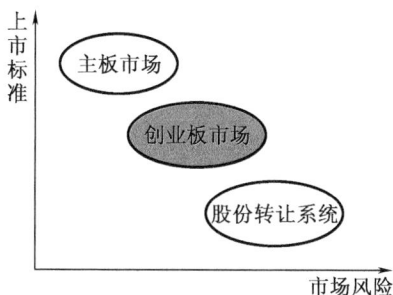

图 5.1 中国多层次资本市场框架

3. 中国多层资本市场建设的具体思路

实施国家自主创新战略,全面建成小康社会,构建社会主义和谐社会,需要最大限度地实现资本、技术、人才、商品、土地等要素的自由流动与优化配置,尤其要充分发挥资本作为连接、调动各项要素桥梁的枢纽性功能。这当中,大力发展多层资本市场是最为核心与关键的环节。当前,股权分置改革基本完成,证券化时代行将到来,中国资本市场发展面临崭新的起点。而加入世界贸易组织(WTO)、金融业全面对外开放期限的到来,预示着融入国际资本市场体系更加激烈的全球化竞争和对市场定价权的争夺。此刻,加快我国多层资本市场建设步伐的现实性与紧迫性日益凸显。

世界成熟市场发展多层市场体系的经验表明,建立科学合理的市场层次总体架构是成功的关键。2007 年 2 月,美国纳斯达克市场宣布最新的市场结构设计,初步形成了"三加一"的市场层次体系,以实现"促进资本形成"的本质与宗旨。具体包括纳斯达克全球精选市场、纳斯达克全球市场、纳斯达克资本市场,以及由非上市公众公司组成的全国性场外市场柜台公告板。

中国多层资本市场的建设已持续多年。主板市场建设蓝筹股市场的努力已经初获成功;2000 年至今,积极筹备创业板市场;2004 年 5 月,中小企业板正式设立;2006 年 1 月,中关村科技园区非上市股份公司进入代办转让系统股份报价转让试点启动。这些尝试奠定了适应中国经济发展需要的多层市场雏形。根据《中华人民共和国公司法》《中华人民共和国证券法》要求,借鉴纳斯达克模式,打造中国特色的多层资本市场已日益成为各界的基本认识。中国资本市场将由主板市场、中小企业板、创业板市场及代办转让系统组成。就未来发展方向而论,中国资本市场应该从以下几个方面展开努力:

(1)进一步鼓励和促进主板市场公司做优做强

以股权分置问题的解决为契机,支持通过定向增发、整体上市、兼并重组等手段,促进其优化股权结构、完善法人治理;要鼓励其通过买壳上市、引入战略投资者等方式增强实力,增加新的利润增长点;要促进公司建立和完善股权激励制度,增强企业的长期持续发展动力。

（2）全力推动中小企业板市场迅速扩大规模

中小企业板是整个多层市场体系中承上启下的核心,并且对创业板市场开设初期维护市场稳定具有不可替代的作用。针对当前中小企业板市场存在规模小、发行速度慢、制度与中小企业特点不适应等问题,应大力提升中小企业发行上市融资比例,通过强化市场理念提高发审效率,并持续实行批量发行、批量上市,加快市场发展节奏,同时推进"小额再融资机制"等制度创新。

（3）适时尽快新设创业板市场

目前,推出创业板市场的条件逐步成熟:一是我国科技型中小企业的成长及增强自主创新能力的客观要求,使得依托创业板市场实现科技与资本结合的呼声与共识日益强烈;二是《中华人民共和国公司法》《中华人民共和国证券法》取消了对公司经营业绩等财务指标的明确要求,有利于在上市标准方面有新的突破,设立一套更为宽松、灵活、符合创业企业特点的创业板市场门槛;三是近年来国际主要创业板市场复苏与发展,尤其是英国选择投资市场、韩国科斯达克市场的引导与示范效应显现,创业板市场发展的外部环境已得到根本改善;四是中国资本市场多年来在技术系统开发、上市资源培育方面进行了积极筹备,并积累了对中小型上市公司监管的丰富经验,为做好创业板市场各项工作打下了良好基础。

（4）积极稳妥地发展代办转让市场

统一的场外转让市场对为较高层次市场输送规范运作的优质上市资源具有重要意义。目前,应尽快解决代办系统定位不清、制度不完善的问题,在总结中关村报价转让试点经验的基础上,将试点范围逐步扩大至其他科技园区,适时将公开发行非上市公司纳入代办转让系统,发展成为统一监管下的非上市公众公司股份转让平台。同时,发挥代办转让系统的技术、信息优势,探索建立和完善与产权市场之间的协调与连通机制。按照目前的发展状况来看,代办股份较转让系统即使获得一定发展,其规模和活跃程度与成熟证券市场相比差距也很大,因此必须进一步完善代办股份转让交易系统,实现地区性联网运行,集中报价、分散成交、统一核算。此外,也要积极培育地区性的股权、产权交易中心,在区域性的交易市场中逐渐淡化行政影响,将近年来形成的地区性股权、产权交易规范化、合法化,形成既有统一集中的场外交易市场（OTC）,又有区域性的股票、产权市场的条块结合的模式。

（5）完善各层次证券市场相关制度，逐步实现各层次市场间的无缝隙对接、互补互动

在定位明确的基础上，应该完善各层次市场的上市、挂牌、退市规则、信息披露规则、交易制度、结算制度、监管制度等；同时，在市场之间建立转板安排和衔接机制，每个市场都有进入和退出的标准，打通各层次市场之间的递进、递推环节和渠道，使各层次市场之间相互融通。

4.具体的制度安排

（1）准入条件

根据各层次市场的定位，进入各市场挂牌的标准也不同。主板市场对股本总额和发行额度的要求最高，并且要有持续盈利的纪录、规范的公司治理结构及较多的股东人数；二板市场对股本总额和发行额的要求比主板市场的低，可以只要求一年的盈利记录，比较规范的公司治理结构并放宽股东人数限制；三板市场挂牌的企业对股本总额和发行额的要求比二板市场的低，可以不要求盈利的纪录，对公司治理结构的要求也可进一步放松，但应该有完善治理结构的规划与承诺；而在柜台市场挂牌的企业其规模要求可以更小，对盈利纪录和公司治理结构均可不做要求，但必须有企业发展规划书。三板市场和柜台市场挂牌企业对股东人数没有限制，但必须符合《中华人民共和国公司法》要求。

（2）上市制度

进入主板市场上市企业的上市制度可以采用注册制，二板、三板和柜台市场挂牌的企业，上市制度采用核准制度。核准制度下，挂牌企业在文件齐备的前提下，核准手续可以比较简便，核准时间不能太长，以降低创业期企业外源融资的成本。

（3）信息披露要求

主板市场挂牌的公司由于经过了创业阶段已经发展为成熟企业，经营风险相对较低，公司治理也相对规范。按照国际证券市场的通行规则，主板市场的信息披露要求较低，而二板市场的信息披露要求比主板市场严格，三板市场和柜台交易的企业因为经营风险比较大，信息可能更不对称。因此，主板市场对信息披露的要求应该比二板市场严格。但是，在主板市场、二板和三板市场上挂牌的企业的年度财务报表需要经过审计，但柜台市场的年度财务报表不需要经过审计。对于虚假信息披露的处罚各市场是同样严格的。

（4）交易制度和交易方式

交易制度分为集合竞价制度和做市商制度。集合竞价制度中，买卖指令、成交量与成交价几乎是同步传递给整个市场的，并且不存在交易量与交易价格

的维护机制。由于参与主板市场和二板市场的投资者较广泛,投资资金多,流动性不存在问题,因此主板市场和二板市场的交易制度可以采用集合竞价方式。而三板市场和柜台市场的投资者较少,投资资金量比主板市场和二板市场少,风险较高,所以三板市场和柜台市场适宜采用做市商制度。同样的,由于主板市场和二板市场的企业经营风险总体上比三板市场和柜台市场的小,市场流动性也较好,在主板市场和二板市场可以引入信用交易,即融资融券制度,而三板市场和柜台市场则应严格禁止使用信用交易,只能是现货现金交易。

(5)市场监管

多层的市场如果采用单一的集中监管的方式,监管的成本高而且效果未必好。因此,建议采用集中和分层结合的监管方式。各级市场遵守国家和中国证监会制定的证券市场管理的相关法律法规,但在具体的监管部门上有所区别。主板市场和二板市场应由中国证监会、交易所和自律组织实现联合监管,而三板市场可由交易所和证券行业自律组织监管。地区柜台市场由地方政府、地区证券监管部门及柜台市场交易所联合监管。三板市场和地区柜台市场的相关监管事宜必须报备中国证监会。

5.1.2　各层次资本市场间的交易机制设计

1.我国多层资本市场的梯级结构

我国多层的资本市场包括交易所内主板市场、中小企业板市场、创业板市场,场外无形的电子交易市场、全国性或地区性柜台交易市场。各个层次的市场和企业成长周期相匹配,市场定位要明确,需有递进性,由此形成一个体系健全的类似梯级的市场,如图 5.2 所示。

不同层次的市场定位不同。主板市场主要为处于市场化阶段和产业化阶段后期的成熟的企业进行融资和股权交易服务,上市企业特征为规模大、业绩稳定、市场风险较小;二板市场主要为处于幼稚期后期和产业化阶段前期的企业进行融资和股权交易服务。二板市场上市企业在经营规模上小于主板市场,业绩的稳定性也逊于主板市场的上市企业,同时市场风险和成长性高于主板市场的企业。深圳交易所的中小企业板可以定位发展为二板市场;三板市场主要为处于初创阶段和幼稚阶段前期的企业进行融资和股权交易服务。其挂牌企业的规模、经营业绩和经营稳健性等方面通常低于二板市场的企业,而公司经营风险和市场风险往往高于二板企业。区域性的柜台市场主要为处于初创前期和种子阶段的企业提供包括证券化的标准化产权及非证券化的实物型产权在内的产权交易服务。在区域性柜台市场挂牌的企业规模小,经营稳定性一般比三板市场低,市场风险通常高于三板市场。

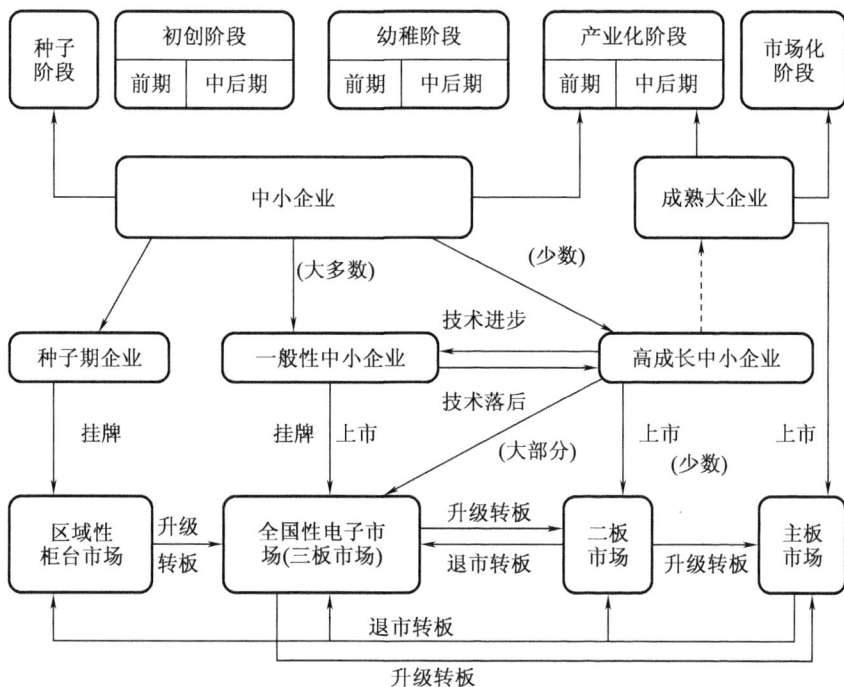

图5.2　多层次资本市场与企业成长周期的匹配与互动

2. 设立转板制度使多层资本市场成为有机的整体

从国际资本市场发展史来看,资本市场的多层构建是适应企业发展的不同阶段和投资者不同的收益风险偏好而自然演进形成的,具有逻辑的层次性和统一性。各市场不同甄别信号的设置表现出内在逻辑的层次性,但无法表现出逻辑的统一性。资本市场逻辑的统一需要设立有升有降的转板制度。

企业在地区性柜台市场发展壮大并经过股份制改造,成为一个具有比较规范公司治理结构的股份制企业,在满足相关条件情况下可以申请转入高一层次的市场或直接申请到更高层次的市场。同样,三板市场的企业在达到二板市场准入条件后,二板市场在达到主板市场准入条件后,均可以申请转入高一层次的市场中。如果企业经营状况严重恶化,达不到所在市场的基本要求的,必须降到次级市场中或退市。

设立转板制度有两方面的益处。从企业的角度看,当企业发展到一定阶段,符合进入高一层次市场的条件时选择转板可以扩大投资者的基础,并能吸引大机构投资者购买公司股份,因为很多大的规范的投资机构对投资标的的质地和所处的市场有规定。这对于提高股票流通量、吸引机构投资资金、方便银行借款、引入合适的战略合作伙伴、进一步提高企业知名度和优化股权结构等都将有很大的帮助。降级退市制度则有利于保护市场的信誉,培育市场竞争机制,提高投资者投资效率。从资本市场建设的角度看,通过转板制度可以使多层资本市场成为有机的互动的整体,也有助于调整产业布局,优化增量资产的投向和结构,扶植优质企业,淘汰落后企业,从而提高整个社会的资源配置效率。

在转板的制度设计中,建议升级转板在满足条件后由企业自主决定,但降级退市则是在一定时限内强制执行的。同时,转板的条件除了在股本规模、营业记录、盈利能力、股东人数、保荐机构、治理结构等方面进行要求外,为了鼓励符合条件的企业实现转板,建议考虑以下事项:(1)转板手续应比首次发行股票简单,所耗时间比新发行股票这一级市场的企业花费的时间应该短许多;(2)转板上市的费用相比新发行股票企业给予优惠或减免;(3)达到高一级资本市场准入条件的,只要该企业申请,高一级市场原则上不应拒绝。

5.1.3　培育发达完善的场外市场

从国内外有关研究来看,多层资本市场研究基本上集中在公开的交易所市场建设方面,即如何建立一个包括主板市场和创业板市场的、层次清晰、能够满足不同风险偏好投资者需要的股票市场。但正如作者在前文所阐述的,多层资本市场的建设不仅应包括公开股票市场及基于柜台交易市场的场外股票交易市场,还应该包括私募股权投资、创业投资等形式丰富的、非公众参与的股权市场。特别是对于非标准化股票交易的股权市场而言,私募股权投资市场对于整个资本市场的效率具有重要意义。

1. 场外市场的类型

按照交易对象的特性,场外市场包括两类:标准化交易的柜台交易股票市场和非标准化交易的股权交易市场。所谓标准化交易,指的是交易对象是否为标准化的股票数量,并依据标准化的交易程序完成交易与清算的整个流程。对于公开市场而言,证券交易所最关键的特征就是采用标准化的交易手段和程序交易标准化的股票。股份代办转让系统作为我国的柜台交易股票市场,尽管没有形成统一集中的交易所形态,但交易的对象仍然是标准化的股票。在现实的企业世界中,能够进入证券交易所挂牌交易股票的上市公司毕竟只占了企业群体的极少数。即便能够进入柜台交易股票市场交易,数量也是有限的。特别是对于仍然实施着严格金融管制措施的中国而言,我们可以想象,即便代办股份转让系统获得快速发展,但对于该柜台交易市场的准入,监管部门很可能维持较高的标准。在这样的背景下,绝大多数企业要实现自身股权的适度流动,只有依赖非标准化交易的股权交易市场。目前,我国已经建立了一些产权交易中心,用于非上市公司大宗股份的协商转让交易。但受制于法律、监管、行政措施等制约因素,这些产权交易中心的交易并不活跃。近年来,随着我国经济的快速发展,企业和居民财富水平的日益增长,开始出现形式多样的股权交易市场。这些股权交易行为并没有依托某种固定的市场形势,而是通过投资者之间,以及投资者和筹资者之间特定的协商与沟通,完成股权转让交易。较大的投资者或者专业投资人才也通过各种手段积极地开展集合投资,形成更为规范的投资基金组织模式和投资操作程序。创业投资是其中比较重要的一个组成部分,但也包括其他形态的投资组织形式。

2. 非标准化股权交易在多层资本市场中的重要地位

非标准化的股权交易市场是广义的多层资本市场的重要组成部分,对整个多层资本市场体系具有重要意义。

(1)非标准化股权交易是企业与公开市场之间承上启下的关键环节

国际经验表明,私募股权投资基金在全球范围内快速成长,它们主要通过投资未上市企业的股权来实现资本增值,丰厚的投资收益刺激越来越多的资金进入这一市场。私募股权投资基金其实只是股权交易市场中的一小部分,只不过因为其投资更规范、单位规模更大而成为人们关注的焦点。事实上,非标准化的股权交易市场普遍存在,它在企业与公开市场之间发挥着承上启下的关键作用,与公开市场之间也存在着积极的互动关系,两者的发展程度也高度相关。只有在公开市场发展起来后,私下的股权交易市场才会获得更高的投资收益,因此获得迅速发展。也只有在股权交易市场活跃存在的条件下,企业才能够得到宝贵的发展资金,并逐步发展壮大,成为符合证券交易所等公开市场上市标准的公众企业。

(2)非标准化股权交易是企业上市前的重要筹资来源

如图5.3所示,私募股权投资基金已经成为全球资本市场举足轻重的力量,规模不断增大,投资日益活跃。越来越多的企业要依赖它们获得发展所需资金。

(3)非标准化股权交易是高效的企业筛选者

相对于公开市场投资者依靠公开的信息披露进行投资决策,私下的股权交易投资者主要依靠自身对投资对象信息的现场收集来决定投资与否。由于他们的管理者通常是经验丰富的职业投资者,往往在金融投资经验之外,还拥有丰富的行业背景。他们的投资决策更为有效,能够高效地在数目庞大的企业群体中将发展潜力更好的企业筛选出来,向他们投资以补充发展资金,促进这些企业的发展,最终推动这些企业走向公开发行上市。

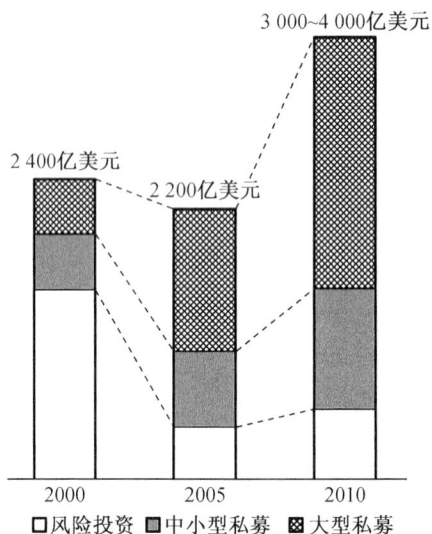

图5.3 全球私募股权投资基金增长情况

(4)股权交易市场是公开股票市场繁荣的基石

尽管证券交易所代表的公开股票市场吸引了投资者绝大部分的关注目光,但必须认识到,集中交易的公开股票市场仅仅是现代资本市场的一个组成部分,其规模也仅仅占资本市场的一小部分。如图5.4所示,美国在非公开市场上进行的并购活动是美国风险投资退出的主要机制,正是股权交易市场为风险投资提供除公开市场外必不可少的第二个退出选择。可以说,如果没有发达的非公开股权交易市场作为支撑,风险投资的投资活动会萧条很多,从而难以通过积极的投资活动为公开股票市场提供源源不断的新股来源。

3.私募股权资本在中国的发展

私募股权资本是非标准化交易的股权交易市场中的关键成员,其划分如图5.5所示。近年来,这一新形态的资本市场成员在中国获得了快速发展。据统计,中国已成为亚洲最活跃的私募股权投资市场。截至2006年11月,有35只投资亚洲市场(包括中国内地)的私募股权基金成功募集121.61亿美元资金。私募股权投资机构在中国内地共投资111个案例,参与投资的机构数量达68家,整体投资规模达117.73亿美元,仅次于日本,在亚洲居第二位。

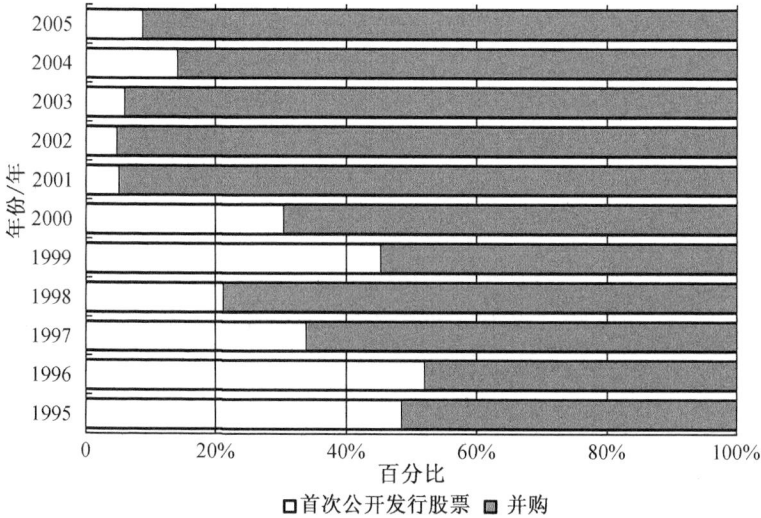

图5.4　美国风险投资项目推出方式比较

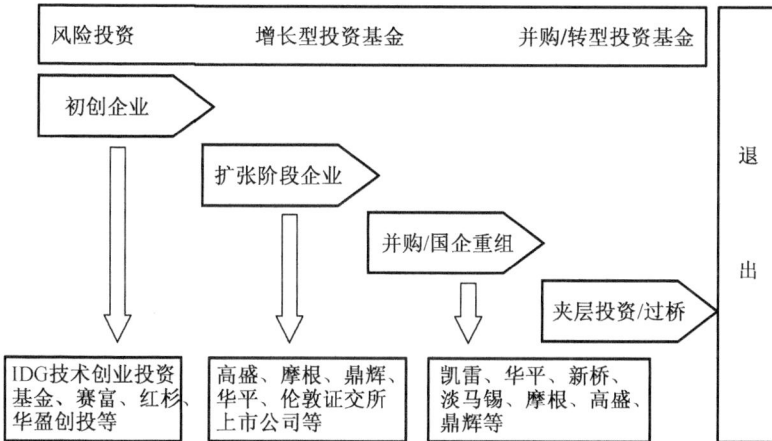

图5.5　私募股权投资的划分及在中国的主要基金

　　根据调研结果显示,2006 年,有 35 只可投资于中国内地的亚洲基金成功募集,募集资金高达 121.61 亿美元,下半年资金募集金额增长尤为迅猛。2006 年下半年至 11 月底,募集资金高达 75.30 亿美元,比同年上半年募资金额增长 62.6%。在 2006 年度新募基金中,其中有 18 只属于成长基金(growth capital),占新募基金数量的 51.4%;有 7 只并购基金(buyout fund)成功募集,占新募基金数量的 20.0%。就募资金额而言,并购基金以 57.40 亿美元的募资金额高居榜首,占整体募资金额的 47.2%;成长基金共募集 38.47 亿美元资金,占整体募资金额的 31.6%。另外,6 只基金的基金(fund of funds)募集资金达 15.92 亿美元,3 只夹层基金(mezzanine fund)的募资金额为 6.45 亿美元,还有 1 只不良债权基金募集了 3.38 亿美元。到 2006 年为止,调查范围内的私募股权基金共对111 家大陆及大陆相关企业进行了投资,参与投资的机构数量达到 68 家,投资总额达到 117.73 亿美元。

私募股权基金在中国的投资已经开始实现良好的回报,随着中国多层资本市场体系建设的不断推进,以及对私募股权投资相关法律政策的不断完善,将会有更多的资金投入中国私募股权投资市场。

私募股权投资基金在国内的快速发展,从多层资本市场建设的角度来看,具有重要意义。一个庞大的私募股权投资基金群体的存在,可以为企业提供除公开发行上市和场外股票转让之外的另一种选择。快速增长的中国经济正创造出数目众多的成长型企业,它们为股权交易市场提供了优良的投资对象。私募股权投资基金的发展则为这一市场提供了良好的流动性,推动股权交易市场走向繁荣。

4. 如何构建一个高效繁荣的股权交易市场

前面的论述已经表明,股权交易市场是多层资本市场必不可少的组成部分。相对于广受关注的创业板市场建设而言,非公开的股权交易市场很少得到深入研究,也较少得到政府的关注和支持。为了建设一个完整高效的多层资本市场体系,我们应该积极从以下五个方面采取措施,推动股权交易市场的发展。

(1)调整法律和监管的有关规定,为股权交易市场的发展开拓更有利的制度环境。目前,我国现有的公司、证券立法中,还有一些不利于股权交易活动的规定,严格的金融管制措施和僵硬行政性证券市场监管也压制了股权交易市场的活跃。因此,有必要加快对现行法律法规的调整,有效放宽金融管制,改变当前证券市场监管高度行政化的模式,为形式多样的股权交易开辟宽松的政策和法律环境。

(2)鼓励积极的股权交易文化,推动股权交易市场走向理性和繁荣。与公开市场一样,股权交易市场的发展要求积极的、讲求诚信的股权文化。股权文化和诚信文化一起,强调维护股东利益和保护投资者的权益,两者共同奠定了股权交易市场稳定发展的文化。股权文化就是对诸如维护股东正当利益、股权价值评估、保护投资者合法权益和股权投资在经济生活中的地位等一系列价值的认同。一个充分发展的股权文化将使投资者的合法权益在全社会得到充分尊重和切实保护,进而促进资本市场的持续稳定健康发展。在股权文化发展较为成熟的市场,个人股权投资已具备相当的深度与广度,容易吸引各种资金投资于股权交易市场。可见,股权文化发展越成熟越有利于在全社会充分尊重和切实保护投资者的合法权益,进而促进包括股权交易市场在内的资本市场的可持续发展。

（3）支持私募股权投资基金的发展,为股权交易市场的发展提供雄厚的资金来源。在继续吸引境外私募股权投资基金对国内企业投资的同时,应积极培育本土的私募股权投资基金。私募股权基金是对实体经济发展的助推器,对企业成长起到很大的帮助。当前,中国已经具备发展股权投资基金的环境。①《中华人民共和国公司法》《中华人民共和国证券法》《中华人民共和国信托法》《中华人民共和国合伙企业法》为私募股权基金的设立提供了法律基础;②国家制定了对新技术创业投资基金的鼓励政策;③《中华人民共和国合伙企业法》的出台避免了对私募股权基金的双重征税;④资本市场股权分置问题的解决为股权基金的投资和退出提供了更多机会。要加快私募股权投资基金在中国的发展,应该从以下三个方面采取措施:①应积极培育基金管理团队,鼓励境外的基金管理团队在中国设立人民币基金,培育本土人才。②监管当局应协调政策,以审慎原则界定合格的投资人,如应按照年收入或净资产额界定合格的自然人投资者,而以审慎原则界定合格的机构投资者。③应该借鉴地方政府经验,尽快出台合伙制基金的税收征管办法和工商注册程序。

（4）继续推动创业投资发展,为股权交易市场提供源源不断的创新企业。相对于股权交易市场而言,创业投资是其中最靠近企业生命周期前端的一个组成部分。大量的研究文献表明,创业投资对企业发展、经济增长和提高就业水平具有重要作用,也是资本市场繁荣发展的重要基础。创业投资创造了更富活力的创新企业群体,它们构成当前及未来各类股权交易市场的投资对象。

（5）积极盘活现有地区性股权、产权交易中心资源,形成地区性的股权交易市场与相对集中的场外股票市场——代办股份转让系统的有机结合模式。目前,中国的产权交易所数量不少,有200余家。其中上海、天津、北京等产权交易所得到了国资委授权开展央企产权的交易。最近重庆产权交易中心也得到了授权,全国有65家单位可以从事国有企业产权交易。从地域上可以划分为明显的五大交易市场:一是以上海为代表的长江流域共同市场;二是泛珠江三角洲产权交易共同市场;三是北方产权交易共同市场;四是渤海地区产权交易市场;五是西部产权交易市场。按交易层次可分为从事中央企业产权交易、从事全国各地区产权交易、五大交易市场的地域性交易这三个层级。由于产权交易所众多,体制又各不相同,有的是混合所有制,有的是私营企业性质,有的是行政事业单位,有的则是有限责任公司。在不同的体制、公司制度下,指导思想和经营模式也不一致,给市场带来了一定程度的混乱。产权交易市场经过十多年的坎坷发展,对实现资源的优化配置、区域经济结构调整,尤其是对国有产权转让采取阳光交易,为国有产权交易搭建了公平、公开、高效和透明的交易平台,促进了国有产权的有序流转。在我国多层资本市场的建构过程中,不应该完全跳过这一已经成型的产权交易体系,而应该将它们纳入多元化的股权交易市场体系之中,发挥其积极作用。同时规范其交易行为,特别是可以依托这一体系形成区域性的股权交易中心。我们认为,通过制度创新、产品创新和服务创新等手段,加上相关政策的具体执行细则,以产权交易市场为基础建设区域性股权交易市场是可行的。这主要基于以下理由:①产权市场在基础制度建设、业务规则完善、场地及交易网络建设等诸多方面所积累的丰富经验将成为建设场外股权交易市场的重要基础。②随着我国经济体制改革的逐步深入,非上市公司股权转让已经成为产权交易市场的主要品种。据不完全统计,近几年来,全国产权交易机构完成的产权交易项目中60%以上都是股权转让。当然,其形式仍然局限于非标准化单位的整体或部分股权交易,而且成交方式仍是传统的协议成交为主,辅以拍卖或招投标方式。③产权交易市场明显的区域性特征,如主要为本地企业提供服务,交易信息披露以当地为主,营业网点分布局限在区域内。这种区域性运行方式具有风险不易扩散、信息披露成本低、容易解决信息对称问题等明显优势。

5.2   中国主板市场风险度量研究

在险价值(value at risk,VaR)方法是在金融风险日益复杂、综合的时代背景下,利用现代数理技术测量金融市场风险的方法。该方法自20世纪90年代流行至今,该指标的普遍使用主要是由于巴塞尔银行监督委员会的大力推荐与提倡。为了使银行和其他非银行金融机构对其所面临的风险有比较充足和直观的认识,巴塞尔银行监管委员会要求其会员机构每天公布该机构的VaR值,现在VaR已经作为金融机构风险计量的公认标准之一。VaR方法之所以具有吸引力是因为它可以以货币计量单位来表示风险管理的核心——潜在损失。目前,该方法已经发展为现代主流的风险管理技术和方法,广泛地应用于金融机构中各类风险的度量和管理。

5.2.1   风险的内涵及度量

VaR是指在正常的市场条件和给定的置信度内,某种金融资产或资产组合在既定时期内所面临的市场风险大小和可能遭受的潜在最大价值损失。

例如,银行家信托公司(banker trust)在其1994年年报中披露,1994年在置信度99%下的每日VaR值平均为3 500万美元,这表明该银行可以以99%的概率做出保证,1994年每一个特定时点上的投资组合在未来24小时内的平均损失不会超过3 500万美元。通过这一VaR值与该银行1994年实现的6.15亿美元的年利润和47亿美元的资本额相对照,该银行的风险状况一目了然。

利用VaR进行风险控制是该指标的主要应用之一。一方面是银行等金融机构自身风险管理水平的需要,另一方面也符合《巴塞尔协议》对金融监管统一性的要求。1995年巴塞尔委员会已批准银行可利用获得批准和认可的内部模型计算VaR值,在此基础上乘3即可得到适应市场风险要求的资本金数额。这主要是考虑到标准VaR值难以捕捉到市场在极端运行的情况下风险损失的可能性,"乘3"就可以提供一个必要的缓冲。与《巴塞尔协议》对资本要求的标准化方法相比,通过VaR计算出的资本要求额节约程度通常在60%~85%。这使得采用VaR标准的银行在符合资本监管要求方面获得了优势。利用VaR方法,通过对所持有资产风险价值的评估和计量,依据计算出的VaR值,进行运营资金的管理,制订相应的投资策略,及时调整投资组合来分散和规避风险,以提高营运资金的运作质量和效率。利用VaR方法进行风险控制,可以便于交易执行人员和单位确切地了解所进行交易的风险大小,并为各项业务设置相应的VaR限额,以防止过度投机行为的出现。严格的VaR管理,可以有效防止一些金融交易的重大损失。

5.2.2　主板市场风险的测度

利用过去一定时期内的实际资产收益率,使用当前头寸的权重重新模拟投资组合的历史,然后将模拟出的投资组合按价值从低到高的顺序进行排列,得到虚拟收益的整体分布(通常以直方图表示),从分布中就可以得到给定置信水平下的VaR。

本书以2006年1月1日—2013年8月26日上证指数日数据为基础,计算我国上证指数VAR问题。根据历史模拟法,我们可以对历史数据进行回测,来观察VaR作为大盘风险指标的有效性。也就是说,根据VaR在95%的置信水平上所产生的最大损失,在历史模拟中其有效性如何?进而可以发现,主板市场风险分布具有哪些特点。

由于我们拥有较长时期的数据窗口(2006年1月1日—2013年8月26日共1 857个样本点)在计算VaR值时使用的数据窗口是300个,这样回测的样本期从 2007 年 4 月 3 日开始,共 1 556 个回测点。统计分析表明在 1 556 个实际回测中,共有 28 个样本点超出了 VaR 值,占比 1.51%。这也说明了本指标的有效性,因为 VaR 指标还可以这样解读:在 100 次实测中,很大可能有 95 次损失不会超过 VaR 值,我们的指标表明在我国上证指数收益率 1 556 次回测中,仅有 28 次指数损失超过 VaR 值(在 95% 的显著水平上,允许超过次数为 78 次)。

同时,我们还发现主板市场极值风险(即收益率下跌超过 95% 显著水平 VaR 值)具有较强的积聚性:第一,大约有 11 次极值风险发生在 2007—2008 年;第二,极值发生在时间段上具有积聚性(例如 10 个交易日内发生两次极值风险),在较短间隔时间内统计次数占据了 18 次(占比 64.3%)。

最近一次极值风险发生在 2013 年 6 月份,分别为 7 号、19 号和 21 号,目前市场处于震荡期,除非 2013 年 6 月银行间市场的“钱荒”类似事件再次发生,短期内极值风险发生的可能性较弱。

根据对 VaR 的检验分析表明,VaR 是我国上证综指为代表的主板市场进行风险管理较为有效的指标。在此基础上,基于 2013 年 8 月 26 日数据,在 95% 的显著水平上,给出未来 1 天和未来 7 天的最大指数损失值。

5.3　中国中小企业板市场构建研究

2013 年以来,上证综指、深证成指、中小企业板指、创业板市场指出现明显的走势差异。一边是上证综指和深证成指两大标杆指数不温不火,一边是以中小企业板指为代表的分类指数出现结构性牛市。对此市场有观点认为,是行业结构的不同最终导致了指数间的走势差异,因为中小企业板和创业板市场代表了经济结构的调整方向。本书尝试从中小企业板上市公司风险偏好的角度对此进行阐释。

5.3.1　中小板市场构建的必要性

投资者风险偏好指数(risk appetite investable index,RAII)为投资者提供了如何在风险资产(如股票)和安全资产(债券)间进行配置的基本规则。其核心理念是通过规则体系在投资者群体性高度乐观的时刻来减少风险(如减少股票类风险资产),在投资者都异常悲观时增加风险资产配置。

投资者对风险的承受能力决定了其是否要冒风险获得较高的回报,一般来说高风险对应高回报、低风险对应低回报。当投资者的风险偏好上升时,更多的投资者会愿意买入风险资产,推动风险资产价格的上升;当投资者的风险偏好下降时,会抛售风险资产,而造成风险资产价格的下跌。事实上,这两者会相互影响,当风险资产价格上升给投资者带来高收益时,风险偏好会进一步上升;当风险资产价格下跌时,投资者的风险偏好会进一步下降。当市场上的风险偏好上升到极点,往往面临着市场狂欢的终结,而投资者的风险偏好回落到极低点,也就是投资者极端厌恶风险时,往往是市场见底反弹的时候(图5.6)。

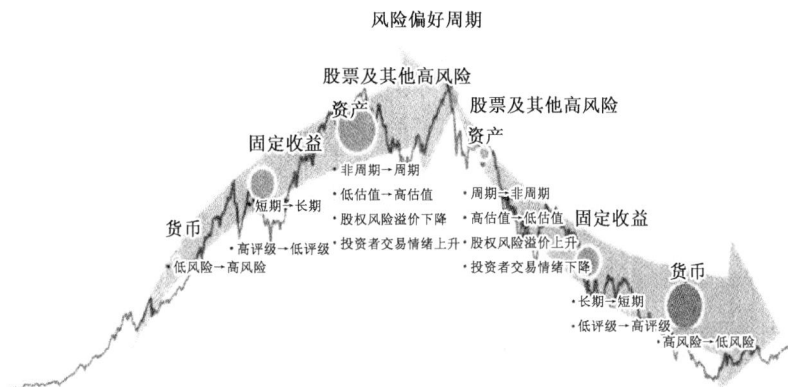

图5.6　风险偏好周期

　　衡量市场的风险偏好程度,可以帮助分析预测市场的拐点及指导进行资产配置。我们研究发现投资者对风险偏好有一个明显的周期效应,当投资者的风险偏好上升时,投资资产会从低风险的货币转往固定收益,再向股票、大宗商品等高风资产转移。另外,在同一资产类别中,投资者会在把自己的低风险货币(美元、瑞士法郎等)转为高风险货币(新兴市场货币),从而造成低风险货币相对高风险货币的汇率大幅上升;在固定收益产品上的配置也会更倾向于选择高风险的长期债券和信用评级较低的债券;在股票配置上投资者会选择周期性、高估值等高风险的行业板块,同时对股权风险溢价的要求也会大幅下降,投资者交易情绪大幅上升。当投资者的风险偏好下降时,资金会沿着相反的方向回流,对于风险资产的风险溢价要求也会大幅上升,同时交易情绪下降。因此,可以通过捕捉不同资产风险收益及投资情绪的变化来衡量市场风险偏好的变化。

5.3.2　中小企业板市场构建的思路

　　风险偏好指数(RAI)作为一个分析金融稳定性的有效指标越来越受到重视。在宏观经济和资产定价模型中,就隐含了关于投资者风险偏好问题的假设,而公众和媒体也经常将投资者风险偏好作为影响金融市场的重要因素之一。

在经典模型中,低的投资者风险偏好会导致较高的资本成本,从而对商业周期投资产生抑制;反之,较高的投资者风险偏好会产生信贷并促进资产价格的繁荣,从而为最终衰退和金融市场的下跌埋下伏笔。在实证研究中也发现金融市场的重大动荡,如 1997 年亚洲金融危机、1998 年俄罗斯债务违约和 2000年高科技股泡沫破灭,都与投资者风险偏好的系统性转变有关。因此,越来越多的金融机构和组织都尝试构建指数来测度投资者的风险偏好,包括国际货币基金组织(IMF)构建风险偏好指数来检测金融市场,而商业金融机构构建指数以提高交易回报率。根据我国中小企业板市场 2006 年 1 月 4 日—2013 年 8 月28 日的日数据,以及瑞士信贷第一波士顿银行(CSFB)风险偏好指标的构建方法,构建我国中小企业板风险偏好指数。在构建过程中,以 1 年期国债收益率为无风险利率变量,将个股每日收益率减去无风险收益率作为超额收益率,将个股过去 60 个交易日波动率作为股票波动率的代理变量。

5.3.3   中小企业板市场的风险特征

本书构建了我国中小企业板风险偏好指数(图 5.7),其中指数的上升表明风险偏好的上升,意味着市场情绪走向高涨;反之,指数的下降表明风险偏好的下降,意味着市场情绪逐步走向悲观。

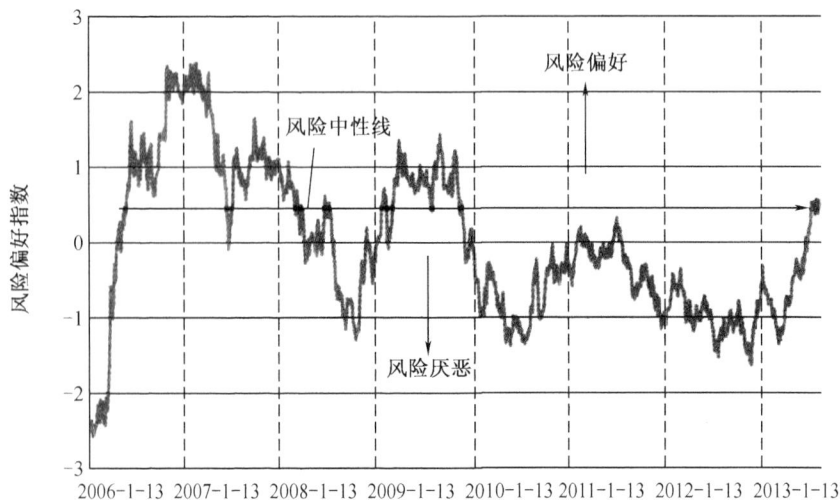

图 5.7   我国中小企业板风险偏好指数

（1）风险偏好指数

风险偏好指数较好地刻画了市场的风险偏好。一般来讲,在市场的牛市行情中,可以预期市场会有着较高的风险偏好;而当金融危机或重大事件的冲击下,市场风险偏好会发生一个系统性的转变。

我国中小企业板市场在 2006 年到 2007 年初、2009 年 4 万亿元两轮牛市行情期间市场预期市场将有着较高的风险偏好,而本书所构建中小企业板风险偏好指数也表明在这两个时期,指数不仅呈现了快速的上升,而且也处于较高的风险偏好值。

反之,在 2008 年由次贷危机所引发的全球金融危机期间以及 2011—2012 年全球经济萎缩背景下我国经济增长也逐步下调期间,可以预期市场将有着较低的风险偏好,这与指数所显示的信号也是较为一致的。

（2）中小企业板风险偏好指数

较强波动性和先行性我国中小企业板风险偏好指数具有两个重要的特征:较强的波动性和易变性。这一特征也与本指标所刻画的市场风险偏好和情绪是一致的,市场情绪的变化受到较多因素的影响,因而使得风险偏好指数具有较强的波动性和易变性,这种波动性和易变性并不因为使用移动平均的方法而有所减弱。

指数对于中小企业板指数具有较强的一致性和一定的领先性。以 2013 年 6 月份银行间债券市场流动性紧张事件为例,由于银行间市场流动性的骤然收紧,使得市场风险偏好急剧下降,而反映是我国股市大盘上,上证综指从 2013 年 6 月初的 2 330 点直降 300 多点至月末的 1 959.51 点,降幅高达 15.9%。而中小企业板风险偏好指数则从 2013 年 5 月 27 日开始逐步下降,在 6 月 13 日至阶段性底部。其后中小企业板风险偏好在趋势上开始逐步上升,体现了一定的一致性和领先性,其后中小企业板指数逐步抬升。

（3）中小企业板风险偏好处于合理区间,目前正发生根本性转向

2013 年上半年行情可谓"冰火两重天",一方面中小企业板和创业板市场屡创新高,以金融股为代表的蓝筹股则维持"跌跌不休"之势,并带领上证指数创下新低。中小企业板后市将会如何演变? 通过中小企业板 RAI 和股票指数（图5.8）,可以给出两点启示:

①中小企业板于 2013 年 7 月 1 日以来首次突破风险中性线,处于 0 值临界,这是继 2011 年 8 月以来首次突破。中小企业板 RAI 从风险厌恶区间进入风险偏好区间,反映了市场情绪的持续好转。

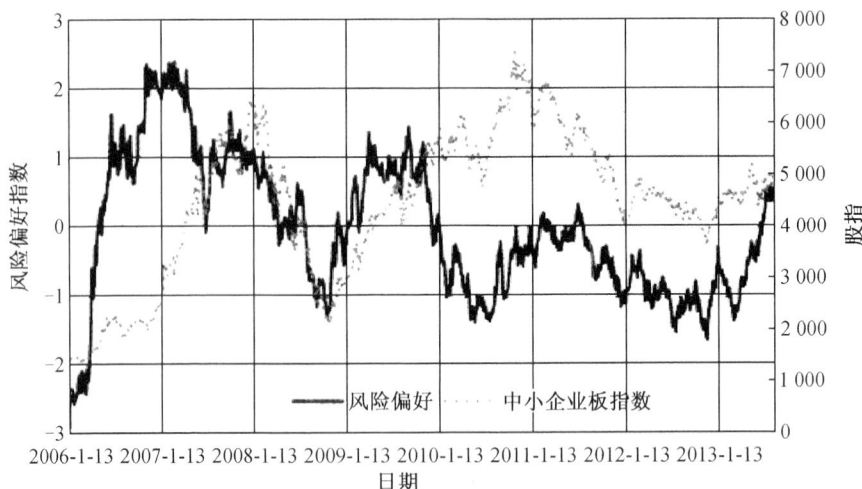

图 5.8   中小企业板风险偏好与股票指数的关系

②当前中小企业板 RAI 仍处于历史均值附近,且处于风险偏好中性区间附近,与 2006—2007 年大牛市和 2009 年的牛市行情时期相比较,市场情绪还处于较为理性区间。当前中小企业板 RAI 的改善,一方面来源于中小企业板指数过往累创新高所推动,另一方面也来源于经济基本面改善信号的不断出现,使得市场对未来更加乐观。

综上所述,对中小企业板 RAI 的分析表明,当前中小企业板风险偏好指数有所上升,中小企业板市场情绪正发生根本性改变,处于自 2010 年以来的最高值区间;但同时风险偏好指数与过往的大牛市相比,还处于相对理性区间。

5.4   中国创业板市场构建研究

我国将适时推出创业板市场资本市场,这对于我国的高科技产业发展、风险投资业发展都是一个极大的好消息。本章从多层资本市场的角度出发,以创业板市场资本市场的经济需求、英国投资市场的选择为典型案例,并与美国的创业板市场资本市场相比较,就我国的创业板市场资本市场的最优模式问题进行研究。

5.4.1   创业板市场构建的必要性

1.创业板市场推出的经济环境需求

(1)中小企业对经济的推动作用

近年来,我国中小企业保持了良好的发展势头,在繁荣经济、增加就业、推动创新和催生产业中发挥的作用越来越大,已经成为促进社会生产力发展的重要力量。中小企业对经济的推动作用主要体现在以下五方面:

①对经济增长的贡献越来越大。GDP、税收和进出口额均占全国50%以上,到2006年底,我国中小企业所创造的GDP已接近国内生产总值的60%。

②成为扩大就业的主渠道。中小企业解决了75%以上的就业岗位。

③逐步成为技术创新的生力军。数据显示,近66%的新技术由中小企业民营经济创造,80%的新产品由中小企业提供,约70%的发明专利由中小企业和社会的自然人创造。从国外的经验和众多实际经验看,推动创新、发展的动力是中小企业。因此,要建设一个创新型国家,发展创新型产业,中小企业、民营经济是无可替代的。无数实例证明,中小企业在整个创新中(不管是制度创新、体制创新,还是产品创新)发挥了重要作用。虽然它也存在这样或那样的管理问题,但其机制是灵活的,决策是迅速的,创新的动力是强大的。

④促进了产业结构调整和优化升级。

⑤在开拓市场,推动对外合作中的作用日益增强。

(2)大量的中小企业发展需求

中小企业融资难的问题长期在中国存在。由于中国的银行体系有自己所能承担的风险收益配比原则及本身在贷款信用评估等技术领域的欠缺,中小企业一般较难从银行体系中获得资本。大量的中小企业由于无法获取足够的资本支持其扩张而降低了增长速度。

通过资本市场的针对性设计,可以使中小企业融资难的问题得到根本解决。创业资本市场是支持创业性中小企业发展的资本市场的组成部分。而创业资本市场主要由天使资本市场、风险投资资本市场、私募股权资本市场、创业板市场、柜台交易市场组成,其中创业板市场是整个创业资本市场的核心,其公开交易的特点使得其资本规模最大、流动性最强,是创业企业投融资、资本退出行为最直接的载体。

随着我国20世纪90年代起风险投资的兴起和逐渐成熟,以及近年来私募股权资本的萌芽发展,我国创业资本市场的早期组成部分已经得到了一定程度的培养,而创业板市场的推出将进一步满足中小企业的融资需求,并反过来促进风险投资资本市场、私募股权资本市场和柜台交易市场等更早期创业资本市场组成部分的持续发展,最终提升我国创业资本市场的整体水平。

(3)风险投资机构加快资金循环的需求

当前,在我国创业资本市场体系中,对创业性中小企业支持作用最显著、在创业资本市场体系中占最主要地位的是风险投资资本市场。我国的风险投资在经历20年的发展之后,已经从开端阶段的行政化运作阶段进入成长阶段的市场化运作阶段,并且培育起了一批拥有多年国内风险投资经验的专业人士,机构的组织建设、内部结构和激励制度也向着更成熟、更先进的标准迈进。应该说近年来中国风险投资业的发展是较为迅速和健康的。

但是,长期困扰中国风险投资业的一大难题就是"退出渠道"的匮乏,过去,经过风险投资多年培育的企业往往只能到海外谋求上市退出。而在国内中小企业板推出后,这一情况有了一定改善。但由于中小企业板的上市标准与主板市场一样,适于更多处于更早发展阶段、达不到主板市场上市标准的创业性企业,其退出问题仍然没有得到根本解决。而创业板市场的推出将使这个群体中的企业有更多机会上市融资,从而促进投资这些企业的风险投资资本更快退出,实现资本的循环和更多的投资,更好地推动创业性企业的发展。

(4)以风险投资业为代表的国内创业资本市场现状对创业板市场的需求

通过前面的理论分析和国际经验研究,我们已经得出这样的结论:不同的创业资本市场结构和运行情况对创业板市场的具体要求是不同的。那么中国的创业资本市场现状又对创业板市场提出了哪些要求呢?

中国风险投资资本市场在当前创业资本市场体系中占最主要的地位。在此前提下,我们通过分析以风险投资业为代表的国内创业资本市场现状来探求创业板市场能否适合中国创业资本市场情况的问题。

①风险投资的资本总额及变化趋势

如图5.9所示,2006年中国创业风险投资管理的资金总额约700亿元。这样的规模与美国、英国等发达国家的差距仍然非常大。

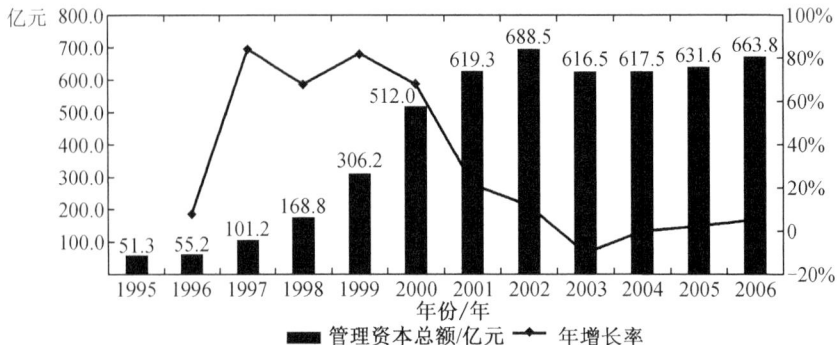

图5.9 中国风险投资管理资本总额

进一步考察1995年以来中国风险投资的增长水平,可以看到在2002年之前,资本总额的增速一直维持在较高水平。而到 2002 年之后,增长率则明显下降。这主要是由于中国风险投资行业的整体盈利能力无法支持管理资本总额的持续增长。而整体盈利能力具有制约"瓶颈"是因为:

a. 投资退出渠道相对有限;

b. 风险投资业整体经营投资管理水平相对有限;

c. 国家对创业性企业投资行为的支持力度有限。

由此可见,推出创业板市场作为一项国家对创业性企业投资行为的重要支持手段,将显著拓宽投资渠道,对风险投资业的发展和中国创业资本市场的发展都是有利的。

②风险投资所处阶段的总体分布

从创业性企业成长阶段来讲,创业板市场主要针对的应该是初创期和成长期(扩张期)的企业。那么在当前的创业资本市场体系的前端,处于这些阶段的企业究竟占了多大的比例呢? 这些企业所占的比例越大,推出创业板市场对其推动作用就越明显,对创业资本市场的成长就越有利。

如图 5.10 至图 5.12 所示,从我国风险投资项目近年来所处阶段分布关系来看,2003 年以来,无论从投资项目数量、投资项目金额,还是从不同行业各阶段的投资金额来看,处于初创期、成长/扩张期)的项目都明显占主导地位。从这一点上说,创业板市场的推出对创业企业的推动作用将是非常明显的。

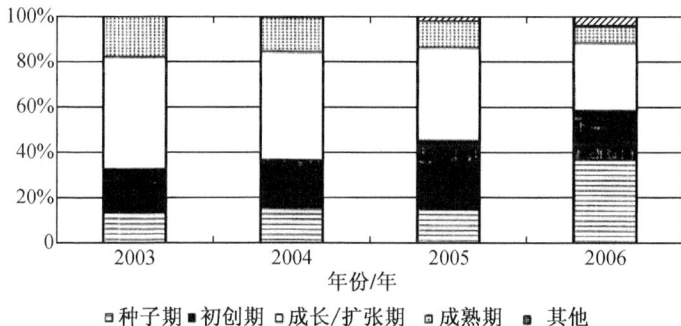

图 5.10　中国风险投资项目所处阶段分布(按投资项目)

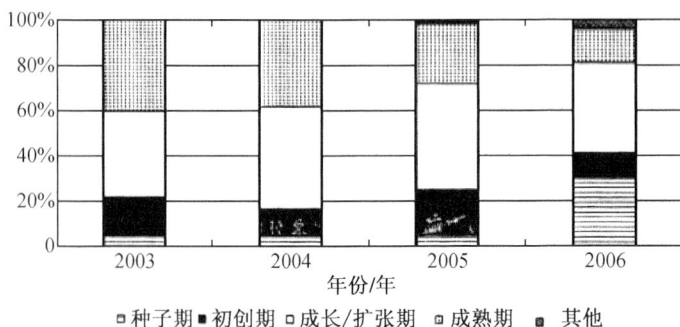

图 5.11   中国风险投资项目所处阶段分布(按投资金额)

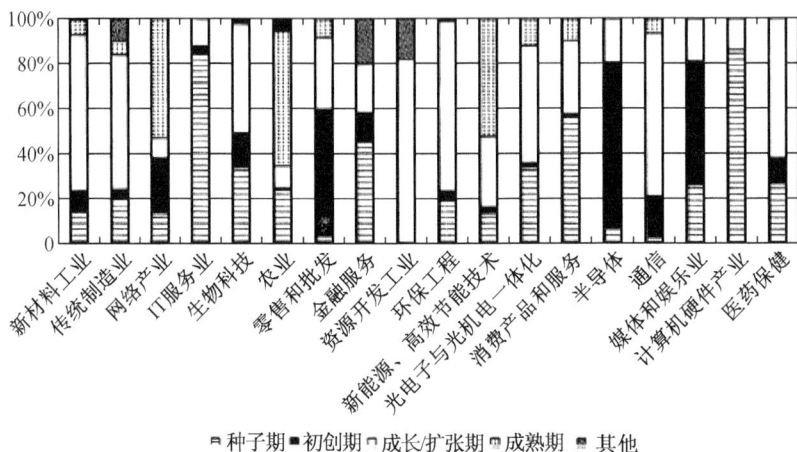

图 5.12   中国风险投资项目主要行业投资阶段分布(按投资金额)

③风险投资的行业分布

通过国际比较研究,我们已经得出这样的结论:创业板市场中的行业构成应该以均衡分布为佳。这样受到的冲击相对更小,市场持续增长能力相对更强。那么当前创业板市场的推出是否已经拥有行业分布足够均衡的上市资源基础呢?

2004 年以来,中国风险投资业在各个行业的分布较为均匀,而且呈现传统产业和高科技产业并重的格局。这样的创业板市场前端上市资源行业分布结构决定了我国的创业板市场可以形成一个行业分布均衡的上市公司结构。

④风险投资的退出方式

从现有的风险投资行业退出方式来看,当前退出的主要方式是收购和管理层回购,而上市的比例仅仅在 10% 左右。上市比例相对较低是导致上文所述风险投资业近年来整体增长趋缓的重要原因。

图 5.13 所示的情况进一步说明了推出创业板市场将及时解决现有退出渠道的问题,促进整个创业资本市场的更快发展。

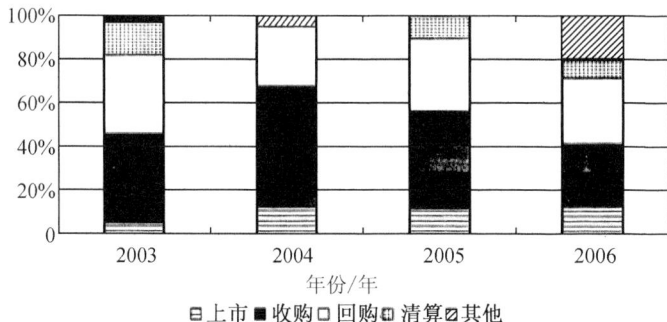

图 5.13　中国风险投资的退出方式分布

2. 创业板市场推出的政策支持

我们从经济环境需求的角度论证了创业板市场推出的可行性,说明了实体经济对创业板市场的需求。而从国际发展的历史来看,即使是在市场化程度最高的美国、英国等发达国家,创业板市场的推出都有政府多年的持续支持。支持的方式包括政府促进投资计划、税收优惠、市场整合等。由于创业企业投资的特殊性,其往往存在一定程度的"市场失灵",这时政府所扮演的推动作用就显得非常重要。在美、英等国如此,在中国同样如此。

在中小企业快速发展的同时,中小企业的政策环境不断优化,促进中小企业健康发展的社会氛围正在形成。中央有关部门和单位相继出台了《中华人民共和国中小企业促进法》和《国务院关于鼓励支持和引导个体私营等非公有制经济发展的若干意见》等共 33 个配套文件,中央和地方政府共废止和修订了 6 000 多件与"非公经济 36 条"精神不一致的规章和文件。从我国政策支持角度来看,支持创业板市场推出的条件已经成熟。这些支持政策主要包括以下三个方面:

(1)《中华人民共和国中小企业促进法》实施

借鉴国外成功的做法,为促进我国中小企业健康发展,根据九届全国人大常委会立法规划,全国人大财经委员会于 1999 年 4 月成立了中小企业促进法起草组。法律起草工作分两个阶段。第一阶段由人大财经委委托原国家经贸委于 2000 年 10 月份完成法律草案的起草工作;第二阶段由人大财经委负责对法律草案进行修改、完善,并于 2001 年底提请全国人大常委会审议。在起草和修改过程中,起草组围绕中小企业发展中面临的重点问题,如资金、人才、信息、技术、市场准入等,进行了广泛调研和深入讨论,多次组织专家论证,充分听取了各方面意见。法律草案经九届全国人大常委会 2002 年 6 月 29 日审议通过,并于 2003 年 1 月 1 日起正式实施。《中华人民共和国中小企业促进法》的立法宗旨是改善中小企业经营环境,促进中小企业的创立和发展,充分发挥中小企业在扩大城乡就业与国民经济和社会发展中的重要作用。《中华人民共和国中小企业促进法》是我国扶持和促进中小企业发展的第一部专门法律,标志着我国促进中小企业发展走上规范化和法制化轨道。该法律的公布实施对我国各类所有制中小企业的创立与发展产生了巨大的推动作用。

(2)多层资本市场下中小企业板的过渡

中小企业板市场被认为是创业板市场的过渡性产物。但由于其上市标准与主板市场一致,因此实质上是一个以中小市值上市公司为主体的上市市场。由于市场准入标准的限制,中小企业板市场中的上市主体一般处于成长期和扩张期,相对传统的创业板市场,其定位阶段更趋后期和成熟。这些中小市值上市公司大部分是处于成长期和扩张期的行业内较为优秀的中小企业。中小企业板市场上市资源的质量是较高的。

自 2004 年 6 月 25 日设立以来,中小企业板呈现出行业结构日益完善和上市公司质量较为稳定的显著特点。截至 2007 年 12 月 26 日,中小企业板的上市公司数量达到 202 家,流通市值超过 3 000 亿元人民币,总市值约为 10 000 亿元人民币。相应地,中小企业板的平均流通市值和平均总市值分别约 15 亿元人民币和约 50 亿元人民币。这样的市值水平对于中小企业,尤其是处于更早成长阶段的创业性企业已经是过高了。

但是,经过 3 年多的运行,中小企业板仍然为多层资本市场的构建、为创业板市场的基础构建起到了非常重要的推动作用。

①中小企业板进一步扩充了资本市场层次

更多规模较小的中小型企业得以通过公开资本市场获得融资。而这些企业主要是处于成长期和扩张期的相对更加成熟的中小企业。

②为风险投资等早期创业资本市场投资者提供了退出渠道

我们看到,近年来在中小企业板上市的企业中有风险投资背景的越来越多,一批经过风险投资长期投资培养的优秀企业得以上市,并为风险投资提供了更高收益的退出渠道。

③为资本市场培育了更多专门投资中小企业的机构投资者

在成功的创业板市场中,市场主体应该由成熟专业的机构投资者主导。在推出中小企业板之前,中国的公开资本市场正是缺乏足够多的专门投资中小企业的机构投资者。近年来,越来越多的机构开始关注、研究中小企业,并且初步形成了一批专业的中小企业投资队伍。这些机构投资者将构成创业板市场投资者主体的重要组成部分,是创业板市场有序稳定运行的主体保障。

④为资本市场培育了更多专门服务于中小企业的金融中介机构

中小企业板的退出使得投资银行、券商、审计师、律师等金融中介机构开始更多地接触中小企业,从而更好地了解中小企业,研究中小企业的优势、劣势,并更好地为中小企业的需求服务。通过对中小企业的更深入认识,这些金融中介机构也将成为创业板市场中金融中介的主体构成部分。

（3）针对创业性企业投资的优惠政策

在英国选择投资市场推出之前,英国政府曾推出"企业扩张计划"等税收优惠政策;近年来,我国也从投资者的角度出发,出台了一系列刺激性的优惠政策,主要包括以下两个方面:

①新《中华人民共和国合伙企业法》

2006 年 8 月 27 日,十届全国人大常委会第二十三次会议审议通过了《中华人民共和国合伙企业法(修订草案)》,并于 2007 年 6 月 1 日起实施。该法律基本解决了多年来中国创业风险投资业基本法律和制度障碍问题,正式确立了中国的有限合伙机制,给出了有限合伙的法律"身份"和行为规范。

新修订的《中华人民共和国合伙企业法》第三章规定有限合伙是合伙企业的形式之一。具体包括以下三点:

a. 增加了有限合伙制度

• 责任和收益分配形式

新修订的《中华人民共和国合伙企业法》规定,有限合伙企业由普通合伙人和有限合伙人组成。普通合伙人对合伙企业债务承担无限连带责任,有限合伙人以其认缴的出资额为限承担责任。有限合伙人的责任和公司股东的有限责任相似,但是享受的收益却不同,利润分配可以完全依照合伙合同的约定进行。

• 合伙人的人数

新修订的《中华人民共和国合伙企业法》规定:有限合伙企业由两个以上50 个以下合伙人设立,但是法律另有规定的除外。新修订的《中华人民共和国合伙企业法》对一般性的人数限制进行规定是为了防止不法利用有限合伙募集资金,同时留有特别接口,可在实践中,特别是风险投资专门法律出台时,根据实际情况进行调整。

　　●明确了有限合伙人的权利范围

　　有限合伙人不得以劳务对合伙企业出资;有限合伙人不执行合伙事务,不得对外代表有限合伙企业。

　　b.扩大了合伙人范围

　　允许所有的市场主体(特别是法人)组织参与设立合伙企业。但是国有独资公司、国有企业、上市公司及公益型的事业单位、社会团体不得成为普通合伙人。

　　c.明确了合伙企业不缴纳所得税

　　合伙企业的经营所得和其他所得,按照法律由投资者分得收益后分别缴纳所得税。

　　也就是说,机构要缴纳企业所得税,个人要缴纳个人所得税,但在合伙企业层面不纳税。

　　②科技计划

　　如图5.14所示,从2006年风险投资的投资项目所受各类科技计划支持情况看,共有21.3%的项目曾经或正在受到中小企业创新基金、攻关计划、星火计划、863计划等国家科技计划的支持。

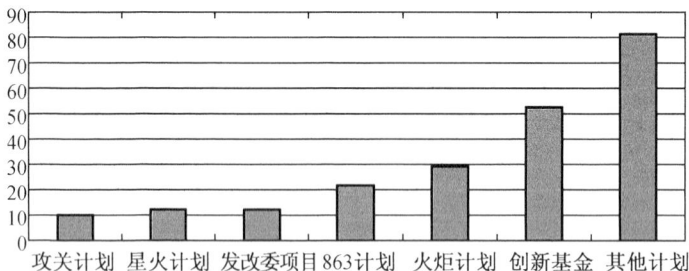

图5.14　风险投资项目受支持比例/%

　　近年来,各地区对创业风险投资的重视和支持力度不断加大。截至2006年底,虽然创业风险投资所得税依然没有出台,但各地政府利用各种补贴机制对创业风险投资所得税的补贴比例较高,有的地区近50%的机构享受到了与所得税相关的政策优惠。

　　面对我国经济发展的强大需求,我国的创业板市场资本市场启动仅仅解决了有与没有的关系。但是一个资本市场的启动最重要的是持续发挥资源优化配置,促进经济创新型的发展。那么我国的创业板市场资本市场的最优模式是什么? 这些年来,美国的创业板市场资本市场已经蜕化演变为主板市场意义的资本市场了。显然这个模式对于我国的经济发展是不适应的。将英国的选择投资市场单独拿出来,再进行更深入的研究,并与美国的创业板市场进行比较分析,因为这可能是我国创业板市场资本市场需求的模式。

5.4.2　不同资本市场风险的适配性

1. 选择投资市场的成长

选择投资市场是伦敦证券交易所下属的以高成长中小企业为主要服务对象的股票交易市场,也被称为"初级"股票市场。如果说纳斯达克建立的主要初衷是统一全国的场外交易中心,那么选择投资市场的建立则完全是针对创业性中小企业的融资需求。尽管选择投资市场相对纳斯达克要年轻得多,但由于其区别于主板市场的鲜明针对性和多方面成功的运作,已经成为一家全球领先的专门针对高成长创业性企业的股票市场。从各方面条件看,选择投资市场更符合我们所定义的创业板市场的情况。

选择投资市场的成长大致可以分为三个阶段。

(1)第一阶段(1980—1994 年)　支持创业性企业的市场基础建设和选择投资市场的前身

英国政府从 20 世纪 30 年代起就开始关注中小企业的发展对经济的促进作用。使中小企业获得更多公开市场资本的机会也成为英国伦敦证券交易所面临的重要使命。这之后市场的所有改革都为选择投资市场的最终建立打下了基础。

1980 年,伦敦证券交易所建立了非上市证券市场(unlisted securities market,USM)。这个市场的准入规则比主板市场宽松,而且上市的成本也更低。这一市场的建立使得 20 世纪 80 年代的英国市场相比 20 世纪 70 年代萧条之后的股票市场有了明显复苏的迹象。

20 世纪 80 年代,英国还出台了鼓励新企业建立的多项措施,重要的是对创业企业投资的税收优惠政策(初创企业计划,business start-up scheme,后改名为 business expansion scheme);同时,英国的风险投资产业也发展迅猛,而非上市证券市场的建立也为那些投资早期创业性企业的英国风险投资机构提供了一条很好的退出通道。但这个阶段英国还有一类重要的市场不能忽略,那就是场外市场,又称柜台交易市场。柜台交易市场与非上市证券市场最大的不同就在于,在柜台交易市场交易的股票被英国税收部门认为是"非报价证券",而"非报价证券"根据"初创企业计划"可以享受投资的税收减免。为此,伦敦证券交易所在 1987 年成立了第三市场(the third market)。这个市场享有和柜台交易市场一样的税收地位,以期将投资者吸引到这个新的市场中。但还有很多企业不能够或不愿意加入非上市证券市场或者第三市场,而保持在场外市场"非报价证券"的交易。然而,随着1987年股灾和1990年代初期英国的一系列衰退,非上市证券市场的成长终止了。随着主板市场上市标准的下降,其吸引力进一步减小。尽管伦敦交易所在1990年就将第三市场合并到非上市证券市场中,但1993年还是宣布关闭非上市证券市场,而准备推出一个能够涵盖所有在场外市场以"非报价证券"形式交易的公司、原先在非上市证券市场和第三市场交易的公司,以及其他不符合主板市场上市条件的小公司的市场,也就是后来的选择投资市场。

可以说,这个阶段的发展为选择投资市场的推出奠定了以下三方面的条件:

①上市资源条件

英国政府多年来对中小企业的支持计划培育起了一批较有活力的中小企业资源。

②专业投资者资源

以"初创企业计划"为代表的鼓励投资中小初创企业的政策刺激了潜在的投资者,英国的风险投资产业得到了迅速发展。非上市证券市场、第三市场和柜台交易市场的发展也使大批以机构投资者为代表的证券投资机构在这个过程中成为更成熟的专业化中小企业投资者。风险投资产业和专业型中小企业投资机构在日后确实成为了支持选择投资市场持续发展的重要力量。

③管理经验条件

经过10多年在支持中小创业企业方面的努力,伦敦证券交易所积累了较为丰富的管理经验。

(2)第二阶段(1995年—21世纪初) 在网络泡沫中成熟

1995年6月,在欧洲推出参照纳斯达克市场的欧洲证券经纪商协会自动报价系统(EASDAQ,伊斯达克)市场之前,伦敦证券交易所正式启动了选择投资市场。尽管该市场隶属于伦敦证券交易所,但它却完全独立于伦敦证券交易所主板市场,拥有独立的管理机构和管理方式。

其中最具特色的就是选择投资市场特有的"任命顾问(nominated adviser,Nomads)"制度。市场中的任命顾问看似与承销商(sponsor)有一定的相似,但其实其具体职能和在整个市场监管中扮演的角色与承销商有很大区别。可以说在该市场中监管体系的最大特色就是以任命顾问为核心的市场监管。该市场的监管核心是一个以任命顾问为责任主体的基于"适当性"评估的"市场自我监管"。

选择投资市场的推出还是比较平稳的,其初始的上市资源主要来自之前的三大市场(非上市证券市场、第三市场、柜台交易市场)。而在任命顾问对上市资源的持续筛选和引入支持下,选择投资市场在初始阶段的发展是稳定的。

20世纪90年代中期,美国网络泡沫也迅速扩张到英国乃至整个欧洲,尤其是欧洲大陆市场,除了1996年开始交易的伊斯达克市场,还涌现出一大批以各国证券市场为背景的新兴创业板市场,包括法国新兴证券市场(Nouveau marche)、德国新市场(Neuer market)、比利时新市场、意大利新市场、荷兰新市场。它们共同组成了一个泛欧创业板市场联盟,称为欧洲新市场(Euro new market)。在开始的几年,这些市场都在网络泡沫的热潮中表现出色(最突出的是德国新市场,1999年和2000年的首次公开发行股票数量达到166只和159只)。

这一泡沫时期,选择投资市场中估值最高的公司也同样是那些基于互联网产业的公司。其高估值使得选择投资市场指数从1995年1 000点起一路飙升至2000年3月的高峰2 925点。但是这样的升幅相对于伊斯达克和欧洲新市场来说要小很多。最重要的原因就是:基于互联网产业和科技产业的公司在选择投资市场中所占的比重较小(从来没有超过20%),远远小于伊斯达克和欧洲新市场。这也最终使得选择投资市场在网络泡沫破裂时受到很小的冲击。

2000年网络泡沫破灭后,伊斯达克和欧洲新市场迅速衰退,投资者撤离、股价骤降、新股停滞,两个市场分别于2003年和2002年关闭。事实证明,泡沫期过后,它们中没有一个有能力吸引足够多的上市公司资源、金融中介和机构投资者。缺乏这些能力的交易市场被证明是无法持续维持自身增长的。

尽管随着泡沫破裂,选择投资市场指数也明显下降,但是市场并没有就此一蹶不振,反而在调整后仍然维持增长的态势,并在接下来的几年迅速成长为全球优秀的创业板市场,选择投资市场进一步成熟。能够成功克服网络泡沫冲击并在接下来的几年中持续增长的主要原因可以归纳为以下三点:

①在第一个发展阶段积累的上市公司资源

持续稳定的上市公司资源成为支持市场增长的内生动力。

②丰富多样化的上市公司类型

选择投资市场最大的特色就在于它所支持的创业企业类型丰富多样,单纯的高科技企业在整个市场中所占的比重较小(最高时期也不超过20%)。这也保证了在高科技估值泡沫冲击下,市场自身的缓冲和恢复能力。

③大量专业的机构投资者支持

经过第一个发展阶段的积累,英国市场有了一大批长期从事小企业投资的机构投资者,为这个市场造就了长期的、稳定的投资者群体。在冲击面前,具有大量专业的机构投资者支持的市场更为稳固可靠。

(3)第三阶段(21世纪初至今)　国际化扩张和转变

选择投资市场发展中其市场监管者一直努力保持市场中有足够多的新鲜血液,以支持市场的持续发展。21世纪初,他们也充分意识到,仅靠英国本土经济体系中的企业资源是不可能继续长期支持市场发展的。于是选择投资市场展开了海外发展的战略。

国际化扩张的第一步是引入英联邦国家的上市资源。基于伦敦国际金融中心的显著地位,一批澳大利亚和加拿大的企业进入选择投资市场上市。在此之后,国际化扩张进一步延伸到其他国家和一些发展中新兴市场。

这一阶段快速扩张的另一个主要原因是选择投资市场采取了"指定市场机制(the designated markets initiative)"。在这一机制下,已经在指定国家证券市场上市的企业可以通过快速程序直接进入选择投资市场上市(不需要提交完整的招股说明书等)。这些指定交易所市场包括:澳大利亚交易所、加拿大交易所、南非交易所、纳斯达克交易所、纽约交易所、德国交易所和欧洲交易所。

引入国外公司后选择投资市场也成功引入了一批国外投资机构进驻伦敦。这一阶段初期,选择投资市场监管者考虑到伦敦在国际自然资源领域资金供给方面的长期重要地位,着重引入的企业类型定位于采掘和石油天然气开采行业,使得这些行业成为2003—2005年选择投资市场最为活跃的板块(取代了20世纪90年代后期的互联网板块)。

但同时,市场监管者也充分意识到市场不应该被某一阶段的热点板块完全主导,于是选择投资市场开始进入一个新的潜在市场:美国市场。尽管美国市场已经是全球公认的最适合高科技企业的全球市场,而且天使投资者、风险投资机构、私募股权投资机构的群体实力也远远超过英国,但是正如我们在前文纳斯达克市场分析中所提到的,纳斯达克市场中上市的企业往往规模相对更大,在成长阶段上相对更为成熟。这给定位更早期、规模更小的创业企业(面对纳斯达克更高的市场准入标准、更严格的公司治理规定、更严厉的信息披露和财务控制要求)的选择投资市场留下了很大的市场空间。随着《2002年萨拉斯–奥克斯利法案》(SOX法案)的颁布,对那些规模更小、资本实力更弱的创业企业,选择投资市场的吸引力显得更大了。

到2007年,选择投资市场已经成为一个规模显著、基础广泛、更为成熟的全球化创业板市场,而且上市公司的平均规模也提高到了5 000万英镑,不仅提供了早期创业性企业的交易平台,也成功引入了一批更大型的企业上市。

选择投资市场在创业板市场中的一个创新就是,它开始引入地产投资基金和封闭式投资基金等"投资公司类型"作为上市资源。这些新上市资源的引入使该市场得到了更快的增长(2006年选择投资市场一半以上的融资规模来自投资公司类型的上市主体),同时也吸引了更多不同类型的投资者进入这个市场。由于新的上市资源类型的引入,选择投资市场作为单纯创业板市场的定位也在发生一些微妙的变化。

2.选择投资市场表现和原因分析

(1)指数

回顾选择投资市场自运行以来的指数表现,可以看到其指数的走势大体上与纳斯达克市场的波动接近。

如图5.15和图5.16所示,在经受网络泡沫冲击之后的2003年,其指数在经历一年多的调整后重新开始稳步上升。21世纪初至今的国际化稳步扩张阶段,选择投资市场始终保持成长的姿态。

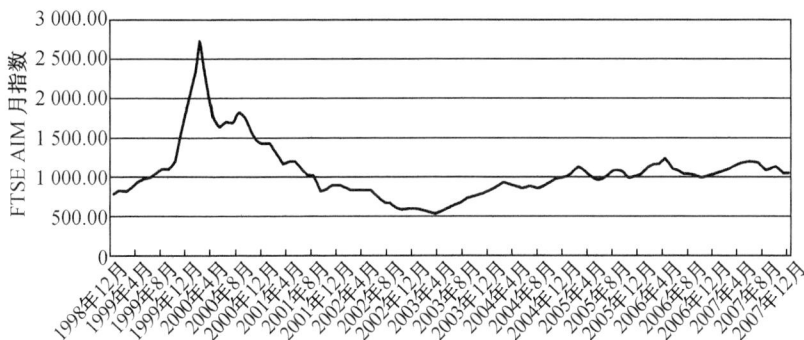

图5.15　1998年以来 FTSE AIM 月指数

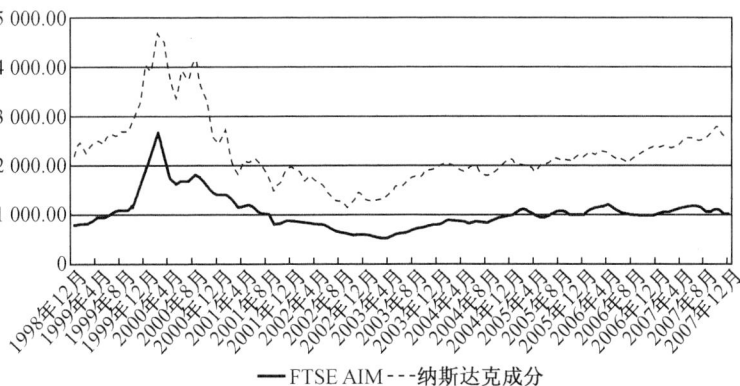

——FTSE AIM ---纳斯达克成分

图5.16　1998年以来 FTSE AIM 和纳斯达克成分月指数比较

（2）成交量

如图 5.17、图 5.18 所示,网络泡沫时期,成交金额和成交量一度达到历史高峰,在泡沫破裂后进入低位调整;而 21 世纪初国际化扩张开始之时,由于引入了一批规模较大的海外采掘和石油天然气开采行业企业,成交金额出现了明显的大幅回升。而从整体来看,21 世纪的前三分之一,选择投资市场仍处于成交量低位的调整恢复期;2004 年起,成交量和成交金额开始持续显著增长,一举超过之前的历史高点。当前交易情况处于历史最繁荣的阶段。

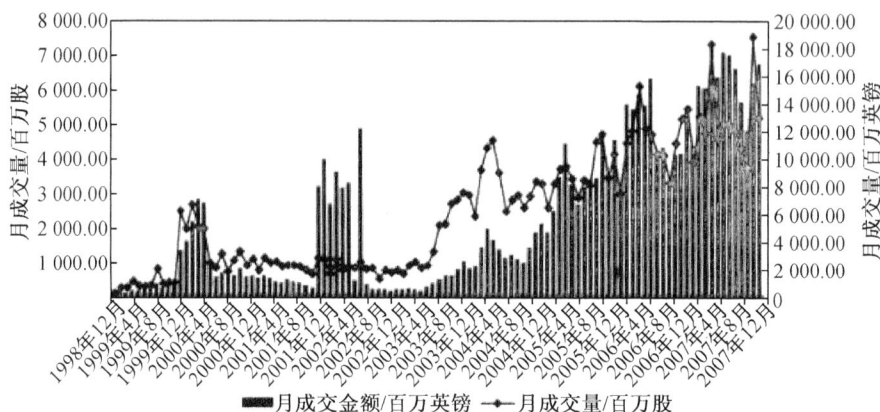

图 5.17　1999 年以来选择投资市场月成交金额和月成交量

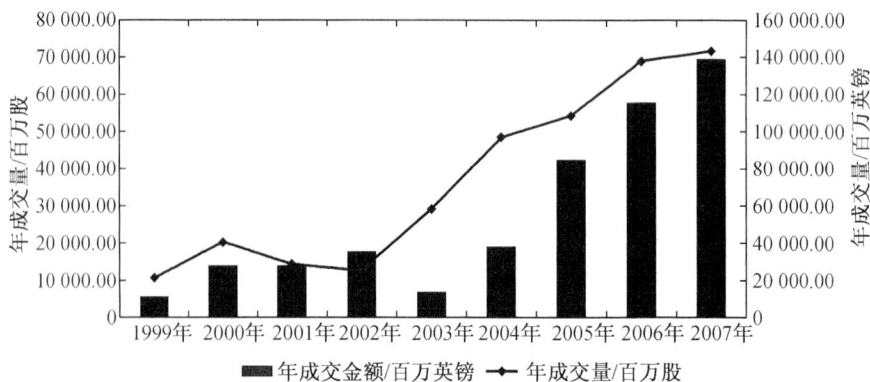

图 5.18　1999 年以来选择投资市场成年成交金额和年成交量

从年成交金额图上,我们可以更直观地看到:网络泡沫带给选择投资市场的成交量冲击其实并不是很大,仅用了两年多的时间就已经重新实现了强有力的成交量增长。

如图 5.19 所示,将选择投资市场的年成交金额增长率和纳斯达克年成交金额增长率进行比较,我们再次看到选择投资市场作为新兴崛起的世界创业板市场的巨大活力。在大多数年份,纳斯达克市场的年成交金额增长率都在 30% 以下,而选择投资市场则在 21 世纪初出现了连续超过 100% 的增长率,市场活跃程度可见一斑。

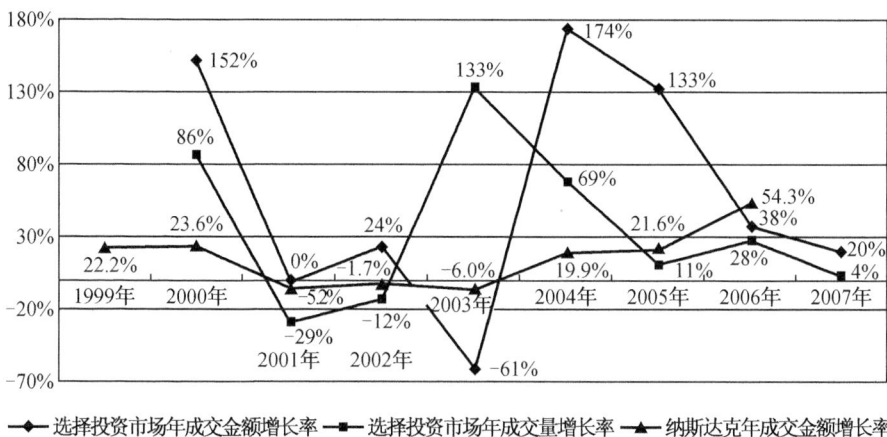

图 5.19　1999 年以来选择投资市场成交年金额、年成交量和纳斯达克年成交金额的增长率比较

（3）市值

考察总市值变化情况,我们可以再次确认选择投资市场优秀的成长性。从图 5.20 中选择投资市场月末市值来看,如果说网络泡沫带给选择投资市场市值一定冲击,那么在 21 世纪开始的持续增长力度则要远远超过这一冲击带来的调整幅度。

如图 5.21 所示,选择投资市场和纳斯达克年末市值比较可以看到,选择投资市场作为一个新兴崛起的创业板市场,其市值的成长率在 21 世纪要显著地快于老牌的纳斯达克市场。

至此,我们从指数、成交量和金额、市值三方面考察了选择投资市场的成长,并且验证了我们的两个主要判断:

①选择投资市场在网络冲击下的顽强性。

②选择投资市场强大的持续扩张和市场吸引力。

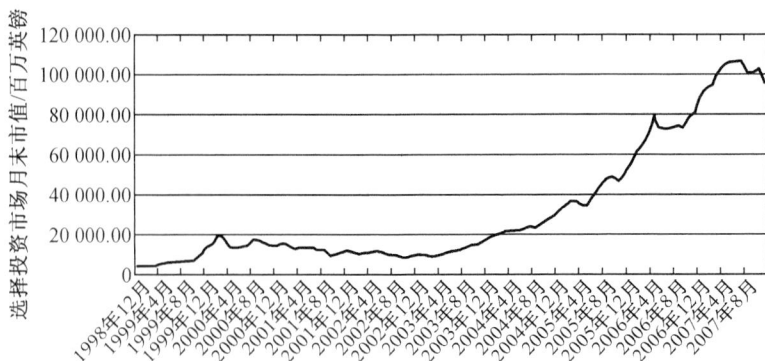

图 5.20   1998 年以来选择投资市场月末市值

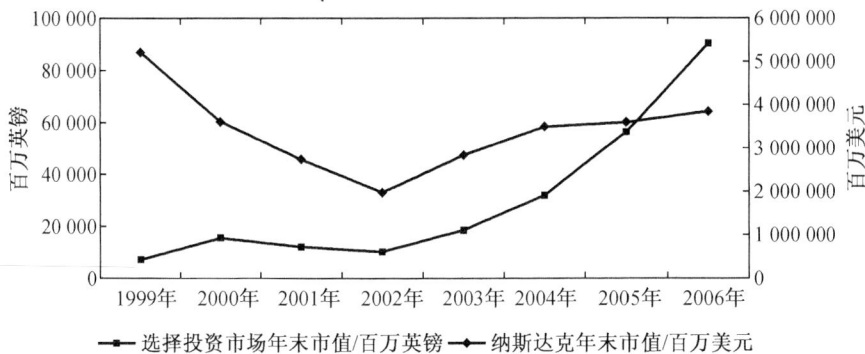

—■— 选择投资市场年末市值/百万英镑   —◆— 纳斯达克年末市值/百万美元

图 5.21   1999 年以来选择投资市场和纳斯达克年末市值比较

(4)上市公司和融资能力

①上市公司数量

选择投资市场表现出强有力的吸引力,每年上市公司数量的增长率都基本达到两位数以上(图 5.22),截至 2007 年 11 月,已经拥有 1 684 家上市公司(2006 年末,纳斯达克拥有 3 133 家上市公司)。这一点与纳斯达克的停滞不前甚至上市公司数量略微的负增长形成鲜明的反差。

②上市公司结构

a.行业分布

如图 5.23、图 5.24 所示,无论是上市公司数量还是上市公司市值,都没有出现某一个单一行业主导市场的局面。选择投资市场是一个上市公司行业分布多样化且均匀的市场。

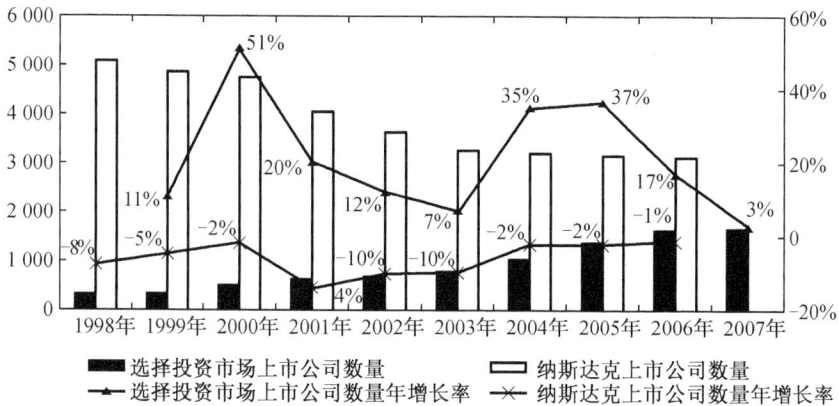

图 5.22 1998 年以来选择投资市场和纳斯达克上市公司数量及增长率比较

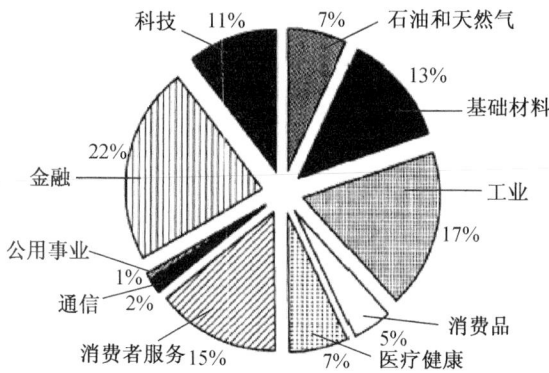

图 5.23 2007 年 11 月末选择投资市场上市公司数量行业分布

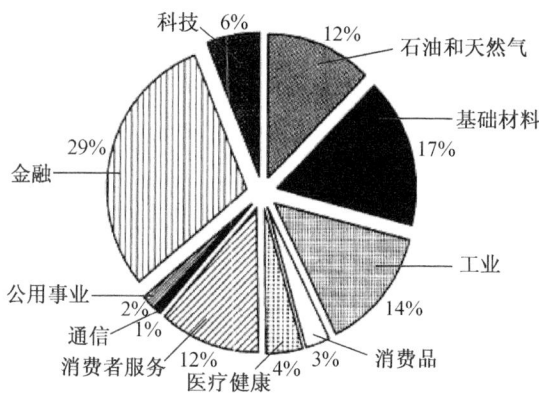

图 5.24 2007 年 11 月末选择投资市场上市公司市值行业比较

b. 规模分布

2007 年上市公司按市值(百万英磅)规模的分布呈现两头小中间大的现象。主要集中在 2 000 万~2.5 亿英镑市值,小于 2 000 万英镑市值和大于 2.5 亿英镑市值的上市公司数量较少,如图 5.25 至图 5.27 所示。

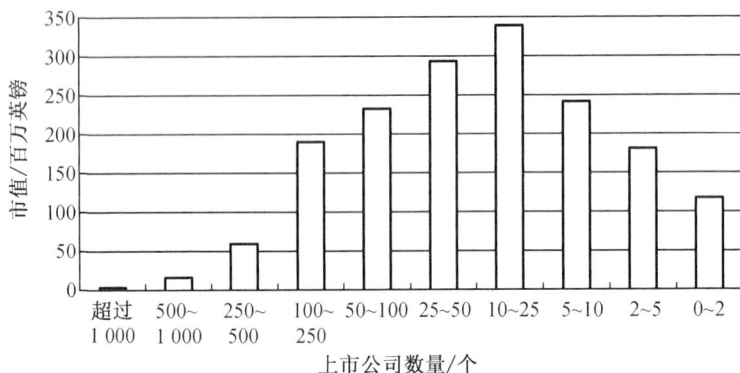

图 5.25　2007 年选择投资市场上市公司数量按市值规模分布

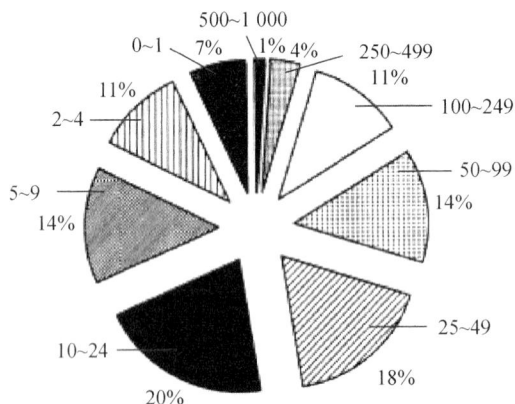

图 5.25　2007 年选择投资市场上市公司数量按市值规模的分布比例

2001 年选择投资市场中上市公司市值规模较小的企业所占比重则要明显大一些,如图 5.28 所示。

通过进一步分析,我们会发现,2001—2007 年,上市公司市值增长了 8.4 倍。同期上市公司数量仅仅增长了 2.7 倍。可以看到 21 世纪以来该市场的巨大市值增长是建立在其引入了更多市值、更大的企业上市基础之上的。平均市值的增长与市场在 21 世纪国际化扩张是同时发生的。

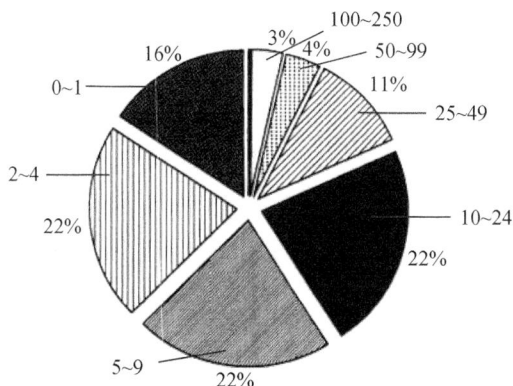

图 5.27 2007 年选择投资市场上市公司数量按市值规模的分布比例

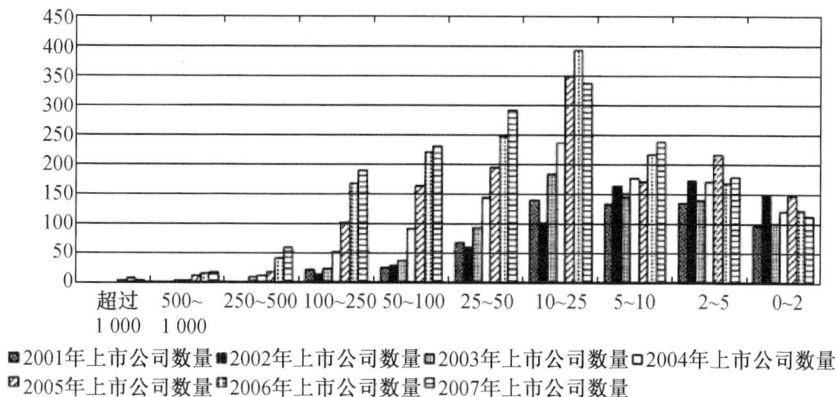

▣2001年上市公司数量■2002年上市公司数量▨2003年上市公司数量□2004年上市公司数量
◪2005年上市公司数量▣2006年上市公司数量▤2007年上市公司数量

图 5.28 2001 年以来选择投资市场上市公司数量按规模的分布

这一点也再次印证了我们的观点：选择投资市场在这个阶段的持续扩张中正在经历一定程度的转变。那就是，从一个纯粹的针对较早创业成长阶段中小企业的创业板市场向更为综合化，涵盖更多、更成熟企业和投资产品的证券市场的转变。但很重要的一点是不同于纳斯达克市场提升上市准入标准，选择投资市场仍然不失为一个全球化的具有较低准入门槛的创业板市场。因此，那些规模更小、更年轻的创业性企业仍然能够进入这个市场。

③首次公开发行股票的融资能力

2003 年开始，选择投资市场的首次公开发行股票的数量明显增长，相比同期纳斯达克市场缓慢的增长甚至萎缩，呈现出更富活力的状态；而其首次公开发行股票的融资金额的增长也呈现出同样的规律，如图 5.29 所示。

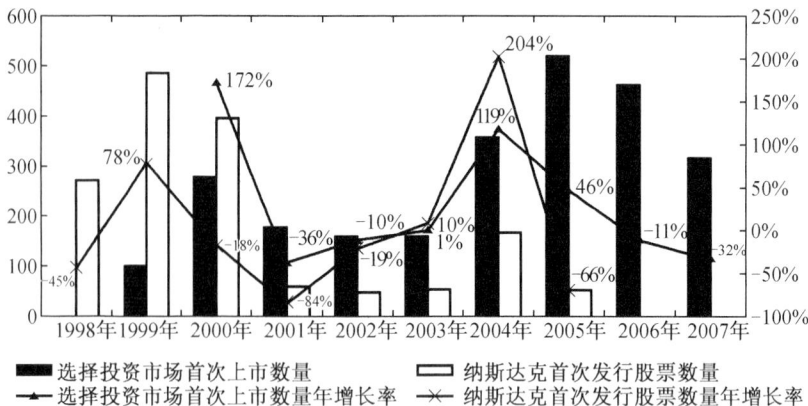

图 5.29　1998 年以来选择投资市场首次上市数量、增长率和纳斯达克首次发行股票比较

值得注意的是,通过数据对比我们发现,选择投资市场的再融资功能同样呈现非常显著的增长,而且规模与首次公开发行股票规模接近。同时,再融资规模的增长率相比更为平稳,使得该市场的总融资额增长也变得更为平稳。其实,2006 年以来,市场的融资额增长率已经出现了较为明显的下降。正是由于再融资仍然保持着稳定的增长,才使得总融资额仍然保持增长。从这个意义上说,选择投资市场稳定的再融资功能对市场总体的融资能力起着平抑稳定的作用。

(5)收益率

按照前文的办法,比较 FTSE AIM 和纳斯达克成分月度跨年收益率和月度算术平均年收益率,我们可以再次看到创业板市场特有的市场收益率波动情况。总体来看,两个创业板市场的收益率差异不大,如图 5.30 和图 5.31 所示。

(6)波动性

如图 5.32 和图 5.33 所示,比较 FTSE AIM 和纳斯达克成分年收益率标准差,我们可以更加清晰地看到两个市场的波动性非常接近。近年来,其相对纳斯达克市场的波动倍数平均在 1 倍左右。创业板市场相对主板市场波动更为剧烈的假设在选择投资市场同样成立。

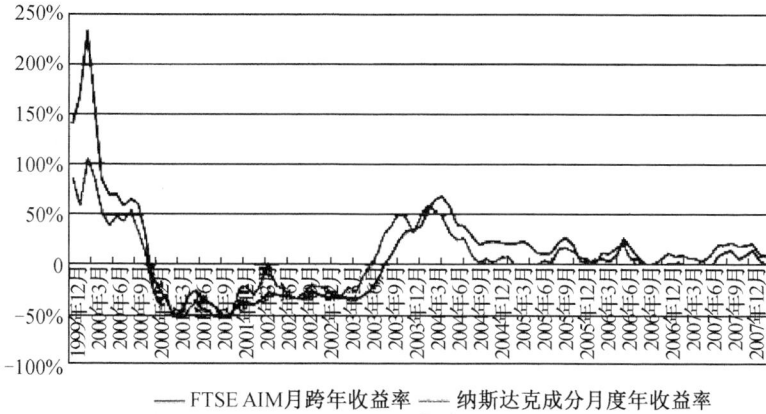

图5.30 1998年以来FTSE AIM和纳斯达克成分月度跨年收益率比较

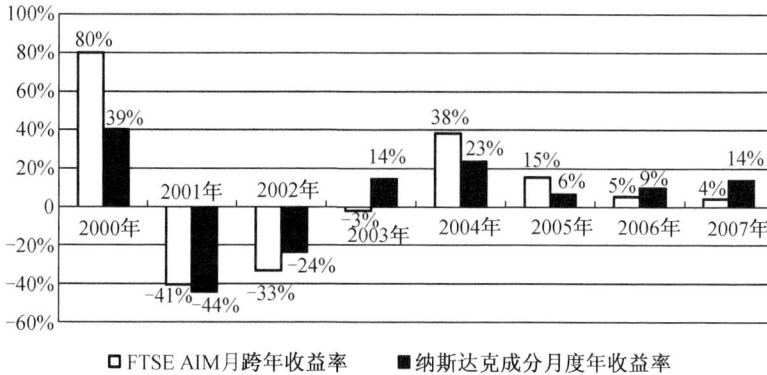

图5.31 2000年以来FTSE AIM和纳斯达克成分月度算术平均年收益率比较

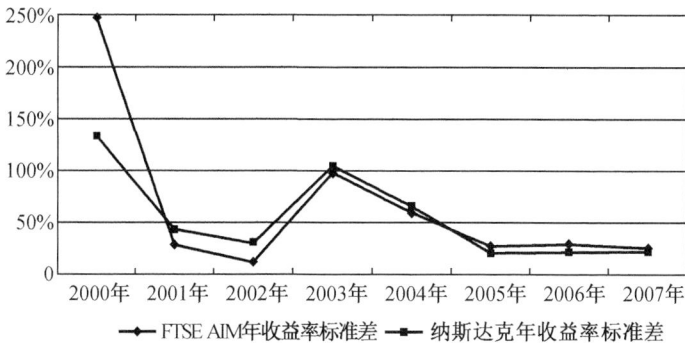

图5.32 2000年以来FTSE AIM和纳斯达克成分年收益率标准差比较

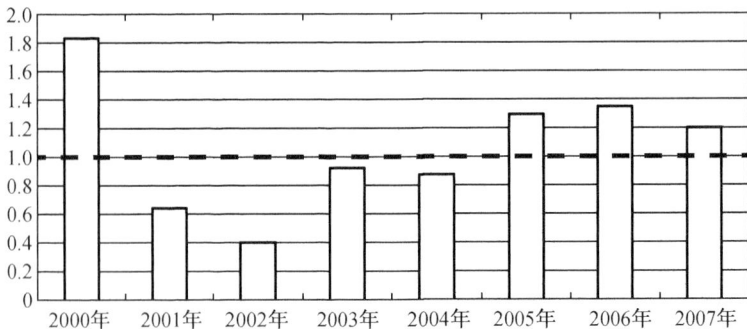

图5.33　2000年以来选择投资市场相对纳斯达克波动倍数

3.市场准入

如前文所述,选择投资市场监管的最大特色就是以任命顾问为核心的市场自我监管制度。而这一监管体系贯穿市场准入监管和持续监管。

(1)准入原则

伦敦证券交易所的主板市场对上市公司的监管原则是"遵守或解释",即公司必须严格遵守主板市场的相关规则,否则就必须向交易所解释违反或无法遵守相关规则的原因。而在选择投资市场,监管原则则更加宽松,可以概括为"适当性"原则,即:

①上市公司是否适合进入选择投资市场。

②上市公司是否适合持续在选择投资市场上市交易。

③上市公司是否采取了适当的公司治理结构及相关措施;上市公司是否适合在选择投资市场中的投资者进行投资;上市公司是否适合选择投资市场和伦敦证券交易所整体健康发展和形象。

而这样更为宽泛的定义,给予了选择投资市场更大的灵活性,也给监管带来了更大的技巧性。

(2)以任命顾问为核心的市场自我监管

市场规定,所有寻求在选择投资市场上市的企业都必须任命一家任命顾问,而且在公司申请上市的过程中和上市以后,必须始终拥有一家任命顾问。任命顾问主要负责的工作包括三方面:

①评估申请公司上市的适当性。

②评估已上市公司持续上市的适当性。

③针对选择投资市场对上市公司提出的相关规则要求向上市公司提供相应的建议和指导。

也就是说,任命顾问具有向伦敦证券交易所保证自己负责上市的申请人的适当性的责任,并且承担上市后持续保证这一适当性的责任。

任命顾问体系曾受到一定程度的质疑,这些质疑主要包括两个方面:

①任命顾问往往可以在充当任命顾问的同时,充当上市公司的发行承销商和上市后的做市商职责。这便导致利益冲突的问题:对公司的上市利益、对证券交易所的监管利益、对任命顾问自身的上市公司资源利益。

②任命顾问体系的监督作用是否得到了充分发挥。由于这一监督一度缺乏明确的条款规定,而显得较为模糊和难以把握,因此有人怀疑其监督的效果。

2007年,选择投资市场颁布了新的针对任命顾问和上市公司的规则手册,进一步明确了原本相对不够明确的监督要求和原则,针对任命顾问的责任与义务提出了正式的规则和更多细致的指导。

在新规则中,对任命顾问负责市场准入时的要求包括以下6个方面:

①对申请公司及其业务有充分、全面的理解;

②在假设申请公司将进入英国公开市场的前提下,调查并考虑以下方面的适当性:董事和提名董事、董事会整体的有效性、高层管理人员和重要股东;

③考虑公司是否采取了"适当的公司治理"措施;

④监控尽职调查过程并确保该过程恰当地进行;

⑤积极投入上市文件的准备并确保上市文件与选择投资公司规则相符合,同时确认已经做出适当性验证;

⑥确认公司有足够的系统、程序和控制手段以满足选择投资市场的规则和理解公司在选择投资市场中的义务。

选择投资市场并不需要审批申请上市公司的上市文件,这些文件在任命顾问确保适当性的前提下在选择投资市场备案。选择投资市场仅仅负责之后10天的上市文件公示。事实上,整个市场准入的监管几乎完全依赖任命顾问体系的正常运行。

（3）禁售期要求

在适当性原则监管基础上,选择投资市场对市场的准入最特别的要求就是上市之后的禁售期要求。

禁售期要求的具体规定是:如果申请上市公司的主要业务并不独立或者在过去两年中还没有产生收入,那么它必须保证所有关联方和高层管理人员持有的公司股票在上市后一年内不得出售。

4.持续监管

（1）任命顾问的持续适当性评估

任命顾问与承销商最大的区别就在于上市公司上市之后的持续监管职责。

在 2007 年选择投资市场最新颁布的任命顾问规则手册中,持续监管职责包括:

①与上市公司保持频繁联系以确保任命顾问及时了解公司情况,以及公司持续理解在选择投资市场规则下的义务。

②对公司任何董事会成员的变动提出建议,评估新董事的适当性和董事会的持续有效性;对上市公司做出的相关通告做事先审核,并确保其符合选择投资市场的规则。

③监控上市公司的股票交易情况,尤其是监控与公司相关的未公开的价格敏感性信息。

(2)股东批准权监管

作为创业板市场,选择投资市场对上市公司需要股东批准的事项规定相比主板市场要更为宽松,主要包括两个方面:

①特定规模交易

当创业板市场需要对超过 75% 的资产进行相关处置时,才需要经过股东大会批准。而这一比例在主板市场仅为 25% 。

②关联交易

原则上不要求关联交易需通过股东大会批准,但是必须要求这一关联交易是在公司与任命顾问的咨询之后,董事会确定交易和股东们预期的一样公平和合理。

(3)公司治理监管

选择投资市场中的公司治理监管也比主板市场的要求要宽松许多,总的来说,它仍然属于适当性监管的范畴。因此,任命顾问在公司治理监管中也扮演了非常重要的角色,他们必须考虑并确认上市公司持续采取了适当的公司治理措施。

5.4.3　其他多层资本市场发展的经验借鉴

比较两个创业板市场资本市场(纳斯达克和选择投资市场),以下经验值得我们借鉴:

1. 充足的上市资源是支持创业板市场持续增长的先决条件

继承与开拓是两大创业板市场成长过程的概括。起源于全国场外交易中心的纳斯达克和前身为未挂牌市场的第三市场的选择投资市场都在运行之初继承了一部分已有的上市资源,并且受到国家政策支持和所处经济领域迅速增长的双重推动。政策的支持和经济环境的实际需求共同提供了创业板市场成功推出的有利条件。

而这两个因素带来的最直接结果就是创业板市场由此拥有了较为充足的

上市资源。两个市场多年来持续发展的先决条件都在于此。而且两个市场都非常重视开拓国际市场,可以为市场本身带来更多新的上市资源。

2. 对机构投资者的持续吸引力是维持创业板市场持续增长的必要条件

两个市场之所以能够持续健康发展,其原因还在于两个市场有一大批长期、专门从事上市企业投资的机构投资者。这些具有创业性中小企业投资专业技术经验的机构投资者是两大市场投资者的主体。它们的投资大多是以价值投资为核心理念的长期投资。这样的投资方式更适合创业性企业,也更有利于创业板市场的稳定和发展。

相反,由于普通个人投资者在创业性企业的专业技术、投资经验、投资管理等方面难以达到机构投资者的水平,因此在创业板市场,尤其是在更早期、规模更小、价值判断难度更大的创业板市场中,其不应该成为占主导地位的投资者(本书已经证明创业板市场的波动性平均为主板市场的两倍左右,这样的市场不适合普通个人投资者)。为了保护个人投资者,也为了维护市场的稳定,创业板市场的投资主体应是专业机构投资者。

3. 上市公司类型的多样化有利于创业板市场的稳定

选择投资市场成功地度过网络泡沫破裂期的关键就在于其上市公司类型的多元化,而不是集中于高科技领域。行业分布更均匀且多样化的创业板市场经受行业风险冲击的能力也更强,整体估值水平也会更趋合理。这对我国的创业板市场尤其有借鉴意义。

4. 市场准入标准决定上市创业性企业范围

市场准入标准决定了潜在的上市资源群体范围。近年来,纳斯达克定位日益提高。上市标准的提升决定了当前可以到纳斯达克上市的往往是成长阶段较为后期、规模更大、更为成熟,或者市场前景被投资者公认极好的创业性企业。

而选择投资市场更为宽松的适当性监管原则则使选择投资市场的准入范围得以扩大,也因此更多处于成长阶段较早期、规模较小、具备一定市场前景的创业性企业都可以加入选择投资市场。

5. 创业板市场需要一套与主板市场相独立的监管体系

创业板市场的监管难度更大,尤其是在容纳成长阶段更早的创业企业的创业板市场中。创业板市场需要考虑上市企业应对监管的成本,因此创业企业的监管范围、程度、具体指标都需要经过权衡后精心设计。选择投资市场的成功很大程度上取决于市场监管主体相对主板市场的独立和制度创新,使选择投资市场可以针对创业性企业的实际情况确定市场规则,维护创业板市场的持续增长、市场地位和号召力,并尽力避免被主板市场边缘化。

6. 市场参与主体的自我监管是对市场监管的有力补充

由于监管难度大,单纯依靠监管机构的监管可能会存在矛盾:要么为了确保监管的效果,加大监管的标准和力度,加大上市企业的成本;要么为了确保对企业的足够吸引力,降低监管的标准和力度,但可能降低市场运行的整体质量。

监管标准的确定是一个由"度"决定"量"进而决定"质"的过程。纳斯达克市场选择提升"度",减少了"量",但提高了"质"。而致力于成为全球领先创业板市场的选择投资市场所要追求的正是纳斯达克所减小的那部分潜在市场"量"。因此其"度"不能提得很高,如何保证"质"便成了难题。按照纳斯达克的逻辑,在低的"度"和多的"量"下,保证高的"质"变得不太可能。

因为对市场"质"的评判,最终是由市场参与主体(投资者、金融中介)来决定选择投资市场引入市场参与主体任命顾问的。如果在市场参与主体认为"适当"的前提下引入市场资源,已经获得了市场参与主体本身的认可,即使在上市后某些企业出现了"质"的问题,也应该在市场参与主体的理性预料之内。这种自我监管模式便在源头上提高了上市资源的可信度,即"质",同时加强了市场参与主体的风险意识。

这时选择投资市场监管就可以从监管标准、力度的费心权衡转移到更具针对性、成本更低的任命顾问监管上。只要确保任命顾问按照规定运作,并且具备适当性评估的能力,就部分完成了市场监管。这种强调市场参与主体自我监管的模式是对创业板市场监管的有力补充。

5.4.4 创业板市场构建的思路

本书在多层资本市场的理论和实际研究基础上,结合本章前几节的具体比较分析,结合当前中国的国情、中国创业资本市场体系的特点,提出了我国创业板市场的最优模式设计方案。

1. 创业板市场在我国创业资本市场体系中的地位

当前中国创业资本市场体系结构如图 5.34 所示。

中国的创业资本市场体系由三个子市场体系构成:

(1)私人股权资本市场

私人股权资本市场包括天使资本市场、风险投资资本市场、私募股权资本市场,主要为处于种子期、初创期和成长期的创业企业提供资本,并向创业板市场输送相对成熟的上市资源。

(2)公开股权资本市场

公开股权资本市场以创业板市场为核心,广义上包括柜台交易市场、创业板市场、中小企业板市场。这一部分处于公开股权资本市场范畴之下,在深度、广度上都是最强的。主要为处于初创期、成长期和扩张期的创业企业提供资本。

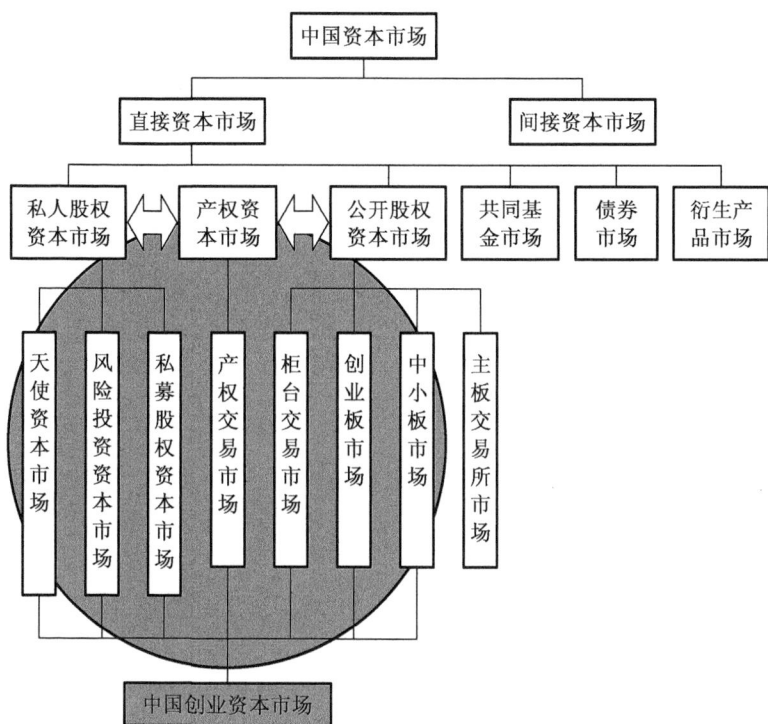

图5.34 中国创业资本市场体系结构图

(3)产权交易市场

产权交易市场是中国特有的,对创业板市场的持续健康发展,对整个中国创业资本市场体系的完善有重要的现实价值。产权交易所在中国创业资本市场体系中的作用主要包括四个方面:

①创业所有权的公开交易

产权交易市场可以为处于各个成长阶段的企业产权提供一个更透明、更公开、更公正的交易平台。

②要素权的公开交易

除了企业所有权之外,要素权同样可以交易。比如一个处于种子期的产品技术得到了初步开发。尽管还没有成立初创企业,不存在企业所有权,但是这一技术产权已经可以被更多的企业所使用了,它已经拥有了商业价值。诸如此类的要素权如果能够在市场中更有效地进行交换交易,对创业企业价值的发现和创业企业投资的发展将有更大的帮助。

③信息的集中和对接平台

产权交易所这一平台可以同时为私人股权资本市场和公开股权资本市场服务。两个子市场所拥有的要素资源可以通过产权交易市场进行更透明、公开、公正的交易。因此产权交易所是一个信息集中和对接的平台,将使整个创业资本市场体系运行更加有效。

④创业板市场的上市资源基础之一

以上特点,决定了其在企业和要素资源上的优势。这些资源正是创业板市场潜在的上市企业。当前中国创业资本市场的早期子市场相对国外仍较落后,单纯依靠风险投资、私募股权机构培育上市资源。有了产权交易所市场,这一状态将得以改善。基于其功能和特色,产权交易市场可以成为创业板市场上市资源的又一重要来源。

通过图 5.35 可以清楚地看到我国创业资本市场体系各子市场与创业企业成长的关系。私人股权资本市场是播撒种子,产权(要素)资本市场是嫁接桥梁,而创业板市场最终收获果实。

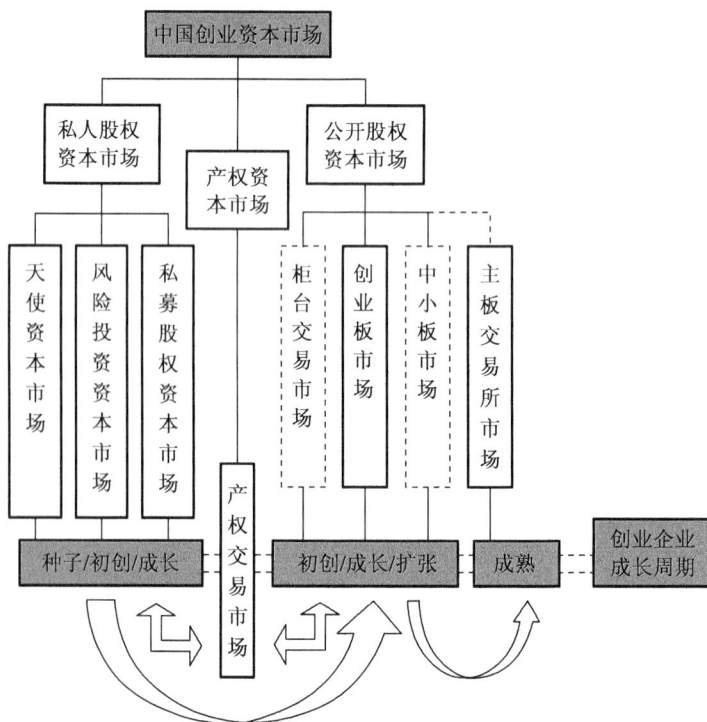

图 5.35　我国创业资本市场体系各子市场与创业企业成长的关系

2.我国创业板市场最优模式

（1）创业板市场的上市资源

充足的上市资源是支持创业板市场持续增长的先决条件。这一点同样是我国创业板市场设计首先要考虑的问题。考察的具体内容应该包括：上市资源的来源、上市资源的数量规模、上市资源的行业分布。

由于市场准入标准不同，可上市资源的构成也会有相应变化。因此，对上市资源基础的考察应该与上市标准的设计相联系。

①上市资源的来源

创业板市场的上市资源有风险投资机构、私募股权投资基金、产权交易市场、场外市场。当前最主要的来源为风险投资机构，其他渠道的重要性相对较低。

②上市资源的数量规模

我们已经得出结论：当前国内风险投资业规模仍然与发达国家相距甚远，上市资源数量和规模有限。但是创业板市场的推出对创业企业的投资会形成显著的促进作用，从而带动上市资源数量规模的成长。

③上市资源的类型

当前以风险投资机构为代表，投资项目的行业分布较为均衡，潜在上市资源不存在某一行业垄断的不平衡现象。创业板市场涵盖的企业类型应在行业上均匀分布。通过对创业板市场上市资源基础的考察，提出针对性的设计思路：

a.上市公司的行业分布均衡，不谋求创业板市场中某一行业的特殊地位，避免市场的过度波动。

b.上市公司的成长阶段分布应集中在当前以风险投资为代表的早期投资者最集中的领域（即初创期、成长期、扩张期），强化创业板市场对早期投资行为的促进作用。

c.不设自动和强制转板机制，发展成熟的优秀企业可以留在创业板市场，提高创业板市场的整体质量和长期竞争力。

d.建立创业板市场与场外交易市场、产权交易市场的快速链接通道，符合一定条件的即可自动进入创业板市场，以加强对场外交易市场和产权交易市场的利用，发挥两大市场的上市资源供给培育作用。

（2）创业板市场的投资者

从多层资本市场的分析中已经得出结论：创业板市场的上市公司价值评估难度更大、不确定性更多、投资难度更大。创业板市场的投资主体的主要组成应该为专门从事中小企业投资的成熟机构投资者。因此创业板市场的设计应该考虑我国的这类成熟机构投资者是否存在,以及是否达到了占主导地位的规模。

投资者主体构成的差异将会直接影响创业板市场的成熟性和稳定性。因此,对这一指标的考察也将决定创业板市场的监管强度。这一点应直接反映到市场准入标准的设计中。

为了更好地维持市场的稳定性和市场的投资价值,设计的思路应该是:

①投资者构成结构与上市标准动态呼应

如果投资者构成中成熟机构投资者的比重达到一定的安全值,那么创业板市场的准入标准可以更低,市场自身的风险水平会相对更高;如果投资者构成中成熟机构投资者的比重未达到一定的安全值,那么创业板市场的准入标准应该更高,市场自身的风险水平会相对更低。

②引入风险投资信托基金等成熟的早期机构投资者

考虑到当前国内长期资深的创业性企业股权投资机构数量仍然较少,需要引入新的更为成熟的投资者力量,来加快改善市场的投资能力。国内优秀的风险投资机构已经积累了多年的经验,经过认证后允许它们进入市场以信托基金的形式运作,将可以:

a. 加快市场投资理念的成熟;

b. 加强市场的吸收能力;

c. 使得更多不具备创业企业投资能力的个人投资者以更安全的形式参与到创业板市场中来,可谓一举多得。

(3)创业板市场的监管体系

创业板市场的监管可以分为市场准入监管和市场持续监管。根据经验,由于其多方面的特殊性,创业板市场以拥有独立于主板市场的监管体系为佳,而市场化的自我监管可以成为良好的补充监管手段。相应地,在我国创业板市场设计中,要考虑的依据和指标如下:

①监管主体

监管主体即监管主体是谁、监管的内容是什么、客观条件下相应主体是否有能力完成监管。

从现有情况来看,中国不具备英国任命顾问式的市场自我监管能力。我们的市场更不成熟,不适宜用相对灵活宽泛的"适当性"原则监管,而应该采取明确的监管规则对市场加以监管。

②市场准入标准

市场准入标准即"量化"标准还是"适当性"评估,标准的差异如何影响上市公司构成,如何适应于投资者结构。

"适当性"标准的市场自我监管准入模式并不适用于我国当前的情况,明确和量化的市场准入标准是更好的选择。

但是,单纯以绝对的财务和数量为标准,很可能使很多有潜力的优质企业丧失上市资格。为此,可以采用更为灵活的双标准体系,用纳斯达克式的双标准(或多标准)筛选模式,使更多优秀的企业有上市融资的机会。

对投资者的保护可以在双标准模式下,对相对财务准入标准较低的企业,规定更严厉的禁售期。

③市场持续监管标准

市场持续监管标准即"量化"还是"适当性"评估。标准的差异对上市公司成本的影响,标准的差异对市场质量的影响。

"适当性"标准的持续监管模式并不适用于我国当前的情况,明确和量化的持续监管标准是更适合的选择。

同样,针对双标准(或多标准)的上市准入标准,持续监管标准也应该是多标准的,但关键的公司治理和信息披露标准应该统一。而考虑到创业板市场上市公司成本约束的问题,这两者的总体强度应该小于主板市场。

综合上述对创业板市场监管的考察,提出针对性的设计思路:

①以深圳证券交易所为监管主体,设置独立于深圳主板市场的监管部门和团队,针对创业板市场进行监管,保证监管资源和效率。

②市场准入采取双标准的财务和数量准入要求。以净资产规模为第一层次统一的筛选标准,这个标准应该定得相对较低,以保证较大比例的创业企业能够通过。第二层次的筛选标准分为两个通道:第一通道为标准相对较高的持续性业务净收入要求。达到这个标准的企业相对应的关联方和大股东禁售期较短,如6个月;第二通道为标准相对较低的持续性业务净收入要求(或者不要求有正的持续性业务净收入,只要求2年以上的经营历史)。达到这个标准的企业相对应的关联方和大股东禁售期较长,如1~2年。第三层次的筛选是统一的公司治理结构,相应标准如前文所述,应该低于主板市场,主要体现在须经股东审批事项上,创业板市场的相应事项标准应该可以放得高一些,以减少频繁的股东审批程序。

③持续监管采取与准入对应的双标准财务和数量要求。对准入标准相对较低的(持续性业务收入要求更低、禁售期要求更严厉的)上市公司应该规定更严厉的持续净资产最低规模,保证上市公司的投资价值;相应地,对准入标准相

对较低的上市公司净资产最低规模的要求可以更宽松。

④采取略低于主板市场的统一的公司治理和信息披露要求。公司治理和信息披露的监管应该统一,相应标准如前文所述应该略低于主板市场,主要体现在须经股东审批事项上。创业板市场的相应事项标准应该可以放得高一些,以减少频繁的股东审批程序。

如图5.36所示,可以从8个方面综合地回顾中国创业板市场最优模式:

①创业板市场在创业资本市场中的地位;

②创业板市场资本市场各个子市场对创业板市场的作用;

③创业板市场支持的企业成长阶段;

④创业板市场的市场主体(投资者)构成;

⑤创业板市场的市场客体(上市公司)构成;

⑥创业板市场的市场监管体系;

⑦创业板市场客体、市场监管与市场主体构成的联系;

⑧中国创业资本市场的特点对创业板市场的影响。

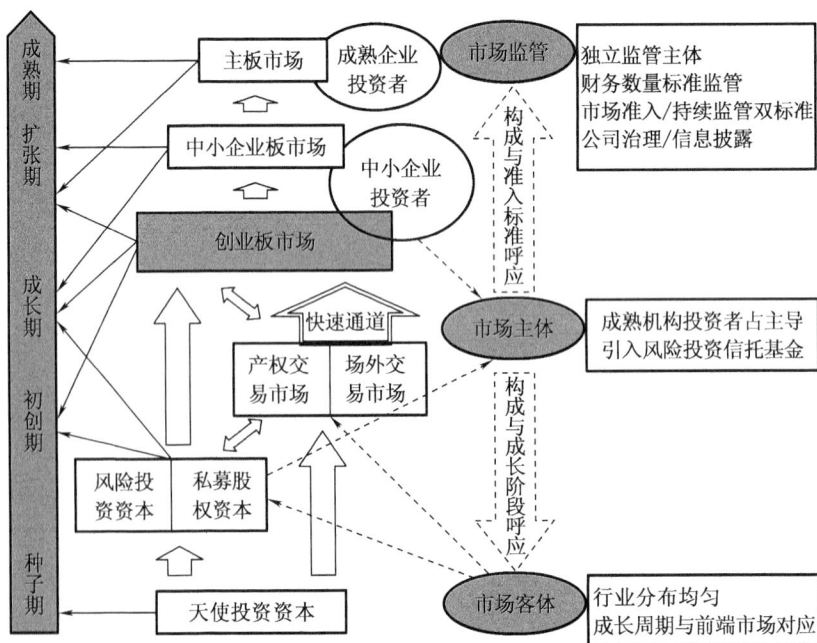

图5.36　中国创业板市场最优模式的综合分析

3. 政策建议

针对中国创业板市场的推出提出几项政策建议：

(1)创业板市场的推出应该有长远的规划

事实证明，那些基础建设不健全，追逐一时的市场热点，而缺乏对上市企业资源、对机构投资者和成熟的金融中介持续性吸引力的创业板市场是不能持续发展的。纳斯达克市场和选择投资市场的持续发展和成功，很重要的原因是具备持续性的前瞻性规划，其改革发展史就是一部不断适应市场变化、不断增强自身竞争力的奋斗史。与创业板市场的核心构成创业企业一样，我国的创业板市场应该拥有像经营创业企业一样的长远眼光和变革创新精神，不断增强竞争力。促进可持续的健康发展是创业板市场的重要目标。

(2)创业板市场不应承担中国促进创业企业发展的全部责任

我们已经深入认识了创业板市场在一个国家的创业资本市场体系中的地位和作用，也看清了不同国家创业板市场所扮演的不同角色和不同定位。不能将中国促进创业企业发展的责任全部压在创业板市场上。创业板市场职能的有效发挥同样有赖于创业资本市场前端各个子市场功能的发挥。因此，对创业板市场功能和业绩的评估应该通过更长期、更全面的角度进行。加强以风险投资为代表的创业企业早期投资推动创业企业的发展并促进经济的发展是一个长期的过程。在资本市场上获得几倍甚至几十倍的收益往往需要花费短得多的时间。创业板市场的推出加快了这种在资本市场上的"财富速度"。但创业板市场不能因此而成为投资机构谋求短期回报的场所。

当前国内的风险投资行业有一个不好的趋势，就是向后期的投资靠拢，而投资早期创业企业的比重有所下降。资本的逐利性使得投资机构对早期创业企业的兴趣有所减弱。长此以往，风险投资将转变成追求短期收益的私募基金或者上市前融资(pre-IPO)基金，风险投资在投资过程中对创业性企业的辅导指引功能不能得到应有的发挥对早期创业性企业的健康发展是一大损失。

(3)密切注意创业板市场的波动

创业板市场的波动性确实要大大高于主板市场。一般其相对主板市场的波动系数应该在一定的范围内才属正常。如果市场整体出现超过安全值的范围的情况，则其往往酝酿了更深层次的危机。

因此，在创业板市场推出后，管理层应该密切关注创业板市场的走势和波动情况。过度的波动对于市场的持续健康发展是有害的，更不能由于市场的短期投机行为使得创业板市场过早地透支其"成长性"。

(4)加大投资者培养力度

市场的稳定健康发展,需要好的上市公司,更需要好的投资者。当前中国的投资者理性有所提高,机构投资者的专业水平也不断增强。但是创业板市场作为国内的一个新鲜事物,仍然面临着专业创业性投资者较为匮乏的局面。尽快加强投资者教育,引导机构投资者与风险投资机构等早期投资群体的合作交流,提升市场投资者对创业板市场和创业企业的整体认知水平,可谓当务之急。

(5)尽快建立和完善统一全国产权交易市场和场外交易市场

产权交易市场和场外交易市场功能的有效发挥,将为创业板市场提供持续稳定的上市资源和帮助。这两个市场的信息聚集平台作用可降低我国创业资本市场的整体交易成本,同时也可以进一步提高市场的透明度和公平性,是对创业板市场的有效补充。

5.4.5　创业板市场的制度设计

1.推出时机

无论从创业板市场资本市场的直接经济效应还是间接经济效应来看,创业板市场资本市场的金融经济价值都是巨大的,而且是其他资本市场难以替代的。推出创业板市场资本市场对国家经济发展,特别是促进我国创新型国家的发展有着巨大的推动意义。我国创业板市场资本市场推出的时间是晚了,而不是早了。

不论是理论上还是国际经验都证明,创业板市场资本市场的直接经济效应表现在两个方面:其一是对高科技产业发展的加速作用;其二是对风险投资业健康发展的促进作用。

高科技产业发展粗略的技术经济过程:首先要有一个相关的科技成果,在风险投资作用下进行创业。若干个同类科技成果创业逐步形成了一个新兴的高科技产业。在该类科技企业创业的过程中,存在着名为"死亡之谷"的高风险阶段,该高风险意味着高投入才能够有效地成长起来。高投入需要规模强大的资本以风险分散的策略进行投资,这是风险投资的致命弱点。仅仅依靠政府或者单个的民间资金难以解决这个关键问题。创建适合高科技产业及风险投资业发展需要的资本市场则是解决该问题的最优途径。现在国际上哪个国家的创业板市场资本市场最发达,哪个国家的高科技产业发展和风险投资业发展也就最先进。因为有了创业板市场资本市场,风险资本能够以规模强大的模式存在,能够将风险有效分散出去,克服高科技企业创业过程中的"死亡之谷"问题,促进高科技产业的发展。

创业板市场资本市场除了这个直接的经济效应之外,还有一个巨大的间接经济效应,即创业板市场资本市场的溢出效应。所谓高科技是当代科技水平的高端,代表着科技发展的方向,也意味其应用将产生新的生产力,宏观的效果就是产生所谓的"新经济"。在人类社会的发展中,工业相对农业是新经济,今天的高科技产业相对工业也是新经济。世界经济发展的历史经验证明,哪个国家的新经济发展得早并且快,哪个国家就是这一时代的新经济发展的先进国家。持续一定时期后,该国家也必将强大。

可见,我国创业板市场资本市场推出得越早,对我国高科技产业发展越有利,对我国风险投资业发展也越有利。

2. 与中小企业板的关系

深圳证券交易所前几年推出的中小企业板块市场对我国具有高成长性的中小企业有着积极的推动作用,对我国风险投资业发展也有很好的促进作用。但是该市场并不是真正意义上的创业板市场资本市场,因为在中小企业板上市的企业基本都是具备相当规模实力的企业。这些企业在主板市场的资源有限,近几年难以上市。可见中小企业板起了主板市场应该起到而暂时没有起到的作用。

虽然中小企业板将主板市场企业上市的注册条件降低了一些,但其仍然没有改变主板市场的基本要求。从这个意义上讲,中小企业板并不是创业板市场。创业板市场主要是满足具有创业价值型的企业规模化融资的需要。这样的企业在上市时往往仅有活跃的记录,并没有真正实现盈利,几乎没有什么资产可供评估,对其投资是真正意义上的发现价值型的投资。在主板市场上市的企业是已经具有一定资产规模而且能够评估出价值的企业。中小企业板上市企业也是这样,这些企业往往已经接近成熟,是在创业后期的企业,对其投资应该是发现价格型的投资,而不是真正的发现价值意义上的投资。可见创业板市场与中小企业板之间不存在竞争关系,恰恰是多层资本市场之间互补的关系。

创业板市场能否与主板市场,特别是中小企业板市场形成真正的互动关系,取决于上市时选择企业对象如何发现其价值。如果创业板市场选择的都是中小企业板市场上市类型的企业,必然会导致创业板市场与中小企业板市场之间的实际竞争。但这种实际性的竞争并非他们本身之间真有竞争,而应理解为创业板市场是没有必要的,或者中小企业板是没有意义的。这种问题完全可以用新方法来解决,比如将中小企业板市场并入创业板市场中,或者是并入主板市场中,但这些都不是最优的解决方案。最优的解决方案还要以多层资本市场结构明确各自定位,促使我国多层资本市场健康发展,起到资本市场对经济增长的多角度的推动作用。

3. 规则制度

创业板市场持续健康地运行是创业板市场的真正价值所在。国际经验证明，只有良好的创业板市场的规则和制度才能保障创业板市场运行机制。

保障创业板市场能够持续健康运行的规则和制度体现在三个方面：首先是应该符合创新型经济发展的需要；其次是保障投资人权益的需要；最后是促使该市场自身的逐步壮大的需要。创业板市场服务于高科技产业、风险投资业和广义的创新型经济，就必须要有符合其价值功能意义的规则和制度设计，才能够保证该市场不是"挂羊头卖狗肉"的错位。创业板市场的投资者们针对高科技企业进行投资，特别是在企业只有活跃记录的前提下投资，面临的风险高。在正常的创业技术经济过程的风险范围内的风险是投资者必须承担的。针对信息不对称机制下的道德风险则需要创业板市场给予投资者权益保护。这样才能够引导更多的投资人参与创业板市场的金融经济行为，保证创业板市场人气旺盛。虽然创业者往往是科技人员出身，非常了解科技成果的优劣情况，但是如果他不能够诚实地公布，或者将该科技信息夸大或少报，甚至利用这种机制进行恶意欺诈融资，必然会导致投资者承担巨大的额外的道德风险。规则与制度设计必须给予其严重处罚，震慑后来模仿者，以保证创业板市场的真正价值不受道德风险的危害。创业板市场的自身发展有自己的客观规律，就是必须符合高科技企业创业技术经济价值及风险投资金融经济价值。高科技企业创业的技术经济过程及风险投资的金融经济过程都是多阶段多元化的长期过程。围绕这个长期过程，其投融资过程也必定是多阶段多元化的。当创业板市场给予一个企业上市融资资格时，就必须要给予它多阶段融资的战略安排。仅仅是一次性融资，既不是对该企业的最优资金安排，也不是对投资者保护最优的止损机制。否则沦落到前些年我国主板市场的境地，将是对创业板市场最大的损害。

创业板市场规则与制度设计的关键是上市企业是审批制还是备案制的。审批制强调的是监管机构对上市企业资格的审批，备案制强调的是投资者对上市企业价值的认同。这两种制度各有所长，决定着该市场的生命力和竞争力。创业板市场到底采取哪种上市制度或者采用两者制度的混合，取决于国情及人们对创业板市场的认知深度。一旦这种制度选定了，创业板市场就必然要采取相应的后续管理机制。如果上市制度与后续管理制度错位，或者互不耦合，那么将来运行起来必然要产生各种矛盾，延缓创业板市场发挥市场价值，消减创业板市场的市场价值。

4.推出的难点

尽管创业板市场推出对国家、高科技企业、风险投资业者等都利好。但是我们还是要理性地思考,看到我国创业板市场推出和运营的难点。主要有三个方面:投资者的发现价值的认知与水平;社会和市场管理决策者们对创业板市场的认知深度;相关规则与制度的执行。

我国现代资本市场的历史非常短,总体而言,投资者的理性还有待提高,投资者对高科技创业经济价值发现的能力还需要市场的教育和培训。没有合格的投资者,即使创业板市场推出了,也将难以为继。例如,我国的网络企业创业早期都没有本国国民的投资,都是外资的风险投资。这些企业在烧钱 3～5 年后,在纳斯达克上市时,国内投资者才纷纷跟进。

创业板市场的重要意义及其必要性,大家都已经充分认识到了。创业板市场作为新生事物,推出之后还有多少路要走? 还有多少工作需要认真研究实施? 还有多少问题需要我们尽快解决? 还需多少市场推动才能够形成健康的资本市场? 当我们以管理实务资产的理念、思维、方法来管理创业板市场时,会有什么结果? 当我们以简单的商品交易市场来管理创业板市场时,又会带来什么结果? 当我们简单地套用主板市场的模式来理解创业板市场问题时,又会出现什么结局? 这些关联的问题,需要我们进行更深层次的认识。

如果创业板市场的规则和制度设计得很好,将成为投资者的护身符。但是我们必须看到创业板市场作为财富重新配置市场,必然会吸引各种各样的投资者积极参与。其中必然会有违反该市场运行规则和制度的违规者。对于这些违规者,如何去执行市场的规则和制度,以显示创业板市场规则和制度的严肃性和尊严性? 如果规则和制度得不到执行,执行得不到位,或者是执行得错位,市场就不能够很好地保护真正的投资者,无法健康发展。

总之,创业板市场资本市场作为一项社会和经济发展工程,影响其发展的因素是多元化的,而且是非线性的,一旦启动,往往是不可逆转的。虽说是极大的利好,但仍不能够掉以轻心,更不能将其简单化。否则将来要花费更大的成本和时间来修复。

第6章 中国多层资本市场效率分析

6.1 中国多层资本市场的发展概况

6.1.1 中国资本市场的形成与多层资本市场的建立

中国资本市场发展的目标之一是建立与实体经济相匹配的多层次资本市场体系。多层资本市场的建立是为了满足不同企业的多样化融资需求,这种多样化包括规模、盈利状况、质量、风险程度等方面。同时,多层资本市场是多层的配置资本性资源的市场,是资本市场向纵深发展的必然结果,是经济发展的客观要求,也是资本市场可持续发展的重要要求。企业规模不同,发展阶段不同,存在的风险不同,资本市场制度和信息成本也就不同,这就要求资本市场是分层次的。依据不同金融工具的风险收益特征和投资者风险偏好程度,多层资本市场将资本市场细分为多个具有递进和互补关系的子市场。

建立多层资本市场有利于整个市场的协调和可持续发展,同时,多层资本市场的建立可以推动融资结构的调整和创新,尤其是满足中小企业和高科技企业的融资需求。在一定程度上,单一市场是造成证券市场监管效率难以提高的重要原因,本书通过三个维度使资本市场层次化:

(1)从证券交易的组织形式维度分析,将资本市场分为集中交易市场和场外交易市场;

(2)从辐射空间维度分析,将资本市场分为国际化市场、国内市场和区域性市场;

(3)从交易品种维度分析,将资本市场分为证券市场和产权市场。

多层资本市场的建立有利于提高中国资本市场的整合程度,降低分割程度,推动金融体制的改革,提高资源的配置效率。本书所称的多层资本市场是指"主板市场 – 中小企业板 – 创业板市场"组成的资本市场体系,以集中精力分析多层资本市场的内在机制和制度安排。

多层资本市场可以为不同规模的企业在不同的发展阶段提供融资环境,可以在信息不对称的情况下满足不同企业的融资需求和不同投资者的投资需求。

6.1.2 中国多层资本市场建设的现状

多层次资本市场指由主板市场、创业板市场和场外交易市场联合组成的资本市场体系。在中国,由于资本市场形成的时间短,投资者对风险投资的认识不全,创新型小企业的微观基础存在一定缺陷等,为了保证多层次资本市场体系形成的成功及稳定性,作为一种过渡,我们在主板市场与创业板市场之间增设了一个中小企业板市场。这样一来,中国的多层次资本市场则是由主板市场、中小企业板市场、创业板市场和场外交易市场构成的资本体系。到目前为止,中国多层次资本市场体系建设已初步确立。

(1)主板市场的建设

随着中国经济体制改革的不断深入,建立中国特色社会主义市场经济体制改革目标的确立,资本市场的建立与发展就成为中国改革过程中的必然选择。随着国有企业股份制改造的不断推进,其在客观上提出了股权转让和交易的需求,1990 年 11 月,国务院正式批准设立上海证券交易所。1991 年,深圳证券市场交易所正式开业。深圳证券交易所和上海证券交易所的挂牌标志中国证券市场正式形成。

(2)中小企业板的建设

市场经济改革极大促进了民营经济的发展。相比国有企业,民营或私营企业无论是在企业规模还是在融资选择上,都处于劣势地位。相反,民营或私营企业在国民经济运行中却又是最有活力的。为了解决民营或私营企业在发展过程中融资难和融资贵的瓶颈,同时兼顾投资者的风险承受力及资本市场的平稳发展,作为多层次资本市场体系建设中的一部分和过渡,与成熟市场不同,中国还在深圳证券交易所专门附设了一个"中小企业板"市场。

2004 年 5 月 17 日,国务院正式批准深圳证券交易所开设"中小企业板块",为中小企业开辟了直接融资渠道。自首批 8 只股票在深交所中小企业板块上市以来,中小企业板已得到了长足的发展。截至 2011 年上半年,深交所中小企业板上市企业已达到 576 家。在这些企业中,民营企业占 80% 以上;拥有自主专利技术的企业近 90%,部分企业被列为国家科技部认定的全国重点高新技术企业和国家火炬计划重点高新技术企业。中小企业板块的成功不仅为中小企业提供了一个直接融资的渠道,还在一定程度上挽救了民营企业融资难的局面。而且,中小企业板块的服务对象包括成长型中小型企业和科技型中小型企业两大类,其为在中国建立创业板市场提供了有益的探索,并积累了相应的经验,最大限度地保证了创业板市场的成功,极大降低了创业板市场创建的成本。

(3)创业板市场的建设

边际生产率递减规律决定了仅靠规模扩张难以支撑经济的持续上涨,要想保持经济长期快速增长,唯一的出路在于技术创新,只有创新才是经济发展的永恒动力。当依赖资源投入所驱动的经济发展水平达到一定阶段后,由技术创新推动经济增长将是世界各国的必然选择,而创业板市场的建立又是最大限度地推进技术创新的有效路径,它是世界各国致力于扶持创业企业和支持创新的产物。20 世纪 70 年代以来,创业板市场培育和孵化了大量的高新科技公司,有力促进了资本与科技的结合。

1999 年 1 月,深圳证券交易所正式向证监会提交了创业板市场立项报告;同年 3 月,中国证监会第一次明确提出了"可以考虑在沪深证券交易所内设立科技企业板块"。2000 年 4 月,时任中国证券监督管理委员会主席的周小川表示,中国证监会将会尽快成立二板市场;同年 10 月,深市停发新股,开始筹建创业板市场。2001 年初,以纳兹达克市场为代表的全球股票市场出现单边下跌,红极一时的网络股泡沫破灭,引发了股票市场的一度混乱。因此,中央高层认为股市尚未成熟,创业板市场计划搁置。2002 年,成思危提出以中小企业板为创业板市场的过渡的"三步走"建议。2003 年 10 月,党的十六届二中全会决议通过推进风险投资和创业板市场建设。随后,证监会同意深交所设立中小企业板,并于 2004 年 6 月恢复深交所新股发行,其中,8 支新股在中小企业板上市。2006 年,时任中国证监会主席尚福林表示适时推出创业板市场并于 2007 年 3 月积极稳妥推进创业板市场上市。同时,国务院批复了以创业板市场为重点的多层次资本市场体系建设方案,温家宝也指出建立创业板市场。2007 年 1 月,新《中华人民共和国公司法》开始生效,其导向为鼓励企业参与创业投资。同年,政府陆续出台了《关于促进创业投资企业发展有关税收政策的通知》《关于促进创业投资引导基金规范设立与运作的指导意见》等一系列促进创业投资发展的政策。2008 年 3 月,创业板市场《管理办法》(征求意见稿)发布。2009 年 3 月 31 日,中国证监会发布《首次公开发行股票并在创业板市场上市管理暂行办法》,并于 2009 年 5 月 1 日起实施。2009 年 7 月 1 日,中国证监会首次发布实施《创业板市场投资者适当性管理暂行规定》,投资者可在 7 月 15 日起办理创业板市场投资资格。2009 年 10 月 23 日,中国创业板市场举行开班启动仪式,首批上市 28 家公司以平均 56.7 倍市盈率远高于全部 A 股市盈率及中小企业板的市盈率。2009 年 10 月 30 日,中国创业板市场正式成立。

6.2　中国多层资本市场体系资源配置帕累托有效性分析

截至目前,中国多层资本市场已经建立,并快速发展成长。多层资本市场的建立能够为投资者带来很多裨益,因为它能够满足资金供求双方的多样化需求。对于需求方而言,他们的融资渠道可以通过多层资本市场的建立来拓宽,在很多时候,市场上的融资困难几乎是中小企业发展的瓶颈。多层资本市场可提高直接融资的比例,从而达到有效分散金融风险的目的。与此同时,多层资本市场能够最大化得到金融市场资源并最有效地合理配置,以提升资本市场的竞争力。现在中国资本市场的建设跟不上经济的发展,中国资本市场在发展初期没有建立一个清晰的发展规划和目标,但经济发展呈现多样化的状态,经济发展的多层次性、企业融资需求的多元性和大众投资需求的多样性迫切需要中国建立多层资本市场。本章基于中国多层资本市场建立的情况,运用经济学理论,对多层资本市场的资源配置和风险配置分别进行了理论探讨。

根据理论分析可知,多层资本市场体系下的资源配置效率属于如何使用社会资本范畴。因为应用社会资本不能进行完全替代,多层资本市场体系提供了相对于单一主板市场更加丰富使用空间,能够拓展应用范围。假设投资者选择属于理性行为,证券市场符合有效性原则,拓展社会资本应用能够提高资源配置效率,该方式属于广义帕累托改进。同时,通过分析中国资本市场的具体情况,假设多层资本市场体系由创业板市场、中小企业板市场及主板市场组成,结合创建市场的基本原则,协调投资风险和收益的关系,主板市场中的上市公司经营稳健性最优,也就是说这些公司的资金利用率最稳定,即方差值最小;在创业板市场中,上市公司由于业务性质经营最不稳定,资本利用效率期望值最高,然而这些公司资金利用率波动最大,也就是其方差值最大。中小企业板市场上市公司的情况就在主板市场和创业板市场之间。在多层资本市场体系下,按照帕累托效率理论,其资源配置效率能够划分到最优福利状态和生产者均衡框架中,这一过程需要区分上市公司在不同市场上的不同产品,其中,产品数目能够拓展三种,两种要素合并成一种。同时,可以假设各个市场企业的生产函数为

$$Y = f_i(K) \quad i = 1,2,3 \tag{6.1}$$

假设以上市场资本拥有一致性特征,且认为时滞因素不会对投融资产生过大的影响,也就是说证券市场初期形成资本就是每期融资额,I_t 表示第 t 期社会可用资本,其中,单一主板市场下的资源配置结果可以表示为

$$Y_{1t} = f_1(K_{t-1} + I_t) \qquad (6.2)$$

式中，$K_{t-1} = \sum_{i=1}^{3} K_{i(t-1)}, I_t = \sum_{i=1}^{3} I_{it}, K_t = K_{t-1} + I_t, i = 1,2,3$ 分别表示主板市场、中小企业板市场和创业板市场。

根据多层资本市场体系资源配置可知，当投资者选择 I_t 在各市场的分配份额时，相应的资源配置结果可表示为

$$Y_t = f_1(K_{1(t-1)} + I_{1t}) + f_2(K_{2(t-1)} + I_{2t}) + f_3(K_{3(t-1)} + I_{3t}) \qquad (6.3)$$

对式(6.3)进行求微分计算，可得

$$dY_{1t} = \frac{df_1}{dK_t}\frac{dK_t}{dK_{t-1}}dK_{t-1} + \frac{df_1}{dK_t}\frac{dK_t}{dI_t}dI_t = MP_{1K}dI_t \qquad (6.4)$$

式中，K_t 为第 t 期社会总资本。

$$dY_t = MP_{1K}dI_{1t} + MP_{2K}dI_{2t} + MP_{3K}dI_{3t} \qquad (6.5)$$

式中，MP_{ik} 为第 I_t 个市场的资本边际产出，可视为证券市场 I_t 的资源配置效率；dK 为资本增量，可视为一定时期的融资额。由式(6.4)可得

$$\frac{\Delta Y_t}{\Delta I_t} = MP_{1K}\frac{\Delta I_{1t}}{\Delta I_t} + MP_{2K}\frac{\Delta I_{2t}}{\Delta I_t} + MP_{3K}\frac{\Delta I_{3t}}{\Delta I_t} = \alpha MP_{1K} + \beta MP_{2K} + (1-\alpha-\beta)MP_{3K}$$

$$(6.6)$$

式中　$I_t = \sum_{i=1}^{3} I_{it}, i = 1,2,3$ 分别代表主板市场、中小板市场和创业板市场；

α——主板市场资本变动系数；

β——中小板市场资本变动系数；

$1-\alpha-\beta$——创业板市场资本变动系数。

对比式(6.3)和式(6.5)，相对于单一主板市场，多层资本市场资源配置效率较高需要满足以下条件：

$$\alpha MP_{1K} + \beta MP_{2K} + (1-\alpha-\beta)MP_{3K} \geqslant MP_{1K}$$

$$(1-\alpha)(MP_{3K} - MP_{1K}) - \beta(MP_{3K} - MP_{2K}) \geqslant 0$$

$$(1-\alpha)(MP_{3K} - MP_{2K} + MP_{2K} - MP_{1K}) - \beta(MP_{3K} - MP_{2K}) \geqslant 0$$

$$(1-\alpha-\beta)(MP_{3K} - MP_{2K}) + (1-\alpha)(MP_{2K} - MP_{1K}) \geqslant 0 \qquad (6.7)$$

由式(6.6)可知，假设主板市场上市公司的资本使用效率低于中小企业板市场，即 $E(MP_{1K}) \leqslant E(MP_{2K})$，中小企业板市场上市公司的资本使用效率平均又低于创业板市场，即 $E(MP_{2K}) \leqslant E(MP_{3K})$，则可以从理论上认为创建多层资本市场体系能够优化和完善资源配置。

通过分析实体经济特征可知，资本配置效率占有较重要的地位，但按照长期发展的角度分析，市场结构运行效率的稳定性应尽可能地保持一致，因为公

众预期和市场信息传播都有着关键的作用。由式(6.4)和式(6.6)可得多层资本市场体系与单一主板市场资源配置的方差为

$$VAR\left(\frac{\Delta Y_{1t}}{\Delta I_t}\right) = \sigma_{1t}^2 = VAR(MP_{1K}) \tag{6.8}$$

式中　Y_{1t}——主板市场第 t 期资源配置；

σ_{1t}^2——主板市场第 t 期资源配置方差。

$$VAR\left(\frac{\Delta Y_t}{\Delta I_t}\right) = \sigma_t^2 = \alpha^2\sigma_{1t}^2 + \beta^2\sigma_{2t}^2 + (1-\alpha-\beta)^2\sigma_{3t}^2$$
$$+ 2\alpha\beta\sigma_{12} + 2\alpha(1-\alpha-\beta)\sigma_{13} + 2\beta(1-\alpha-\beta)\sigma_{23} \tag{6.9}$$

式中，σ_t^2 为多层资本市场资源配置方差。

不同上市公司资本运用相互独立时，式(3.9)便变为

$$VAR\left(\frac{\Delta Y_t}{\Delta I_t}\right) = \sigma_t^2 = \alpha^2\sigma_{1t}^2 + \beta^2\sigma_{2t}^2 + (1-\alpha-\beta)^2\sigma_{3t}^2 \tag{6.10}$$

将式(6.8)和式(6.9)相减，就可以获得多层资本市场体系与单一主板市场体系波动率的差额。如果式(6.7)满足条件，就可以判断是否建立多层资本市场体系，该问题将围绕市场结构体系的创建过程，如何使创建的市场结构体系满足改善资源配置的条件，从而达到实体经济运行最优的目的。因此，获得的最优多层资本市场体系模型为

$$\text{Min}\{(\alpha^2-1)\sigma_{1t}^2 + \beta^2\sigma_{2t}^2 + (1-\alpha-\beta)^2\sigma_{3t}^2 + 2\alpha\beta\sigma_{12} + 2\alpha(1-\alpha-\beta)\sigma_{13} +$$
$$2\beta(1-\alpha-\beta)\sigma_{23} st.(1-\alpha-\beta)(MP_{3K}-MP_{2K}) + (1-\alpha)(MP_{2K}-MP_{1K})\geqslant0$$
$$\tag{6.11}$$

根据以上公式可以看出，经过以上公式的求解就能获得最优模型结构，从而使资产配置达到帕累托有效性要求。虽然通过上面的分析就可以得出建立多层资本市场的条件，但是必须深刻认识到，在上述公式中暗含着以下条件：主板市场风险最小，创业板市场风险最大，中小企业板市场风险位于两者中间，即 $\sigma_1<\sigma_2<\sigma_3$，也就是说获得最优模型结构的前提条件是满足上述风险关系，此时的资本市场才能达到帕累托有效。可是在实际运行的资本市场中，由于目前还在实行对称性涨跌幅的交易机制，人为限制了多层资本市场的收益率的波动，形成了非对称的波动效应，这使得暗含的条件不能得到满足，从而也就不能达到帕累托有效，亦即，在现阶段以非对称波动为波动特征的多层资本市场在资源配置方面不具备形成帕累托有效的条件，可见，非对称波动是引发多层资本市场资源配置方面非帕累托有效的原因。

6.3 多层资本市场体系风险配置帕累托有效性分析

假设传统的有效市场可以按照弱化的趋势划分:

(1)投资满足理性条件,从而能够理性评估资产价值。

(2)若存在非理性的投资行为,则认为这些行为属于随机现象,能够在交易中抵消,不会对资产价格产生影响。

(3)投资非理性行为具有相关性,投资者能够受到理性套期保值者影响,从而去除投资非理性影响。

通过分析中国投资行为,中国证券市场不符合以上假设,具体表现在:

(1)中国投资者具备显著的非理性特征,对中国证券市场有着重要的影响,具体的非理性投资行为包括"处置效应""羊群行为",这些行为在市场中有持续影响,不能在市场中相互抵消。

(2)中国证券市场信息披露机制不规范,信息披露缺乏约束机制,能够理性评估资产价值,存在严重的不对称特征。

(3)中国证券市场的不完善,存在不规范性的操作行为,股票价格容易受到影响,出现单边行为,对于部分投资品种主流资金,交易目的性较强,不能采取平衡措施进行控制,导致金融资产价格较大范围地变化。

(4)中国股票市场交易不规范,交易方式和技术较为落后,没有反向对冲和套期保值工具,从而导致非理性投资者不能获得套期保值。

根据理论分析,多层资本市场体系中的风险配置效率实际上属于风险与投资者风险偏好的匹配问题,该问题不仅能够拓宽投资者选择的渠道,而且能够向投资者提供各种不同的投资风险和收益组合,从而使投资者能够获得新的支持。在分析过程中主要考虑到中国资本市场的具体形势,把多层资本市场体系划分为三个部门,具体包括创业板市场、中小企业板市场以及主板市场。在创业板市场、中小企业板市场以及主板市场中,按照市场发展特点分别建立适合各自发展的特征,根据风险和收益对称性原则,最低期望收益率最小为主板市场投资组合,最大为创业板市场投资组合;风险最小的为主板市场投资组合,最大的为创业板市场投资组合;中小企业板市场的风险和最低期望收益处于两个市场中间。由马柯维茨的证券投资组合理论可知,三个市场都有自己的可行集与有效边界,如图6.1所示。

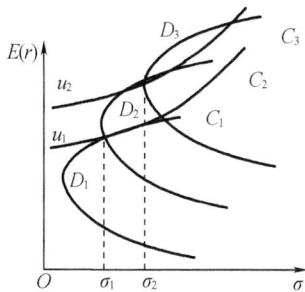

图6.1　多层资本市场体系风险配置效率图

由图6.1分析可知,横轴代表标准差,表示投资组合的风险;纵轴代表期望收益率,D_1、D_2和D_3分别为主板市场、中小企业板和创业板市场的可行集,有效边界线分别相对于单一主板市场、多层资本市场拓展了投资者选择范围,同时也改善了投资组合的有效边界C_1、C_2和C_3,由上述假设知,$D_1 \neq D_2$,$D_1 \neq D_3$,C_2在C_1的右上方,C_3在C_2的右上方,且有效边界线C_1、C_2和C_3的变动愈来愈平坦(意味着三个市场收益率对风险的弹性愈来愈小)。按照投资者选择范围,投资可行集由单一主板市场的D_1拓展为主板市场D_1、中小企业板市场D_2及创业板市场D_3三个市场的并集$D_1 \cup D_2 \cup D_3$,这种投资选择范围的扩大实际上本身就属于帕累托改进;根据有效边界分析,原来的单一曲线改成了三条联合曲线。按照风险配置分析,帕累托改进的多层资本市场能够具备更加明显的特征,相对于改进前的市场体系,单一主板市场仅能保证绝对风险水平小于σ_1的投资者的投资组合。同时,当投资者愿意承担的绝对风险水平大于σ_1时,风险配置采用了帕累托改进,根据多层市场体系对比,投资者在单一主板市场中的投资组合在有效边界C_1,则可以从D_2中发现能巩固改善投资效益的投资组合;如果无差异曲线u_2符合D_2区域对应的投资组合(这些区域点存在相应的点风险与u_1和C_1的切点一致,但其期望收益大于u_1与C_1的切点。其中,该情况对u_2与C_2相切并无具体要求)。根据以上叙述可知:在多层资本市场体系下,投资者可能选择非有效投资组合,也就是投资组合无效率,该投资方式比单一主板市场更有效率。同时,当投资者愿意承担的绝对风险水平大于σ_2时,创建创业板市场就可以改善风险配置。

对理性投资者来说,在多层市场体系下可以通过求解下述三个方程组并进行比较来得到与自身风险偏好一致的最优投资组合。

设投资者的效用函数为

$$U = U(\sigma_p, E(r))$$

式中,σ_p 为多层资本市场的标准差。则无差异曲线的函数形式为

$$U(\sigma_p, E(r)) = m \tag{6.12}$$

式中,m 为常数。

对式 (6.12) 两边求微分得

$$\frac{\partial U}{\partial \sigma_p} + \frac{\partial U}{\partial E(r)} = 0 \tag{6.13}$$

对式(6.13)变形后有

$$\frac{dE(r)}{d\sigma_p} = \frac{-\dfrac{\partial U}{\partial \sigma_p}}{\dfrac{\partial U}{\partial E(r)}} \tag{6.14}$$

$\because \dfrac{\partial U}{\partial \sigma_p} = MU_{\sigma_p}(\sigma_p$ 的边际效用$), \dfrac{\partial U}{\partial E(r)} = MU_{E(r)}(E(r)$ 的边际效用$)$

$$\therefore \qquad \frac{dE(r)}{d\sigma_p} = -\frac{MU_{\sigma_p}}{MU_{E(r)}} \tag{6.15}$$

式(6.15)就是无差异曲线的斜率。

由于理性投资者的最优方案是选择无差异曲线与有效边界线的切点,前面的分析表明,多层资本市场的有效边界是 C_1、C_2 和 C_3 的联合曲线,即

$$\frac{\sigma_p^2}{c_1 - \dfrac{b_1^2}{a_1}} - \frac{\left(E(r) + \dfrac{b_1}{a_1}\right)^2}{\dfrac{c_1}{a_1} - \dfrac{b_1^2}{a_1^2}} = 1, \quad \sigma_p \leqslant \sigma_1$$

$$\frac{\sigma_p^2}{c_2 - \dfrac{b_2^2}{a_2}} - \frac{\left(E(r) + \dfrac{b_2}{a_2}\right)^2}{\dfrac{c_2}{a_2} - \dfrac{b_2^2}{a_2^2}} = 1, \quad \sigma_1 < \sigma_p \leqslant \sigma_2$$

$$\frac{\sigma_p^2}{c_3 - \dfrac{b_3^2}{a_3}} - \frac{\left(E(r) + \dfrac{b_3}{a_3}\right)^2}{\dfrac{c_3}{a_3} - \dfrac{b_3^2}{a_3^2}} = 1, \quad \sigma_p > \sigma_1 \tag{6.16}$$

式中,a、b、c 为待估参数,且 $a_i > 0, c_i > 0, a_i c_i > b_i^2 (i = 1, 2, 3)$。

对式(6.16)求微分得

$$\frac{\dfrac{\partial \sigma_p^2}{\partial \sigma_p}}{c_i - \dfrac{b_i^2}{a_i}} \mathrm{d}\sigma_p - \frac{\dfrac{\partial \left(E(r) + \dfrac{b_i}{a_i} \right)^2}{\partial E(r)}}{\dfrac{c_i}{a_i} - \dfrac{b_i^2}{a_i}} \mathrm{d}E(r) = 0$$

整理后得

$$\frac{\mathrm{d}E(r)}{\mathrm{d}\sigma_p} = \frac{\dfrac{2\sigma_p}{c_i - \dfrac{b_i^2}{a_i}}}{\dfrac{2\left(E(r) + \dfrac{b_i}{a_i} \right)}{\dfrac{c_i}{a_i} - \dfrac{b_i^2}{a_i}}} = \frac{\sigma_p}{a_i \left(E(r) + \dfrac{b_i}{a_i} \right)} = \frac{\sigma_p}{a_i E(r) + b_i} \qquad (6.17)$$

式(6.17)即为多层资本市场联合有效边界在对应风险区域的斜率。

由无差异曲线与有效边界相切的性质知,在切点处有式(6.15)等于式(6.17),即

$$-\frac{MU_{\sigma_p}}{MU_{E(r)}} = \frac{\sigma_p}{a_i E(r) + b_i} \qquad (6.18)$$

所以,满足无差异曲线与有效边界线相切的必要条件是

$$\sigma_p \cdot MU_{E(r)} + (a_i E(r) + b_i) \cdot MU_{\sigma_p} = 0 \qquad (6.19)$$

另外,无差异曲线与有效边界线的切点必然经过无差异曲线,同时也经过有效边界线。故将式(6.19)与有效边界方程(6.16)联立起来求解就能决定多层资本市场体系下投资组合的最优状态$(\sigma_p^*, E(r)^*)$。或者说,通过解方程组

$$\begin{cases} \dfrac{\sigma_p^2}{c_i - \dfrac{b_i^2}{a_i}} - \dfrac{\left(E(r) + \dfrac{b_i}{a_i} \right)^2}{\dfrac{c_i}{a_i} - \dfrac{b_i^2}{a_i^2}} = 1 \\[6mm] \sigma_p \cdot MU_{E(r)} + (a_i E(r) + b_i) \cdot MU_{\sigma_p} = 0 \end{cases} \qquad (6.20)$$

就能获得切点坐标。

通过确定$(\sigma_p^*, E(r)^*)$坐标值,就是通过求解式(6.20),从而获得在多层资本市场体系下的最优投资组合,并且该组合能够对应投资风险。

根据以上分析可知:尽管投资者的绝对风险承担能力在σ_1之内,多层资本市场也可能不能直接改善投资者收入效益,然而这至少不会使投资者的状况变坏;当绝对风险承担能力大于σ_1,创建多层资本市场就能改善市场投资者收入

情况,并相应地提高风险配置效率。所以,传统的单一主板市场不利于改善投资者风险配置效率,创建多层资本市场属于帕累托改进,它能够直接改善投资者风险配置效率。然而在现行的对称性涨跌幅交易机制的运行下,即使建立了多层资本市场能够改进投资者的风险配置情况,但投资者在各层资本市场中所能够承担的超出现有市场承担风险部分仍然得不到合适的释放,也就是说在现有的交易机制下仍然存在着无效的情况,虽然多层资本市场的建立改进了风险配置的帕累托效率,但其原因是具有非对称波动特征的对称性交易机制。

6.4　本 章 小 结

本章首先论述了中国多层资本市场建立的必要性,并指出目前资本市场存在的问题,同时对中国多层资本市场在资源配置层面及风险配置层面进行了理论性帕累托有效性的分析,然后通过对有效市场的基本条件的剖析论证了非对称性的波动特征必然会破坏市场的有效性,从而无法实现资源配置与风险配置的帕累托最优,结果招致多层资本市场效率的损失。

第7章 证券市场收益率与交易机制

7.1 证券市场价格限制机制

证券市场价格限制机制是证券市场交易机制的重要组成部分,其目的在于降低证券价格异常的临时波动性,是监管当局为抑制证券市场的剧烈波动、维护市场正常运行而制定的管制措施,是证券市场交易制度和证券市场微观结构的重要内容和组成部分。

理论上,证券市场的价格限制机制包括两层含义:(1)影响市场稳定的基础制度,包括经济、法律制度及一个能有效调节市场供求、及时反映股价变化的有效市场;(2)监管当局依靠行政手段制定的抑制证券市场大幅波动的临时或非临时的价格管制措施。

第一层含义也可定义为证券市场的内生限制机制,第二层含义则为市场的外生限制机制。证券市场外生限制机制是监管者和市场参与者都十分关注的,监管当局希望通过价格限制机制来减少股市的异常波动,并避免可能的连锁反应,市场参与者的关注则是因为这些市场干预措施将直接影响其投资策略。

市场外生限制机制有两种基本模式:受限式和非受限式。非受限式外生限制机制是指监管当局对市场参与者的交易行为基本不加干预,只在有重大事件突发时,才采用一些特殊的应急措施来限制市场。通常,成熟的证券市场一般采用受限式外生限制机制,如美国仅对大盘设置有断路器,其余干预市场的行政调节措施则几乎不存在。

受限式外生限制机制指的是市场监管者除了对市场设有多个方面的交易限制外,还常常通过各种行政手段直接干预市场以降低市场波动性。新兴证券市场多采用这种类型的外生限制机制,韩国与中国台湾、马来西亚吉隆坡等证券市场就普遍设有受限式制措施,如涨跌停板制度、市场断路器等股市限制机制。

在资本市场中,为了防止价格垄断或价格操纵,几乎所有的资本市场都在采用受限交易制度。涨跌停板制度源于国外早期证券市场,是为了防止交易价格的剧烈波动,抑制股市过度投机而制定的,对每只证券当天价格的涨跌幅度予以适当限制的一种价格限制措施,即规定当日价格变动超过一定幅度(通常为前一交易日盘价上下百分之几)时,该证券的价格便不能再上涨或下跌,是目前各国证券市场运用最广泛的价格限制机制之一。这一制度的关键在于阻止或限制股票价格的上升或下降超过预先确定的水平,并为慌乱的交易者提供了一段能够冷静下来的时间,防止出现不理智的极端行为。

涨跌停板制度根据限制价格波动的幅度又分为对称性限制交易制度和非对称性限制交易制度。对称性限制交易制度是指涨幅和跌幅的限制波动幅度是一致的,即设置相同的波动百分比;非对称性限制交易制度是指对涨幅和跌幅分别设置不同的限制波动幅度,即设置不同的波动百分比。

事实上,许多交易所已经采用了日涨跌幅限制。其中,实行对称性交易机制的有马来西亚吉隆坡、土耳其伊斯坦布尔,俄罗斯及其他国家。吉隆坡交易所的交易分上、下午盘,上午盘的涨跌幅为前一日盘价的30%,下午盘的涨跌幅为上午盘收盘价的30%。伊斯坦布尔交易所的交易也分为上、下午盘,价格限制幅度为10%。2008年10月10日,俄罗斯规定当股票指数涨跌幅达到5%,市场将至少中止交易一小时,若达到10%,市场将全天停止交易。个股股价涨跌幅达到10%,将停牌一小时,涨跌幅达到20%,将全天停止交易。实施非对称性交易机制的有日本、越南等国家。东京证券交易所一般股票每日跌幅为6.67%~30%。越南胡志明证交所的股票日跌幅度从2008年8月18日由3%上调到5%。中国目前实施的是对称性交易机制,自1996年末实行±10%日涨跌幅限制直到现在。

7.2   对称性交易制度与收益率分布的关系

实际上,近些年来一直有不少学者在研究中国证券市场涨跌幅制度的一些相关问题,且得到了一些有重要价值的成果,如刘海龙等从价格约束对市场波动性的影响,讨论了涨跌幅制度的合理性问题;盛军锋等利用 GARCH 模型,从实证分析的角度回答了涨跌幅制度稳定市场的功效;胡朝霞从波动率溢出假设、延迟价格发现假设和交易干涉假设三个方面对涨跌停机制绩效进行实证考察,结果显示,中国股市当前 10% 的涨跌停机制会降低市场效率;屈文洲从投资者行为的角度分析了涨幅限制与跌幅限制效应的不对称性,以及市场对涨停限制存在过度反应的现象;陈浩武等从磁力效应的非对称性出发,论证了市场对涨幅限制与跌幅限制的非对称反映,提出了适度放宽上涨的限制幅度的政策建议。

从逻辑上看,不尽合理的制度并非一定来自制度本身,也有可能是由于制度设计中的技术性不协调所致,当我们用某一标准评判制度效应存在不合理性时,并不意味着取消该制度才是唯一的选择。就政府价格干预的一般性目的而言,其在于修正市场不完全所导致的资源配置扭曲,而证券市场价格干预的目的不仅在于修正资源配置扭曲,而且在于修正投资者的风险配置不合理。中国证券市场投资者市场势力极端的不对称和投资者在转型期的风险特征决定了短期内价格操纵的运作模式不会有根本性的改变,这种市场运作模式既破坏了价格作为优化资源配置功能的发挥,也导致了投资者风险配置的极度不公平。因此,无论是从市场监管的需要,还是从保护中小投资者的利益出发,抑或是从提高市场效率的目的上考察,在中国股票市场交易中实行限价政策都是必要的。由此我们认为,要不要涨跌幅限制政策这一问题不需要讨论,需要讨论的是要一种什么样的限价机制。本章从中国股市现行对称性涨跌幅限制制度的现实效应出发,通过对非对称性效应因素的挖掘,运用极值理论讨论市场弹性一定下的最优涨跌幅设定,并利用蒙特卡洛模拟检验非对称性涨跌幅限价交易制度设计的效果及其制度完善性。

第1章我们根据中国股市按对称性交易机制实行情况将中国股市运行划分为三个阶段,本章继续沿用这一划分,并对第二阶段和第三阶段做了更进一步的分析。在第2章中,已经分别对第二阶段、第三阶段进行了描述性分析,并同时进行了剔除极端值情况和对极端情况用对称性涨跌幅进行替换的调整分析,结果见表2.1、表2.2。但是,无论是剔除极端值后还是将数据进行调整,收益率的分布形状总体上没有发生大的变化,仍是右偏尖峰状态。尽管平均收益率的矛盾只能说明涨跌幅限价政策对收益率的分布有明显影响,且它具有降低风险的作用,但它并不是收益率、市场波动程度的主要决定因素,仅依据两阶段相关统计特征值简单对比而得出的结论可能都是盲目的。

为了更确切地反映涨跌幅限价政策对收益率分布形状的影响,这里我们再次运用核密度估计方法来拟合上述两个阶段的具体分布特征。由于核密度估计方法不需要对随机变量的分布形式进行事先假定,因此该方法可最大限度降低误差,而且通过该方法可以很好地拟合真实股票收益率的分布。由核密度估计可得,第二、第三阶段日收益率分布拟合曲线如图7.1和图7.2所示。

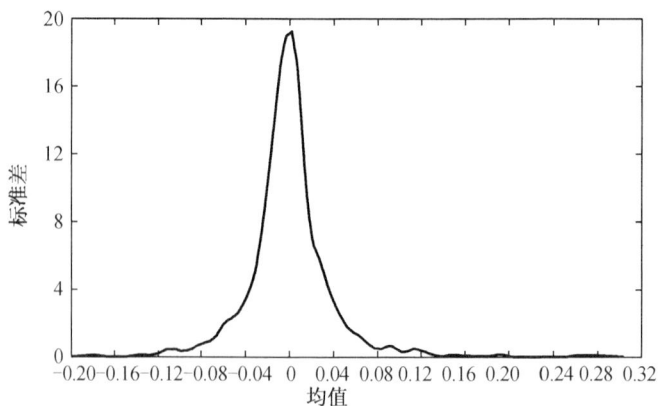

图 7.1　第二阶段日收益率拟合曲线

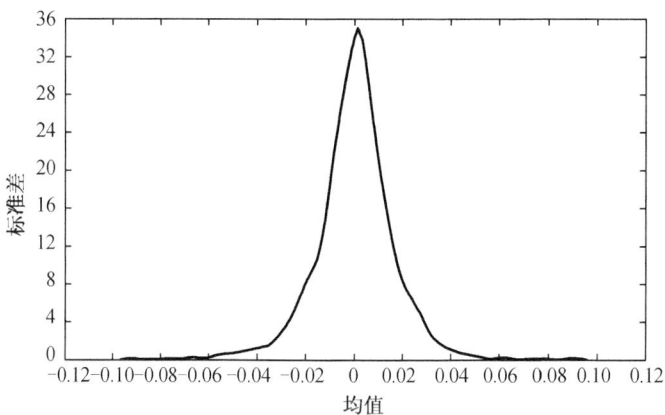

图 7.2　第三阶段日收益率拟合曲线

由核密度估计方法的基本原理可知,图 7.1 和图 7.2 的两个拟合曲线的差异可以看作实施对称性涨跌幅交易制度对股票收益率分布的影响,对比图 7.1 和图 7.2 可以发现,实行对称性涨跌幅交易后的股票日收益率(第三阶段)的核概率密度曲线比实行之前的股票日收益率(第二阶段)的核概率密度曲线要尖,尾部更厚。也就是说,在实施对称性涨跌幅交易制度后,股票的日收益率会更加偏离标准正态分布,该制度的实施会造成股票日收益率分布更大程度的扭曲,加剧日收益率分布的非对称性。

由此可见,涨跌幅限价政策对收益率分布有明显的影响,对称性涨跌幅限价政策在降低市场风险的同时会加剧市场运行的非对称性,但它对市场收益率的影响方向是不明确的,现行的涨跌幅限价政策不是收益率的主要决定力量。

另外,即便是像已有的相关研究文献所描述的那样,现行的涨跌幅限价政策导致了市场波动程度的加大,由此就否认该政策预防风险的积极作用,甚至得出它会助长风险的结论也是值得怀疑的,其原因不仅在于马氏风险度量指标(标准差)作为风险度量指标是有缺陷的,而且将极端涨跌幅与正常涨跌幅的风险评价同等对待也是值得商榷的,就像不应该将"死亡风险"视为正常风险的有限倍数一样。也就是说,当我们对极端风险与正常风险的评价采用非线性评价范式时,即便是第三阶段的标准差大于第二阶段,也不能否认现行的涨跌幅限价政策在防范极端风险方面的有效性,更何况上述经验分析表明,第三阶段的标准差小于第二阶段。

综合上述结论可知,对现行中国股市涨跌幅限价政策的研究,涨跌幅限价机制在中国当前证券市场中是有其实施的必要性的,但是对称性限制交易制度会导致收益率非对称性分布。

7.3　对称性交易制度与非对称性效应的行为金融学解释

实际上,中国股市现行的对称性涨跌幅限价政策导致非对称效应的现实在理论上也能由行为金融的前景理论解释。行为金融学将个体行为的心理因素融入金融学的研究体系中。

7.3.1　投资者的投资心理

行为金融突破传统金融理论,强调投资者的非理性决策,以投资者实际决策心理为出发点,研究投资者心理行为对投资决策的影响。行为金融认为投资者心理行为对资产价格波动产生影响。

传统金融理论在投资者心理和证券市场效率理论上所持的观点是投资者是理性的,投资者的理性能够保证证券市场的有效和价格波动的合理。行为金融学则认为投资者是非理性的,投资过程反映了投资者的心理过程,资产价格在很大程度上反映了投资者对未来的预期,情绪与认知偏差的存在使投资者无法做到理性预期和效用最大化,并且其非理性行为将导致市场的非有效,资产价格偏离其真实价值,表现为价格波动的随机游走。

行为金融将投资过程看作投资者的心理过程,包括对市场的认知过程、情绪过程和意志过程。

人的心理活动可以分为认知过程和非认知过程。前者涉及感觉、知觉、注意、学习、记忆、思维等,后者涉及情绪、人格、气质、意志等,认知过程往往会产生系统性的偏差;情绪过程可能会导致系统性的或非系统性的情绪偏差;意志过程则既可能受到系统性偏差的影响,又可能受到情绪偏差的影响。这些个体偏差加上行为金融市场上存在的群体偏差(羊群效应)可以导致投资或投资组合中的决策偏差。投资决策偏差就会使资产价格的波动偏离其内在价值,导致资产定价的偏差。然而资产定价的偏差又会产生一种反馈机制,反过来影响投资者对资产价值的判断,进一步产生系统性偏差,导致资产价格的进一步波动。

行为金融实际上就是试图从投资者心理到市场的反应,再从市场到投资者心理这样一个交互过程的客观规律和客观机理出发,研究投资者行为对股票市场资产价格波动的影响。投资者群体的认知偏差及由此产生的非理性行为通过股票市场的反馈环原理引发的放大机制对股价推波助澜,不仅是导致股票市场牛市、熊市的重要因素,还起到导致投资者盈亏的作用。在股票市场的运行中,最初由各种催化因素引起的价格上涨,通过媒体有意识或无意识的渲染,投资者在潜移默化中会受到过度自信、处置效应、羊群效应等认知偏差的驱使,使投资者的需求增减影响股价波动。当股价上涨时,投资者由于"跟风"的心理,需求大大增加,使得股价被进一步推高。但是投资者对股票的需求不可能永远放大,当需求停止时,价格的增加也将停止,投机性泡沫的破灭即将来临。由此可知,行为金融学认为,资产价格波动并非完全由基本面的信息所决定,投资者的行为和心理对资产价格的波动起决定性作用。

作为股票投资者,无论是成熟的投资者还是初涉市场的新投资者,他们都试图以理性的方式判断市场并进行投资。但是,事实上,他们的判断与决策过程会不由自主地受到认知过程、情绪过程等心理因素的影响,以致形成金融市场较普遍的行为偏差,进而影响市场的价格波动。

(1)过度自信分析

心理学家通过试验的观察和实证研究发现,人们往往过于相信自己的判断能力,高估自己成功的概率,把成功归结于自己的能力,而低估运气、机遇和外部因素在其中的作用,这种认知上的偏差被称为"过度自信"(over confidence)。过度自信是一种普遍存在的心理偏差,在投资决策过程中发挥重要的作用。

过度自信对投资者处理信息有很大的影响,一方面,投资者对自己的信息过分看重,而忽视公司的基本面的信息和其他投资者的信息;另一方面,投资者在分析信息时会更重视能加强自己信心的信息,而忽视那些有损他们自信的信息,最终做出有偏的判断和决策。

过度自信在证券市场上的表现尤其明显,一方面,金融市场中的投资者经常会面临金融资产的选择和交易时机的确定,这些都是非常困难的事情。当投资者面临困难任务的时候会表现出过度自信的特征。由于金融资产的价格很难预测,在实际操作中,不仅新手容易过度自信,专家在面临此类困难任务时倾向于过度估计自己的理论与所建立的模型,这使得他们也容易过度自信。另一方面,该领域受到专业教育的人也倾向于过度自信,通常他们将自己定位在平均水平之上,即使是一般的投资者也相信自己具有更出色的判断力,而且在任何情况下都表现不俗。过度自信的投资者在投资过程中会主动承担更大的风险,从而偏离理性的轨道。

李心丹、王冀宁和傅浩应用统计分析的方法发现中国投资者进行了一些并非能带来最大收益化的交易,在排除合法避税、流动性需求和平衡收益与风险三个可能影响因素后,确定中国个体股票投资者进行上述非理性交易的原因是对自己的能力过度自信。当投资者产生了过度自信的心理后,他们会过分依赖自有的信息,重视那些增强他们自信的信息,而忽视那些有损其自信的信息,以至不愿承认自己的投资决策失误,导致售盈持亏,对某些信息反应过度或不足。这无疑会导致利好和利空信息被接受后,波动产生不对称性。

(2)处置效应分析

处置效应(disposition effect)是前景理论在股票市场最为显著的体现。Kahneman 和 Tversky 认为投资者更加看重财富的变化量而不是绝对量,当面临损失时倾向与冒险赌博,而面临条件相当的盈利时倾向于接受确定性的盈利,且盈利带来的快乐和同样损失带来的痛苦不等,后者大于前者。这种投资心理被称为处置效应,即投资者为了避免后悔,会倾向于持有亏损的股票而过早地卖出盈利的股票。处置效应是一种典型的投资者认知的偏差,表现为投资者对投资盈利的"确定性心理"和对亏损的"厌恶性心理",当投资者处于亏损状态时,投资者是风险偏好的,愿意继续持有股票直到解套;当投资者处于盈利状态时,投资者是风险规避的,愿意过早地卖出股票以锁定利润,落袋为安。

股票市场最基本的特征是价格波动,收益不确定,因此在面临这种不确定性的时候,投资者通常会在心理账户中设定一个盈亏参考点,并根据参考点对自己的资金进行投资,不同的投资者有不同的盈亏参考点,在做决策时,他们会以自己的参考点来衡量风险和收益,也就是说,投资者的富有程度并不影响投资决策,而是某项投资决策会让其富有还是穷点的判断影响决策的实施,因此投资者对损失比对收益更敏感。在多数情况下,投资者由损失产生的痛苦要大于盈利带来的快乐。基于这种心理状态,投资者在证券投资时,在行为上主要表现为急于卖出已经盈利的股票,不愿轻易卖出亏损的股票,如果轻易卖出亏损的股票,那么账面的亏损就变成事实,有损投资者信心并带来痛苦。正是投资者的这种心理偏差造成了非理性的投资决策,导致价格的非理性波动。

针对投资者处置效应,中国已经陆续有学者做了相关研究。深交所相关研究表明,中国投资者处置效应比国外投资者更强烈,表现为卖出盈利性股票的比例远大于卖出亏损股票的比例,和机构投资者相比,中国个人投资者的处置效应更加强烈,资金越小的账户,处于获利状态时,风险厌恶程度越高,持有获利股票的时间越短;处于亏损状态时,风险偏好程度越高,持有亏损股票的时间越长。陈斌等问卷调查的结果显示,在个人投资者处理套牢股票的方式方面,选择"长期持有,直到解套"的投资者最多,选择"不断补仓拉低价位"的投资者数量次之,而选择"忍痛割肉"的投资者最少。赵学军和王永宏通过 1998 年 7 月—2000 年 12 月的中国近一万个投资者账户的调查中发现,投资者卖出盈利的股票的概率是卖出亏损股票的概率的两倍。因此,由于处置效应的存在,股价上涨时,中国投资者一旦解套,便倾向于迅速抛出手中股票,以锁定盈利,当股价跌破自己的购买价时,股民则倾向持有,直至解套。这样也会加剧中国股市波动的非对称性,股价上涨时,会出现抛售活跃,以致加剧波动;股价下跌时,交易低迷,减缓了波动的程度。

(3)羊群效应分析

金融市场的"羊群行为"(herd behaviors)又称"羊群效应"(herd effect)或"从众行为",是一种特殊的非理性行为,他是指投资者在信息环境不确定的情况下,行为受到其他投资者的影响,模仿他人的决策,或者过度依赖舆论,而不考虑信息的行为。

2002 年陈斌等通过对中国投资者调查发现:中国绝大多数个人投资者的股票投资知识来自非正规教育,主要通过亲朋好友的介绍、股评专家的讲解及报纸、杂志的文章等(三者相加约占总数 70.4%);在做具体的投资决策时,投资者依据"股评推荐""亲友引荐"及"小道消息"所占的比重高达 51.5%;在投资决策的方法上,两成以上的个人投资者决策时几乎不做什么分析,而是凭自己的感觉随意或盲目地进行投资。施东晖等学者也曾对中国股票市场羊群效应进行了检验,认为中国股市存在一定程度的"羊群行为"。散户一旦具有了这种行为,当看到股市大涨或利好信息促进股市繁荣时,便会蜂拥而至,造成股价的进一步上涨。

羊群行为的发生可以归结于以下四个方面的原因:

①投资者信息不对称,不完全

模仿他人的行为以节约自己的搜寻成本。人们越是缺少信息,越是容易听从他人的意见。

②推卸责任的需要

处置效应说明同样的亏损带来的痛苦大于同等的盈利,所以投资者为了避免个人决策失误带来的痛苦,而选择与他人相同的策略,或者是听从一些投资经理或股评人士的建议,这样即使投资者投资失误,他们也会从心理上把责任推卸给别人,以减轻自己的后悔和痛苦。

③减少恐惧的需要

人类属于群体动物,偏离大多数人往往会产生孤单和恐惧感。如果多数人的选择与自己不同,这时,投资者会心里感到恐惧,认为自己的投资决策失误。为了消除这些恐惧感和孤独感,多数投资者愿意选择从众。

④缺乏知识经验及其他一些个性方面的特征

例如,知识水平、智力因素、接收信息的能力、思维的灵活性、自信心等都是产生羊群行为的影响因素。

从以上对中国投资者投资心理的分析,可以看出投资者心理对股市波动非对称性是有影响的。

7.3.2　基于前景理论对对称性制度与非对称性效应的解释

行为金融学家从大量的心理学实验中发现,个体行为的选择并不遵循贝耶斯选择过程,也与阿罗的不确定性选择理论不一致,当人们面对不确定性选择时,他们并不会进行复杂的计算,而是表现出避繁就简的思维特点,依据经验判断做出选择。然而,依据经验判断的选择模式不免会产生系统性偏误,这些偏误主要源于特征代表性偏差、获得便利性偏差、调整和锚定效应、认知分歧和群体影响。在心理学实验研究与分析的基础上,卡尼曼和托维斯基在"风险条件下的决策分析"一文中提出了具有重要影响力的行为金融学价值选择理论模型,即前景理论。该理论是不同于传统预期效用最大化的价值选择理论,它用两个函数来描述个人的选择行为,一个是价值函数(value function),另一个是决策权重函数(decision weighting function)。其中价值函数相当于预期效用选择理论中的效用函数,决策权重函数是对预期效用理论中概率的替代。通过对预期效用理论的改造,前景理论就能给予各类金融"异象"一个很好的解释理由。

卡尼曼和托维斯基定义"前景"为不确定事件,表示为$(x,p;y,q)$,这个事件最多只有两个非零的结局。个人得到x的概率为p,得到y的概率为q,$1-p-q$的概率得不到任何东西。卡尼曼和托维斯基将个人的选择和决策过程分成两个阶段:第一阶段,称之为编辑阶段(editing phase),事件发生及人们对事件结果及相关信息的收集、整理;第二阶段,也就是评估阶段(evaluation phase),即进行评估和选择。在编辑阶段,投资者往往会依据个人偏好而对各种备选方案进行编码;在评估阶段,相对于参考点,投资者对收益和风险的预期决定了最终方案的制订。

编辑阶段的作用是对意见进行组织和再表述,以简化后面的评估和选择。主要包括四方面的内容:

(1)数据编码

卡尼曼和托维斯基指出人们通常关注的是收益和损失,而不是财富或福利的最终状态。收益和损失是相对于某一参照点而言的,而参照点的选择通常又与现有资产状况有关,在这种情况下,收益和损失实际上就是得到或付出的金额。编码(coding)就是根据参考点,把前景行为组合编译成决策者自己的收益或损失。然而,参考点的定位及损益的确认在一定程度上可能受所给前景的模式或决策者的预期的影响。

(2)整合

整合(combination)出现相同结果的概率,即将结果相同的状态进行合并,这样可以简化问题。

(3)分解

分解(segregation)是将"前景"分解成无风险因子和有风险因子,如期望(200,0.7;100,0.3)可以分解为确定性收益 100 与有风险的期望(100,0.7)两部分。

(4)约减

约减(或删除,cancellation)分两种情况:一种是人们在选择中抛开不同"前景"中共有的部分(分离效应),即在一个分有两阶段的前景中,会忽略第一阶段而只考虑第二阶段的部分;另一种是人们常常抛弃共有的组成部分。

在编辑阶段后,决策者将对前景进行估值,并选择出价值最大的前景。被编辑的总价值 V 将用两个尺度进行衡量,即价值函数 $V(x)$ 和决策权重函数 $\pi(p)$。其中 $V(x)$ 反映结果的主观价值,其衡量该结果偏离参考点的程度也就是它衡量的是收益或损失的价值。$h_t = \alpha_0 + \alpha(B)\varepsilon_t^2 + \theta(B)h_t$ 表示与每一个概率 p 相对应的决策权重,它与客观概率有本质区别,反映了概率 p 对前景的全部价值的影响程度。

前景理论的基本方程描述了权重函数和价值函数结合起来去确定前景的总价值。如果 $(x,p;y,q)$ 是一般性或正常的前景(即要么 $p+q<1$,要么 $x>0>y$,要么 $x<0<y$),那么

$$V(x,p;y,q) = \pi(p) \cdot V(x) + \pi(q) \cdot V(y) \tag{7.1}$$

式中 $\pi(\cdot)$——权重函数;

$V(x)$、$V(y)$——前景不同结果的价值。

对于前景的结果是严格为正或严格为负,前景理论认为,这时投资者的评价原则与正常的前景的评价是不同的,在编辑阶段,对于这种绝对为正或绝对为负的前景,投资者往往先将其分解为两个部分,其中一个部分是无风险的部分,如确定获得的最小利得或确定支付的最小损失;另一部分是有风险性部分,如可能发生的利得或损失。这种情况的评价方式可表示为

$$V(x,p;y,q) = V(y) + \pi(p) \cdot (V(x) - V(y)) \tag{7.2}$$

也就是说,严格为正和严格为负的前景的价值等于无风险部分的价值 $V(y)$ 和不同结果之间的价值差 $(V(x) - V(y))$ 乘上比较极端(概率极端)的结果的相关权重 $\pi(p)$ 的和。进一步而言,式(7.2)可以转化为

$$V(x,p;y,q) = \pi(p) \cdot V(x) + (1 - \pi(p)) \cdot V(y) \tag{7.3}$$

若 $\pi(p) + \pi(1-p) = 1$,则式(7.3)就可以转化为式(7.2),即严格为正(负)的前景的价值与正常前景的价值是一致的。但是,$\pi(p) + \pi(1-p) = 1$ 这一条件并不是始终成立的。

价值函数是前景理论中用来代替效用的概念,它与传统期望效用函数的区别在于它不再是财富的函数,而是利得或损失的函数,从而将价值载体落实在财富的变化量而非最终状态上。该价值函数有两个显著属性:

(1)价值函数是相对于参考点的单调递增反 S 形的函数,即价值函数凹向于利得(风险规避,risk averse)而凸向于损失(风险追求,risk seeking)。

(2)在参照点附近,其边际损失要比边际收益敏感,即价值函数在损失部分上的斜率比获利部分上的斜率要大,用图形表示就是损失部分的曲线要陡于收益部分的曲线,如图7.3所示。

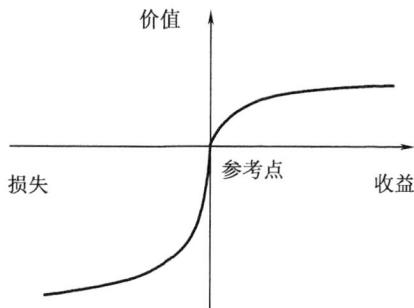

图 7.3 价值函数

可见,行为金融的前景理论能够有效说明中国股市现行的对称性制度与非对称性效应的行为关系。基于前述分析可知,投资者的投资心理是非对称的,因此投资者的投资行为就会体现出这种非对称性特征,进而反映到市场中就会导致市场收益率波动的非对称性。根据图7.3,相对于参考点而言,投资者的选择具有非对称性的特点,非对称性特点是在实际的研究过程中所选择的针对点的主要依据。这种情况的客观存在实际上说明了对投资者来说对称性交易制度也同样会表现出一定的非对称性,这一特点决定了投资者对对称性交易制度的反应也必然是非对称的,从这一特点出发我们可以认为,在现阶段中国大的金融环境下,中国股市现行的对称性涨跌幅政策亦会导致非对称效应。

7.4　本章小结

为了稳定资本市场的价格波动情况,各国分别根据自己的资本市场的运行特点制定了不同具有针对性的价格稳定交易机制,有受限交易和非受限交易,而为了防止垄断和价格操纵,几乎所有的市场均采用受限交易,受限交易又可根据设置不同的涨跌幅分成对称性限制交易制度和非对称性限制交易制度。本章主要论述了证券市场的交易机制与收益率分布的关系,经过分析可知,对称性限制交易制度会造成非对称性的收益率波动效应,并根据行为金融的相关理论对对称性限制交易制度导致的非对称性波动效应做出了解释。

第8章 中国证券市场的发展及非对称性证据

8.1 中国股票市场发展简要回顾

与西方成熟的资本市场相比,中国股票市场不仅发展的时间短,而且发育程度也较低,从上交所和深交所成立至今,中国股票市场也仅仅只经历了31年的发展历程。然而,在这短短的31年中,中国股票市场作为国民经济的重要组成部分,不仅其发展速度极其迅速,而且现已初步形成由主板市场、中小企业板市场、创业板市场和场外交易市场构成的相对完善的多层次资本市场体系。截至2013年年底,中国沪深两市已经有上市股票共计2 515只,其中上海证券交易所上市959只股票,深圳证券交易所上市1 556只股票,投资者人数达7 094.54万户,累计为各类上市企业融资6 885亿元,总市值约占GDP的41.77%①。股票市场的发展极大促进了国民经济的发展,强力地支持着国有企业改革与改制,最大限度地引导着经济结构的转型升级,提振了企业乃至全社会的创新能力。

中国股市在取得巨大成就的同时,也存在一些明显的缺陷与问题,主要体现在以下两个方面。

1.信息披露不规范,投资者难以依据公开信息形成合理预期

中国证券市场信息披露不规范的问题具体体现在:

(1)信息披露非主动性

存在部分上市公司不能正确地审视信息披露的作用,不能将其作为企业的责任和义务。尤其是上市公司出现亏损时,考虑到公司的自身利益,就不能主动地进行信息披露。这种现象的产生与上市公司管理行为有关,管理者往往希望尽可能地抑制负面信息在市场中的传播,不能主动面对负面信息。

---

① 数据来源于锐思金融研究数据库。

（2）信息披露不及时

上市公司一直处于动态变化中，若不能及时提供信息披露，就会导致投资者对市场情况把握不清。因此，考虑到股票价格会受到市场信息的影响，上市公司往往会拖延信息披露时间。在此背景下，中国出台了相关披露规定措施，如要求上市公司按照要求披露业绩信息，这就改变了传统的滞后公布财报的局面。

（3）信息披露不充分

部分上市公司在信息披露中故意掩盖事实，不能充分地披露各种信息，导致披露信息存在片面性，具体表现在：①不能充分披露与上市公司业务相关的企业；②不能充分披露企业财务指标信息；③不能充分披露企业盈利信息及投资流向；④不能充分披露企业经营的关键事务；⑤不能充分披露企业重要信息，故意遮掩经营情况。投资者非常容易受到披露信息不充分的影响，采取不合理的投资行为，最典型的案例就是浏阳花炮企业。

（4）信息披露不规范，缺乏机制约束

中国上市公司存在信息披露不规范的现象，不能采取有效的约束机制，导致市场中信息公布存在随意性，扰乱市场的正常秩序。信息披露不规范就严重限制了信息披露的严肃性，导致投资者不能获取准确的市场信息，让投资者不能及时掌握投资企业的变化情况。例如，2006年8月，中石化公开否认股改信息，在发布声明后的一段时间就公开进行了股改，这种现象严重影响了信息披露的严肃性，容易对投资者产生误导，促使投资市场产生浮动。

（5）信息披露不准确，存在虚假信息披露现象

信息披露的弄虚作假现象严重危害了市场稳定发展，某些企业在市场中故意遮掩经营亏损问题，披露虚假信息，用各种不正规策略误导投资者。其中，在市场内引起关注的虚假信息披露包括银广厦、湖北猴王、湖北蓝田以及科龙。在有关调查数据中显示，2005年有约30家上市企业被证监会处罚和交易所公开谴责，其中，有20多家被立案调查，这些企业都不能按照规定进行信息披露。同时，若上市公司的不规范信息披露被公布，必然就会导致其股价大幅下跌。此外，还有在未发生信息披露前就出现股价下跌的情况。在市场中存在大量的上市企业不规范地进行信息披露，导致股票价格大范围变化。为了防止该种情况的恶化，中国交易所和证监会严格规定了上市公司披露信息准则，约束上市企业进行规范的信息披露。

2. 投资者构成不成熟，持股稳定性过低

中国股票投资者专业水平偏低，在投资中往往选择短期投资。根据A股市

场估值分析可知,1990—2013年间 A 股上市公司整体市盈率情况如图 8.1 所示。其中,平均市盈率达到 35.06 倍,最大值达到 64.43 倍,最小值达到 15.8 倍,两者之间的差距约为 3 倍,其中,数据的标准差大小是 13.18[①]。可以看出,市盈率水平存在普遍的偏高现象。相比于其他西方发达国家市场定价,中国市场定价标准变化过大,甚至高于在泰国发生金融危机前的市盈率。这种现象就说明了中国投资者定价基准变化幅度范围太大,投资者的行为也缺乏专业指导,具备投机性特点,导致股票市场更加不稳定。

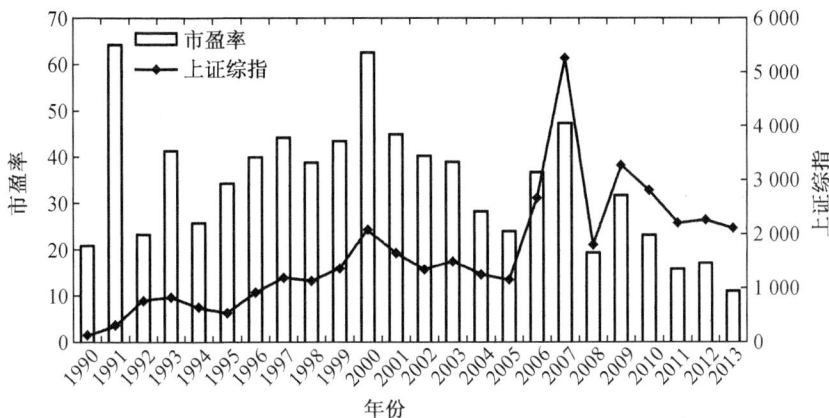

图 8.1 1990—2013 年上证指数市盈率变化图

此外,中国投资者投资周期通常偏短,短时间内的交易次数偏多,这也说明了中国股票换手率处于较高水平。1990—2013 年中国股票市场交易换手率如图 8.2 所示。统计资料显示,1990—2013 年中国股票市场的平均换手率在141.46% 以上。在股票市场市值研究中,中国 2013 年市场占 GDP 的 41.77%,超过 GDP 的五分之二[②]。在此背景下,中国股票市场变化范围过大,尤其是市场信息发布不规范的情况下,市场受到的影响也变得更加复杂。根据调查数据可知,2013 年 A 股市场的换手率为 91.59% 。

中国证券投资者可以分为两类,即个人投资者和机构投资者,其中,机构投资者比个人投资者受市场影响更大。按照构成比例可以分成两个阶段:

---

① 数据来源于锐思金融研究数据库。
② 数据来源于锐思金融研究数据库。

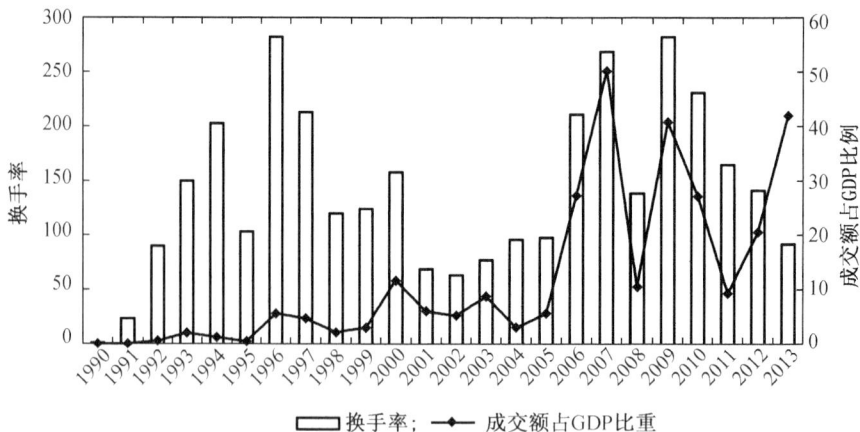

图 8.2　1990—2013 中国股票市场交易换手率与占 GDP 比重图

第一个阶段,1990—2002 年,该阶段投资以个人投资者为主,机构投资者尚未形成主导力量,同时,机构投资者也存在大量的不规范投资行为。受机构投资者非理性行为的影响,证券市场出现了周期性的变化。个人投资缺乏专业知识,投资动机中过多强调股票价格,缺乏对投资对象的关注,在投资中缺乏对投资环境的分析,从而导致个人投资呈现非理性化。在这种背景下,证券市场的变化受到了机构投资者的不规范行为的影响,出现周期性的变动,导致股价受到庄家的操控,使证券市场出现大范围的波动。

第二个阶段,2003 年至今,随着中国经济体制的不断完善,证券市场的投资者行为也向规范化发展,其中,最典型的就是基金投资机构,它们在投资过程中严格控制投资行为,以良好的投资取向实施专业化的投资,从而在市场中取得良好的主导权,中国股市中的投资者更多地受到机构投资者和价值投资者的影响。在该过程中,机构投资者发生了重要变化,采取符合市场发展的投资理念,达到维持市场稳定的效果,并影响了中国个人投资者的投资行为。然而,中国证券市场仍然存在不规范现象。例如,"正反馈交易""行为偏差"及"羊群现象"在某种程度上都说明了证券市场存在不稳定性。

8.2　中国股票市场收益率波动特征的统计描述

在本章中,我们将综合上证指数和深证指数作为研究的标的,按照所采集的样本数据,从收益率波动性的角度对其进行详细的统计分析。为了较准确地提出统计分析的假设,在此我们先对股市建立日始到 2012 年底的数据进行描述性统计分析,描述性统计分析的结果见表8.1和图8.3、图8.4。观察整个样本数据的变动情况则不难发现,中国股票市场发展的早期阶段（1990—1995年）和近期（2005 年至今）日收益率具有相似的运行特征,即中国股票市场在不断的调整和完善过程中逐步向快涨快跌的态势发展,波动性的表现日益明显,甚至很多交易日内的涨跌幅度已经超过了 3% ,而中国股票市场发展的中期（1995—2000 年）则表现出鲜明的慢涨慢跌态势。但总体来说,中国股市运行保持了波动性较强的格局。

表8.1　沪深股市指数日收益率统计分析表

指数	均值	中值	最大值	最小值	标准差	偏度	峰度	J－B 统计量
上证综指	0.000 12	0.000 25	0.288 61	－ 0.179 05	0.022 88	1.192 42	19.483 88	47 760.001
深证成指	0.000 44	0.000 29	0.210 76	－ 0.184 09	0.019 68	－ 0.010 89	8.017 72	4 334.806

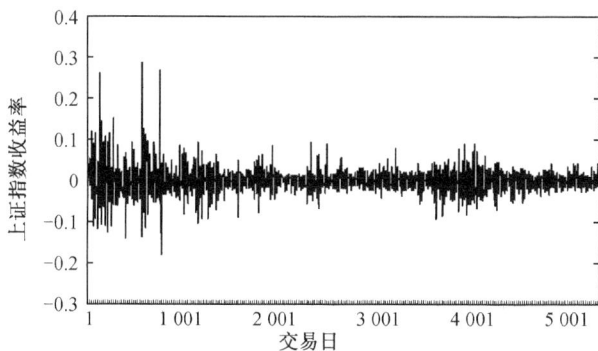

图 8.3　上证综指收益率时间序列图

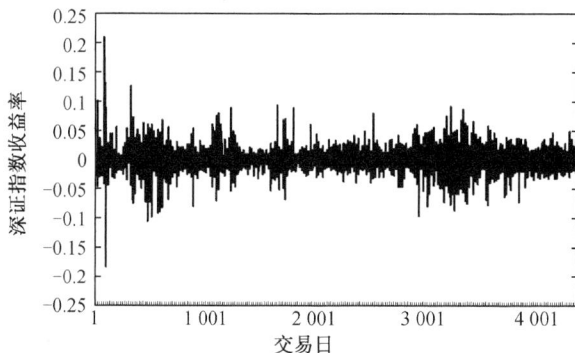

图 8.4　深证综指收益率时间序列图

通过对图 8.3 和图 8.4 的分析可以发现,在时间当量进一步增加的过程中,中国股票市场的整体波动性正在逐步降低,这一变化以 1996—1997 年为主要的转折点,在此之前,股票市场由于整体规范性相对较差而呈现出阶段的波动性;而在此之后,波动性明显降低,这种情况的出现可能是因为受到政府推出涨跌停板制度的影响。进一步观察图 8.3 和图 8.4 所示的两市收益率波动率情况,不难发现在中国股票市场中,这种波动性是具有长期性、持续性特征的。

在这里我们以 1996 年年底管理层推出涨跌停板制度为前后分界点,将中国的股票市场划分为两个部分。第一个部分具有非常强的波动性特征,截至1996 年上半年,中国两大交易所曾经出现过五次大规模的震荡,在对社会经济带来巨大影响的同时,也表现出相对于西方发达国家股票市场的不成熟。在这五次大规模的波动中,我国波峰、谷底的波动相差 360% ,而这一指标在美国纽约、新加坡市场中分别为 66% 和 110% ,远低于这一阶段中国股票市场的波动水平。而随着中国股票市场规范性的提升,政府出台的一系列限制措施都极大降低了股市的波动性,加之当时政府的招商引资进一步规范化,有效缩小了市场的波动性。但是必须认识到,当前中国市场的波动性仍然高出国际平均水平,如 2000 年 2 月 14 日,两市上千只股票大半达到涨停。

8.3　非对称效应的实证研究

8.3.1　非对称效应模型概述

波动不对称性现象检测的主要方法包括:①简单回归分析法,利用波动和收益实行回归分析,从而验证证券市场的波动不对称;②非对称随机波动模型;③非对称 GARCH 模型族。

根据应用历史可知,在过去较早阶段采用的分析方法主要为简单回归分析法,目前所采用的较广泛的方法为非对称 GARCH 模型族法,而在未来拥有应用前景的为非对称随机波动模型法。本书在介绍 ARCH 模型的基础上,主要介绍五种常用的非对称 GARCH 模型族,即 ARCH 模型、GARCH 模型、GARCH – M模型、TGARCH 模型和 EGARCH 模型。

(1)ARCH 模型

自回归条件异方差模型的表示为

$$y_t = x_t\beta + \varepsilon_t \tag{8.1}$$

此时,若随机干扰项的平方 ε_t^2 服从 ARCH(q)过程,即

$$\varepsilon_t^2 = \alpha_0 + \alpha_1 \varepsilon_{t-1}^2 + \cdots + \alpha_q \varepsilon_{t-q}^2 + \eta_t \qquad (8.2)$$

为了便于研究,ARCH(q)模型又可以表示为

$$\varepsilon_t = \sqrt{h_t} \cdot v_t \qquad (8.3)$$

式中,v_t 为独立同分布,且 $E(v_t) = 0$,$D(v_t) = 1$,$\alpha_0 > 0$,$\alpha_i \geqslant 0 (i = 1, 2, \cdots, q)$,且 $\sum_{i=1}^{q} \alpha_i < 1$。

$$h_t = \alpha_0 + \alpha_q \varepsilon_{t-1}^2 + \cdots + \alpha_q \varepsilon_{t-q}^2 = \alpha_0 + \sum_{i=1}^{q} \alpha_i \varepsilon_{t-i}^2 \qquad (8.4)$$

ARCH 模型表明在经济时间序列中可以预测到比较明显的变化,并且这种变化具有特定类型的非线性依赖性。

(2) GARCH 模型

如果

$$h_t = \alpha_0 + \alpha_1 \varepsilon_{t-1}^2 + \cdots + \theta_1 h_{t-1} + \cdots + \theta_p h_{t-p} = \alpha_0 + \sum_{i=1}^{q} \alpha_i \varepsilon_{t-i}^2 + \sum_{j=1}^{p} \theta_j h_{t-j}$$

$$(8.5)$$

式中,$p \geqslant 0$,$q > 0$;$\alpha_0 > 0$,$i = 1, 2, \cdots, q$。

则服从 GARCH(p,q)过程。

式(8.5)用 B 代替后为

$$h_t = \alpha_0 + \alpha(B) \varepsilon_t^2 + \theta(B) h_t \qquad (8.6)$$

式中,$\alpha(B) + \theta(B) < 1$,则 GARCH($p,q$)是宽平稳的;$h_t$ 表示以往全部残差的正加权平均值,通过这一符合能够更好地实现波动率的聚集效应。

GARCH 模型比 ARCH 模型具有更多的优势,具体包括:高阶的 ARCH 模型能够被 GARCH 模型所取代,这就可以方便模型的识别与估计。不仅如此, GARCH 模型不仅继承了 ARCH 模型的优点,而且还具备了更好的性能。当然, GARCH 模型应用中也存在一定的问题,主要体现在以下两个方面:

①关于收益变化和资本市场收益的关系,GARCH 模型缺乏足够的说明,因此,残差不受波动大小的影响,也就是价格正、负不会对条件方差产生影响。然而,根据研究结果可知,出现利空消息就会导致波动增大;相反,如果出现了利好消息,那么波动的幅度就会在一定程度上减小。之所以会出现这一现象,主要是因为 GARCH 模型中没有考虑非对称性现象。因此,GARCH 模型在应用的过程中缺乏对收益变化和资本市场收益的关系的说明和解释。

②在估计中 GARCH 模型存在震荡现象,若将式(8.6)的各个系数都假设为正数,就能认为 h_t 为非负数。这种假设就说明 ε_t^2 滞后项增大都能增大 h_t 值,从而去除了 h_t 随机波动现象。

正是因为 GARCH 模型在应用中存在上述问题,因此,学者们对其进行了改进,由此推出了 GARCH－M 模型、TGARCH 模型以及 EGARCH 模型,下面对这些新推出的模型进行具体的介绍。

(3)GARCH－M 模型

GARCH－M 模型是在 GARCH 模型基础上发展起来的。通过对 GARCH－M 模型的详细分析可以发现,该模型的函数实质上就是在式(8.1)右边增加一项 $g(h_t)$,具体说来,ARCH－M 模型的函数表达式为

$$y_t = x_t\beta + \varepsilon_t g(h_t) + \varepsilon_t \tag{8.7}$$

$$\varepsilon_t = \sqrt{h_t} \cdot v_t$$

$$h_t = \alpha_0 + \sum_{i=1}^{q} \alpha_i \varepsilon_{t-1}^2 = \alpha_0 + \alpha(B)\varepsilon_{t-1}^2$$

由于此模型中的参数与之前模型的参数是相同的,因此在这里就不再进行解释。如果 $h_t = \alpha_0 + \alpha(B)\varepsilon_t^2 + \theta(B)h_t$,则称之为 GARCH－M 模型或 ARCH－M 模型。

在 ARCH－M 模型中,收益率方差的增加会导致预期收益率的增加。通过进一步的研究可以发现,$g(h_t) = \log(h_t)$,则通过此模型来得出的结果将更加准确。

(4)TGARCH 模型

很多学者都对 TGARCH 模型进行过研究,TARCH 模型是 Zakoian 等人通过大量研究后提出的,该模型的条件方差如下:

$$\sigma_t^2 = \omega + \alpha u_{t-1}^2 + \gamma u_{t-1}^2 d_{t-1} + \beta \sigma_{t-1}^2 \tag{8.8}$$

式中,$\gamma u_{t-1}^2 d_{t-1}$ 表示非对称效应项;d_{t-1} 表示虚拟变量,为了让模型的分析效果更加理想,$d_{t-1} = 1$;当 $u_{t-1} < 0$ 时,$d_{t-1} = 1$;当 $d_{t-1} = 0$ 时,如果 $\gamma \neq 0$,说明存在非对称效应。

通过对式(8.8)的观察可以发现,σ_t^2 非常依赖于 u_{t-1}^2,u_{t-1}^2 指上一期的残差平方;除此之外,σ_t^2 与 σ_{t-1}^2 也有着非常密切的关系。另外,式(8.8)在不同条件下所受到的影响是不同的,当 $u_{t-1} > 0$ 时,$d_{t-1} = 0$,此时并不存在所谓的非对称效应;当 $u_{t-1} < 0$ 时,$d_{t-1} = 1$,有 $\alpha + \gamma$ 倍的冲击。此处的冲击既可以是加大波动,也可以是减小波动。具体来说:

如果 $\gamma < 0$,非对称效应是减小波动;

如果 $\gamma > 0$,非对称效应是加大波动。

事实上 TGARCH 模型除了上述表达函数之外,还具有更高级的表达形式,其表达式为

$$\sigma_t^2 = \omega + \sum_{j=1}^{q} \beta_j \sigma_{t-j}^2 + \sum_{i=1}^{p} \alpha_i u_{t-i}^2 + \sum_{k=1}^{p} \gamma_k u_{t-k}^2 I_{t-k} \qquad (8.9)$$

（5）EGARCH 模型

指数型 GARCH 模型最早是由 Nelson 等提出来的，该模型实际是在 GARCH 模型的基础上设计出来的，通过对估计参数非负的强约束的改变，获得了这一全新的模型。在 Nelson 提出 EGARCH 模型后，Bollerslev 等又对其进行了进一步的研究，并使其得到了改善，目前，EGARCH 模型的条件方差方程为

$$\ln(\sigma_t^2) = \omega + \gamma \frac{u_{t-1}}{\sigma_{t-1}} + \beta \ln(\sigma_{t-1}^2) + \alpha \left| \frac{u_{t-1}}{\sigma_{t-1}} \right| \qquad (8.10)$$

式中，之所以用对数形式来表示，主要是为了使 σ_t^2 始终都是非负，由此可知，条件方差的预测值是非负的。如果 $\gamma \neq 0$，则冲击存在非对称性。

8.3.2 多层资本市场的基本统计特征和平稳性检验

现阶段，金融机构对资本市场运行情况进行测度时，需要测度的项目有很多，而其中非常重要的一个测度指标就是统计量的收益率以及风险。具体内容如下：

（1）在选取指标中，中国资本市场包括创业板市场、中小企业板以及主板市场，这些市场基础度量指标相应表示为创业板市场指数、中小企业板指数、深圳综合指数（简称深圳综指）、上证指数和收盘价。

（2）在选取样本数据中，通过式（1.1）来进行对数运算，这样做的主要目的就是避免异方差的出现。通过对中国资本市场的分析，最终选择的样本为上证指数与深圳综指样本数，这些数据的时间跨度从 1997 年 1 月 2 日—2012 年 12 月 31 日；创业板市场指数样本数据跨度为 2009 年 10 月 30 日—2012 年 12 月 31 日。[①]

通过对上述年份的数据分析可知中国资本市场运行整体分布情况，其中，上证指数收益率 R_1 和深圳综指收益率 R_2 表示主板市场收益率分布的大致情况；中小板收益率 R_3 表示的是中小企业板市场收益率分布的大致情况；创业板市场指数收益率 R_4 表示的是创业板市场的收益率分布的大致情况，根据分布情况可知四者均不满足正态分布。

为了验证创业板市场、中小企业板市场以及主板市场收益率，可以使用收益率序列的 $Q-Q$ 检验方法，按照正态分布的理论，假设两种分布一致，则 $Q-Q$

---

① 数据来源于锐思金融数据库。

图处于同一条直线,反之,则不处于同一条直线。R_1、R_2、R_3 和 R_4 的 $Q-Q$ 图如图 8.5 至图 8.8 所示。

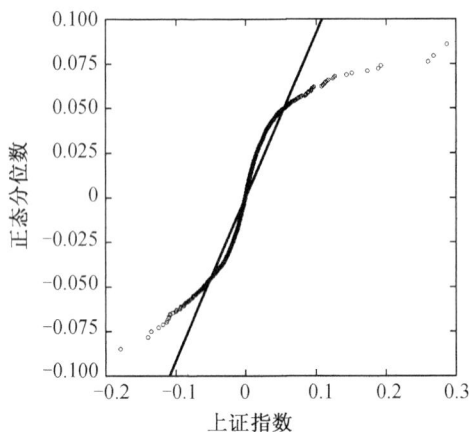

图 8.5 上证指数收益率 R_1 $Q-Q$ 图

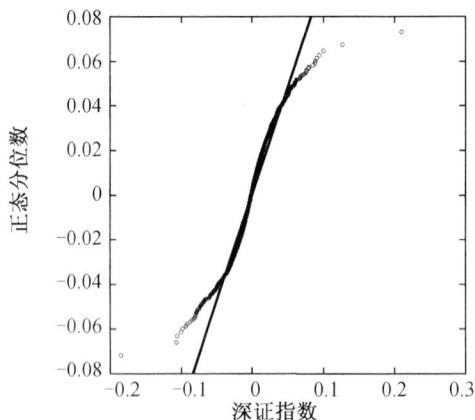

图 8.6 深证综指收益率 R_2 $Q-Q$ 图

由图 8.5 至图 8.8 可知,R_1、R_2、R_3 和 R_4 的 $Q-Q$ 图均不呈线性规律,说明这些市场指数收益率不满足正态分布规律。同时,图中显示上端向下斜,下端向上翘,表示以上市场收益率时间序列的分布式呈尖峰态,其尾部比正态分布厚。

为了更加明确各个序列的统计特征,分析了创业板市场、中小企业板市场及主板市场的指数收益率序列的均值、标准差、偏度、峰度、J-B统计量,具体分析结果见表 8.2。

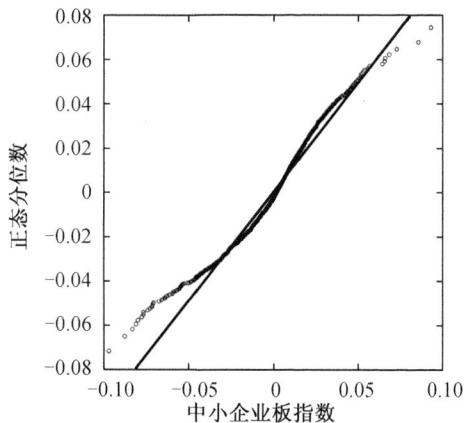

图 8.7 中小企业板收益率 R_3 Q-Q 图

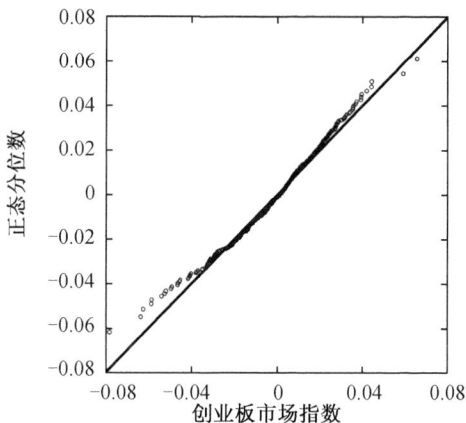

图 8.8 创业板市场指数收益率 R_4 Q-Q 图

表 8.2 四个市场收益率序列的描述统计

指数	均值	标准差	偏度	峰度	J－B 统计量	J－B 的 p 值
R_1	0.000 119	0.022 880	1.192 078	22.464 36	84 872.38	0
R_2	0.000 450	0.019 683	－0.011 266	11.002 22	11 633.22	0
R_3	0.000 927	0.021 287	－0.558 408	4.931 607	350.976 0	0
R_4	－0.000 667	0.019 960	－0.394 156	3.788 664	24.868 51	0.000 4

根据表 8.2 可知,创业板市场、中小企业板、深市主板市场及沪市主板市场指数收益率均为正值,并且大小依次减小;创业板市场、中小企业板、深市主板

市场及沪市主板市场标准差值逐渐减小,呈现典型的多层次资本市场风险结构特征。主板市场、中小企业板市场和创业板市场的收益率集中度依次增大,该值主要用来表示收益率波动变化范围,若该值较大就表示拥有变化浮动范围较小的收益率,相反地,则表示收益率波动浮动范围偏大。由此可见,创业板市场收益率波动幅度比其他板块要大一些。除此之外,根据上述三个市场指数收益率分布可知,其分布呈现尖峰后尾特点,存在个别极端值为负数;在显著性水平为5%的情况下,收益率序列的 J - B 检验值的概率在 0.05 水平以下,这就证实了市场收益率序列不满足正态分布规律。

在对平稳性进行检验的过程中,采取 ADF 检验方式,γ_4、γ_5、w 和 θ 单位根检验的相关值见表8.3。由表8.3可以看出,在5%显著性水平下,四个变量都是平稳序列,表明主板市场、中小企业板和创业板市场的收益率序列均是平稳序列。

表8.3　四个市场的平稳性检验

变量	ADF 统计量	p
上证综指收益率 R_1	- 7.591 6	0
深证成指收益率 R_2	- 7.036 8	0
中小企业板指数收益率 R_3	- 4.813 4	0
创业板市场指数收益率 R_4	- 6.356 5	0

8.3.3　多层资本市场的模型选择与估计

通过应用 ARMA(p,Q) 模型分析四个市场指数收益率,能够得出这四个市场的风险和收益关系。存在异方差时,选择有残差项的 GARCH(p,Q) 模型来分析将得到更准确的结果。

(1)沪深主板市场的回归模型

通过前面的分析,再结合收益率的自相关和偏自相关图可知,为了确保模型的效果,应当选择 ARMA$(4,4)$模型。首先,对上证指数和深圳综指的收益率做 AR(3)、AR(4)、MA(3)、MA(4) 和 AR(1)、AR(2)、AR(4)、MA(1)、MA(2)、MA(4)拟合计算,可以发现条件异方差是显著存在的。依据赤池信息(AIC)准则和施瓦兹(SC)准则,得到 R_1 和 R_2 的 GARCH$(1,1)$ - M 模型分别为

$$R_{1t} = 0.009\ 4 - 0.492\ 3R_{1t-3} - 0.522\ 8R_{1t-4} + 0.508\ 9\varepsilon_{1t-3} + 0.525\ 4\varepsilon_{1t-4} + 0.001\ 0\ln\sigma_t^2$$
$$(2.933\ 5)\quad(-11.288\ 2)\quad(-13.830\ 5)\quad(11.256\ 6)\quad(11.378\ 9)\quad(3.023\ 0)$$
$$\sigma_{1t}^2 = 5.67 \times 10^{-6} + 0.105\ 5\varepsilon_{1t-1}^2 + 0.879\ 4\sigma_{1t-1}^2 \tag{8.11}$$

$$(7.620\ 4) \quad (15.615\ 8) \quad (124.889\ 6)$$

$$R_{2t} = 0.010\ 2 - 0.496\ 1R_{2(t-1)} - 0.516\ 4R_{2(t-2)} + 0.509\ 0\varepsilon_{2(t-4)} + 0.522\ 6\varepsilon_{2(t-1)} +$$

$$(3.076\ 0) \quad (-10.102\ 6) \quad (-10.303\ 9) \quad (11.256\ 6) \quad (11.378\ 9)$$

$$0.572\ 8\varepsilon_{2(t-2)} + 0.572\ 8\varepsilon_{2(t-4)} + 0.002\ 4\ln \sigma_{1t}$$

$$(3.023\ 0) \quad (-3.129\ 2) \quad (3.178\ 9)$$

$$\sigma_{1t}^2 = 5.67 \times 10^{-6} + 0.105\ 5\varepsilon_{1t-1}^2 + 0.879\ 4\sigma_{1t-1}^2 \tag{8.12}$$

$$(7.620\ 4) \quad (15.615\ 8) \quad (124.889\ 6)$$

根据以上模型可知,模型系数为显著的即不存在条件异方差和自相关问题。同时,为了检验两模型是否为平稳序列,可以将方差和均值方程系数相加,验证可知均为平稳序列。

根据模型分析可知,风险、滞后期和对数收益率关系可以利用指数相对于风险弹性系数表示,就是方程对数方差前系数。可以看出,深圳综合指数的弹性系数为0.002 4,上证指数的弹性系数为0.001 0,均为正数。因此,在出现风险变大的过程中,收益率相应地增大,该结果与收益和风险关系相吻合;两个系数均为小于1的数,这就表示风险增加1%,指数增长率则小于1%,说明指数变化不能引起市场变化过大,导致市场变化不能获得及时反馈,也就说明指数失真;此外,根据投资风险分析,当市场风险变大1%时,深圳综指增长0.002 4%,上证指数增长0.001%。由此可知投资者投资的风险要大于投资可能得到的补偿。另外,这一数据还反映了中国投资者投机性较高。根据主板市场指数结果分析可知,上证指数和深圳综指都处于较高的投机性水平,上证指数比深圳综指的投机性较弱。根据方差方程分析可知,GARCH项系数值都较大,这就说明了中国主板市场存在波动行为的持续性为显著特征,同时,本期波动和上期波动存在明显的关联性。

（2）中小企业板市场的回归模型

对 γ_2 建立 GARCH(1,1)-M 模型如下:

$$R_{3t} = -0.381\ 1R_{3(t-2)} - 0.882\ 6R_{3(t-4)} + 0.366\ 0\varepsilon_{3(t-2)} + 0.905\ 8\varepsilon_{3(t-4)} - 0.000\ 4\ln \sigma_{3t}$$

$$(-7.160\ 4) \quad (-68.315\ 0) \quad (7.887\ 0) \quad (249.683\ 1) \quad (-3.173\ 8)$$

$$\sigma_{3t}^2 = 1.30 \times 10^{-5} + 0.102\ 6\varepsilon_{3(t-1)}^2 + 0.865\ 0\sigma_{3(t-1)}^2 \tag{8.13}$$

$$(3.407\ 4) \quad (6.161\ 3) \quad (43.386\ 9)$$

从上述模型可知,ARMA 模型和 GARCH 模型是平稳的,并且模型的各系数都是显著的。另外,指数风险弹性系数为 -0.000 4,表明收益率与风险呈负相关;同时,市场风险变大1%,股指收益率就损失了 0.000 4%,相应的,投资者的投资风险将大于风险补偿,可能需要处理更大的经营风险。

（3）创业板市场的回归模型

根据创业板市场指数收益率 R_4 建立 GARCH(1,0)模型,模型为

$$R_{3t} = 0.087\ 9 + 0.600\ 3R_{3t-5} - 0.590\ 5\varepsilon_{3t-5} + 0.022\ 2\ln\sigma_{3t}$$
$$(2.248\ 6)\quad(4.243\ 9)\qquad(-4.063\ 0)\qquad(2.478)$$
$$\sigma_{3t}^2 = 0.043\ 9\varepsilon_{3t-1}^2 + 0.902\ 8\sigma_{3t-1}^2 \tag{8.14}$$
$$(2.181\ 9)\qquad(20.904\ 8)$$

根据模型分析可知,GARCH 和 ARMA 模型都是平稳的,然而,风险弹性系数基本趋近于零,这就表示市场风险和收益率显著性不明显。同时,根据方差方程中的 GARCH 项分析可知,这就表明创业板市场存在显著的持续性波动特征,该特征受到滞后期的影响。

8.3.4　中国多层资本市场的一致性检验

多层资本市场主要包括:波动性以及收益率,本章进行了这两层面的一致性检验。

为了验证中国多层资本市场收益率的显著性差异特征,分别对四个市场收益率进行一致性检验。按照假设检验分析方法,若平均收益率不存在差异,即 $H_0:R_i = R_j(i=1,2,3,4,j=1,2,3,4)$,备择假设为至少有两个市场的平均收益率存在显著差异,即 $H_1:\exists R_i \neq R_j(i,j=1,2,3,4)$。而对于波动性的一致性检验,即市场风险的一致性检验,这里原假设与备择假设为 $H_0:\sigma_i = \sigma_j(i=1,2,3,4,j=1,2,3,4)$;$H_1:\exists\sigma_i \neq \sigma_j(i=1,2,3,4,j=1,2,3,4)$。按照方差分析法来验证以上假设,获得的波动性和收益率和方差分析结果见表 8.4 和表 8.5。

表8.4　收益率方差分析

方差来源	平方和	自由度	均方	F	p
因素 A	0.000 995	3	0.000 332	0.866 893	0.467 9
误差	2.867 146	7 494	0.000 383		
总和	2.868 141	7 497			

表8.5　波动性方差分析

方差来源	平方和	自由度	均方	F	p
因素 A	0.000 172	3	0.000 057 3	676.153 5	0.000 1
误差	0.000 634	7 477	0.000 000 08		
总和	0.000 806	7 480			

通过对表 8.4 所提供数据的初步分析我们可以发现,在两种不同的显著性水平之下的平均收益率变动情况并不明显,这种情况的客观存在说明在收益率方面国内几大股票板块市场是具有一致性的。而通过对表 8.5 的简单分析可知,四大板块市场的波动性具有较强的差异性,尤其是彼此之间的对比更加凸显出这种差异性。

通过上文所介绍的一致性的检验结果的分析和研究,充分的说明其在具体应用的过程中不同的资本市场针对投资期望收益具有典型的一致性,但是在不同的市场中,投资者必然面临差异化的风险,按照风险强弱的数据可以发现:创业板市场 > 主板市场。而这一情况的实际存在说明中国当前阶段的多层资本市场风险配置的整体效率水平并未达到最大。从中不难发现,中国资本市场中的投资者在具体投资过程中必须从实际情况出发,合理配置不同市场的风险,以此为基础,优化投资结构,将主要投资放在上证主板市场上进行投资。

8.3.5　中国多层资本市场的市场联动性

以本书前文所应用到的平稳性校验方法为基础,对包括上证主板市场在内的国大四大股票板块的收益率波动性以及风险序列进行平稳性检测,结果见表 8.6。其中,各个指数 p 均近似为 0,在一定程度上能够为我们所提出的波动均是平稳序列的论断提供支持,这一论断同样也是当前阶段中国市场经济发展过程中的一个新颖课题。

表 8.6　四个市场的收益率条件异方差平稳性检验

变量	ADF 统计量	p
上证综指收益率的条件异方差 σ_1^2	-9.5916	0
深证成指收益率的条件异方差 σ_2^2	-7.9368	0
中小企业板指数收益率的条件异方差 σ_3^2	-5.8134	0
创业板市场指数收益率的条件异方差 σ_4^2	-7.3565	0

根据 AIC 准则,可以得到如表 8.7 所示的 Granger 因果关系检验的相关统计量的结果。

表 8.7   四个市场收益率条件异方差的 Granger 检验

变量关系	原假设	滞后期	p
主板市场之间	σ_2^2 非 σ_1^2 的 Granger 关系	4	0
	σ_1^2 非 σ_2^2 的 Granger 关系	4	0
中小企业板市场与 主板市场之间	σ_3^2 非 σ_1^2 的 Granger 关系	3	0.011 9
	σ_1^2 非 σ_3^2 的 Granger 关系	3	0.042 6
	σ_2^2 非 σ_3^2 的 Granger 关系	1	0.318 2
	σ_3^2 非 σ_2^2 的 Granger 关系	1	0.501 2
创业板市场与主板市场之间	σ_1^2 非 σ_4^2 的 Granger 关系	1	0.040 8
	σ_4^2 非 σ_1^2 的 Granger 关系	1	0.027 6
	σ_4^2 非 σ_2^2 的 Granger 关系	3	0.731 4
	σ_2^2 非 σ_4^2 的 Granger 关系	3	0.322 3
创业板市场与 中小企业板市场之间	σ_4^2 非 σ_3^2 的 Granger 关系	1	0.694 1
	σ_3^2 非 σ_4^2 的 Granger 关系	1	0.042 0

实际上,对表 8.7 进行简单的处理后我们可以很容易地发现,显著性水平如果处于 5% 前后,那么相对于深圳综合指数、中小企业板和创业板股票市场收益率波动来说,上证指数具有更强的影响能力,能够对其他几个指标产生较强影响,并呈现出典型的 Granger 因果关系;中小企业板收益率的波动对创业板市场波动也存在显著的 Granger 因果关系;深圳综合指数的波动对中小企业板和创业板市场不具有显著的影响。

根据以上分析可知,中国市场投资者需要对上证主板市场指数给予充分重视。假若发现深圳主板市场指数变化时,上证主板市场指数基本维持不变,投资者就应该分析优化措施,以达到合理控制风险的效果。同时,当深圳主板市场指数出现长期变化时,中国投资者应该主动分析主板市场间的互动关系,进而给出最符合投资者利益的策略。

8.4   本 章 小 结

在上述理论分析的基础上,本章分析得出中国资本市场的波动是剧烈的,超过世界其他各国的平均水平,并具有长期性和持久性,而且是偏离正态分布的。同时,本书结合中国当前多层资本市场体系中的主体部分,以主板市场、中小企业板和创业板市场为研究对象,应用经验的研究方法来分析中国多层资本市场体系的实际运行状况与非对称交易机制。运用统计研究方法对中国多层资本市场的非对称效应进行经验证据分析,其中,对于参数的估计本章采用极大似然估计的方法。

第9章　中国主板市场非对称性交易机制设计

既然心理学实验告诉我们投资者面对参考点具有非对称的行为选择特征,并且前面的实证分析也表明,限价性交易制度具有改变收益率分布特征的功能,而收益率对称性分布又是实现市场有效的必要条件。那么,在我们是否可以通过设计一种非对称性限价交易制度安排来改善中国股票市场收益率分布的非对称状况呢? 以下我们将集中对这一问题进行探讨。

9.1　模型的设定

虽然描述非对称性的理论模型有不少,但适用于有记忆特点,符合协同功能,且考虑了时变性特征的有代表性的模型仍是 ARCH 类模型,这里我们选用第 5 章已经介绍过的 EGARCH 模型为基础模型。EGARCH 模型是 ARCH 模型的改进模型,它首先在条件方差 σ_t^2 中引入参数 g,使得 σ_t^2 在冲击 v_t 取正值和负值时变化不同,进而可以描述冲击对价格的非对称影响。其次,条件方差 σ_t^2 由指数形式表示,所以无论公式中参数取什么值,条件方差总是大于零,这样,就取消了对参数非负的约束,减少了工作量,同时,当 $\sum_{k=1}^{\infty} \beta_k^2 < \infty$ 满足时,EGARCH 过程为稳定的随机过程。

在实际的应用中,通常对模型(8.10)加以变换,由 $u_t = v_t \sigma_t$,可得变换 $v_t = \dfrac{u_t}{\sigma_t}$,于是模型(8.10)变换为

$$\ln(\sigma_t^2) = \alpha_0 + \sum_{j=1}^{p} \beta_j \ln(\sigma_t^2) + \sum_{i=1}^{q} \left(\alpha_j \cdot \left| \frac{u_{t-i}}{\sigma_{t-i}} \right| + \varphi_i \left| \frac{u_{t-i}}{\sigma_{t-i}} \right| \right) \qquad (9.1)$$

式(6.1)是 EVIEWS 软件默认的 EGARCH 模型。

当 $\varphi \neq 0$ 时,信息冲击对价格的影响是非对称的。当 $\varphi < 0$ 时,负冲击对价格的影响要大于正冲击;当 $\varphi > 0$ 时,正冲击对价格的影响大于负冲击。

EGARCH 模型的参数估计可以用极大似然估计。Nelson 建议假定随机干

扰$\{v_t\}$服从零均值和单位方差的广义误差分布(generalized error distribution, GED),其密度函数

$$f(v_t) = \frac{c\exp\left(-\left(\frac{1}{2}\right)\left|\frac{v_t}{\lambda}\right|^c\right)}{\lambda 2^{\left[\frac{c+1}{c}\right]} \Gamma\left(\frac{1}{c}\right)} \tag{9.2}$$

式中,c 是一个正的参数;$\Gamma(\cdot)$ 是 Γ 函数;λ 是常数,且 $\lambda = \left(\dfrac{2^{\left(-\frac{2}{c}\right)}\Gamma\left(\frac{1}{c}\right)}{\Gamma\left(\frac{3}{c}\right)}\right)^{\frac{1}{2}}$,

当 $c=2, \lambda=1$ 时,v_t 服从标准正态分布。当 $c<2$ 时,其密度函数比正态分布有更厚的尾部,其峰态系数大于 3;当 $c>2$ 时,其密度函数比正态分布有更薄的尾

部,且 $E|v_t| = \dfrac{\lambda 2^{\frac{1}{c}}\Gamma\left(\frac{2}{c}\right)}{\Gamma\left(\frac{3}{c}\right)}$,当 $c=2$ 时,有 $E|v_t| = \sqrt{\dfrac{2}{\pi}}$。

在实际应用中,Eviews 软件允许其在正态分布和学生 t 分布或者 GED 进行选择。

另外,Engle 和 Ng 还绘制出了非对称的信息冲击曲线,使得信息冲击的非对称性的影响变得更加直观。

设

$$f\left(\frac{u_{t-1}}{\sigma_{t-1}}\right) = m\left|\frac{u_{t-1}}{\sigma_{t-1}}\right| + n\frac{u_{t-1}}{\sigma_{t-1}} \tag{9.3}$$

令 $z_t = \dfrac{u_t}{\sigma_t}$,则

$$f(z_t) = m|z_t| + nz_t \tag{9.4}$$

函数 $f(z_t)$ 称为"信息冲击曲线",就是在冲击 $\dfrac{u_t}{\sigma_t}$ 下描绘的波动率 σ_t^2 的曲线。它将对数条件波动率与"信息冲击"联系起来。将利空信息和利好信息对波动影响的非对称性用图 9.1 表示出来,使表述更加直观。

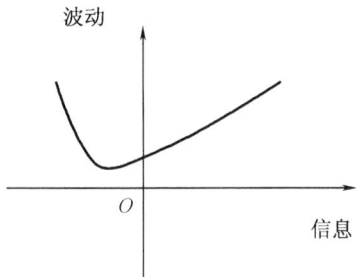

图 9.1   利好和利空的非对称信息曲线

9.2   修正的模型——基于价值函数的非对称波动模型

自从 GARCH 模型族建立以来,几乎所有与 ARCH 模型有关的新成果都是建立在 GARCH 模型的基础上的。大量学者用 EGARCH(1,1)和 TGARCH (1,1)模型来分析研究股市的非对称性。本书选择 EGARCH(1,1)模型为基准模型,因为 EGARCH 模型不仅考虑了非对称效应的影响,而且放宽了对系数的限制,同时在 EGARCH 模型的基础上融入行为金融的价值函数理论。

含收益率的 EGARCH(1,1)模型可以表示为

均值方程:

$$\begin{cases} r_t = \gamma x_t + u_t \\ u_t = v_t \sigma_t \quad v_t \sim N(0,1) \end{cases} \tag{9.5}$$

方差方程:

$$\ln(\sigma_t^2) = w + \theta\ln(\sigma_{t-1}^2) + \vartheta\ln(u_{t-1}^2) \tag{9.6}$$

前景理论告诉我们,投资者的行为取决于其对基于参考点的价值判断,而这种价值判断可以综合用价值函数表示,如果将价值函数纳入 EGARCH 模型,便可得到含投资者主观因素的 EGARCH 模型。参照 James W. Taylor 的研究,可以考虑将价值函数通过平滑转换指数平滑的方法融入方差方程的 u^2 项中。同时,方差的性质决定了市场正向波动与负向波动具有相同的效果,若只考察波动率的变动,市场收益率正负号的区分本身没有意义,与其对应的经济含义则是投资者的主观态度无论是积极的还是消极的都会对市场波动造成同样的影响,故此对价值函数做绝对值处理。现有的相关研究文献已经证实,中国股市收益率具有条件异方差性,这就决定了式(9.5)应采用带有残差项的模型

形式。

综合上述分析,我们就可以得到融入价值函数的非对称波动模型,即 VF-EGARCH-M 模型,该模型可视为 EGARCH 模型的修正模型,表示为

均值方程:

$$r_t = \gamma x_t + \ln\sigma_t^2 + u_t \tag{9.7}$$

$$u_t = v_t\sigma_t \quad v_t \sim N(0,1) \tag{9.8}$$

方差方程:

$$\ln\sigma_t^2 = w + \theta\ln\sigma_{t-1}^2 + \vartheta\ln u_{t-1}^2 \tag{9.9}$$

$$\vartheta = \eta_1 |u_{t-1}|^{\alpha} D(u_{t-1}) + \eta_2 |u_{t-1}|^{\beta} D(-u_{t-1}) \quad \alpha < 1, \beta < 1 \tag{9.10}$$

其中,$u_t \sim N(0,\sigma_t^2)$,且独立于 x_t、r_t,$D(u_{t-1})$ 为阶跃函数:

$$D(u_{t-1}) = \begin{cases} 1 & u_{t-1} \geqslant 0 \\ 0 & u_{t-1} \leqslant 0 \end{cases} \tag{9.11}$$

与 EGARCH 模型相似,上述模型中 x_t 与 r_t 分别为均值方程中的被解释变量与解释变量,由于模型中采用了对数方差形式,所以取消了对系数非负的限制。对数条件方差方程(9.9)中 $\ln\sigma_t^2$ 是对 $t-1$ 期信息所做的进一步预测,它不仅与 $t-1$ 期的预测方差的对数有关,还与 $t-1$ 期人们对信息的反应 $\ln u_{t-1}^2$ 有关。式(9.9)中 $\ln u_{t-1}^2$ 项为非对称效应项,利好信息和利空信息对条件方差的影响不同,$u_{t-1} > 0$ 表示前期信息为利好信息,$u_{t-1} < 0$ 表示前期信息为利空信息,$u_{t-1} = 0$ 表示没有信息冲击。因此,$\eta_1 |u_{t-1}|^{\alpha} D(u_{t-1})$ 为投资者对上升行情的主观态度,$\eta_2 |u_{t-1}|^{\beta} D(-u_{t-1})$ 为投资者对下跌行情的主观态度。ϑ 为投资者对股市的主观态度反应项。

若 $\eta_1 |u_{t-1}|^{\alpha} D(u_{t-1}) > \eta_2 |u_{t-1}|^{\beta} D(-u_{t-1})$,说明投资者对上升行情的反应大于对下跌行情的反应,上升行情对股市波动的影响要大于下跌行情;相反,若 $\eta_1 |u_{t-1}|^{\alpha} D(u_{t-1}) < \eta_2 |u_{t-1}|^{\beta} D(-u_{t-1})$,表明投资者对下跌行情的反应要大于对上升行情的反应,下跌行情对股市波动的影响要大于上升行情。

式(9.10)即为价值函数的演变,$D(u_{t-1})$ 保证了式(9.9)中信息不同时,不同的反应项所起的作用。而 α、β 值越大,且当 $\eta_1 |u_{t-1}|^{\alpha} > \eta_2 |u_{t-1}|^{\beta}$ 时,表示人们对利好信息的反应大于对利空信息的反应;相反,则表示人们对利空信息的反应大于对利好信息的反应。

9.3　模型的参数估计

9.3.1　极大似然估计方法原理

极大似然估计方法(maximum likelihood estimate，MLE)是通过对似然函数极大化以求得总体参数估计量的方法，是不同于最小二乘法的另一种参数估计方法，是从极大似然原理发展起来的其他估计方法的基础。极大似然估计方法比最小二乘法更能本质地揭示通过样本估计母体参数的内在机理，针对式(9.7)至式(9.11)模型的特殊性，本书采用极大似然的参数估计方法。

如果随机变量$\{y_t\}$服从正态分布，其密度函数为

$$f(y_t \mid X_t, Y_{t-1}, \theta) = \frac{1}{\sqrt{2\pi\sigma_t^2}} \exp\left(\frac{-(y_t - x_t\gamma)^2}{2\sigma_t^2}\right) \tag{9.12}$$

其中，σ_t^2为方差，θ、γ为待估参数。

T个观测值下的对数似然函数为

$$
\begin{aligned}
L(\theta) &= \sum_{t=1}^{T} \ln f(y_t \mid X_t, Y_{t-1}, \theta) \\
&= -\frac{T}{2}\ln 2\pi - \frac{1}{2}\sum_{t=1}^{T}\ln\sigma_t^2 - \frac{1}{2}\sum_{t=1}^{T}\frac{-(y_t - x_t\gamma)^2}{\sigma_t^2}
\end{aligned}
\tag{9.13}
$$

参数向量θ的极大似然估计$\hat{\theta}$满足方程$\dfrac{\partial L(\theta)}{\partial \theta} = 0$，采用 Taylor 展开式，取一次近似。设$\theta_0$为参数空间上的任意一点，可将$\dfrac{\partial L}{\partial \theta}$表示成

$$\left.\frac{\partial L}{\partial \theta}\right|_{\theta=\hat{\theta}} = \left.\frac{\partial L}{\partial \theta}\right|_{\theta=\theta_0} + \left.\frac{\partial^2 L}{\partial\theta\partial\theta'}\right|_{\theta=\theta_0}(\hat{\theta} - \theta) \tag{9.14}$$

令等式(9.14)为 0，可得

$$\hat{\theta} \approx \theta_0 - \left[\left.\frac{\partial^2 L}{\partial\theta\partial\theta'}\right|_{\theta=\theta_0}\right]^{-1}\left.\frac{\partial L}{\partial \theta}\right|_{\theta=\theta_0} \tag{9.15}$$

于是迭代公式

$$\hat{\theta}^{(s+1)} = \theta^{(s)} - \left[\left.\frac{\partial^2 \ln L}{\partial\theta\partial\theta'}\right|_{\theta=\theta^{(s)}}\right]^{-1}\left.\frac{\partial L}{\partial \theta}\right|_{\theta=\theta^{(s)}} \tag{9.16}$$

求$\theta^{(s)}(s=1,2,\cdots)$的收敛值

$$\lim_{S\to\infty}\theta^{(S)} = \hat{\theta} \tag{9.17}$$

式(9.17)即为所求的极大似然估计。

在通常状况下，金融事件序列的无条件分布不同于正态分布，它们具有更

厚的尾部。也就是说,即使式(9.8)中的 v_t 为正态分布,u_t 的无条件分布也是一个非正态分布。大量的事实表明,u_t 的条件分布常常是非正态的。

对于非正态分布,博勒斯莱文认为式(9.7)中的 r_t 可以取一个自由度为 k 的 t 分布,k 可视作由极大似然函数估计的参数。如果 u_t 是具有 k 个自由度规模参数为 $\dfrac{\sigma_t^2(k-2)}{k}$ 的 t 分布,当 $k>2$ 时,其密度函数为

$$f(u_t) = \frac{\Gamma\left(\dfrac{k+1}{2}\right)}{\pi^{\frac{1}{2}}\Gamma\left(\dfrac{k}{2}\right)}(k-2)^{-\frac{1}{2}}(\sigma_t^2)^{\frac{1}{2}}\left(1 + \frac{u_t^2}{\sigma_t^2(k-2)}\right)^{-\frac{k+1}{2}} \tag{9.18}$$

该密度函数可用来取代式(9.12)中的正态假定,未知参数向量变为

$$\theta = (\gamma^{\mathrm{T}}, \omega, \beta, \alpha_1, \alpha_2, \lambda_1, \lambda_2, k)$$

样本对数似然函数为

$$\begin{aligned}
L(\theta) &= \sum \ln f(y_t \mid X_t, Y_{t-1}, \theta) \\
&= T\ln\left(\frac{\Gamma\left(\dfrac{k+1}{2}\right)}{\pi^{\frac{1}{2}}\Gamma\left(\dfrac{k}{2}\right)}(k-2)^{-\frac{1}{2}}\right) \\
&= -\frac{1}{2}\sum_{t=1}^{T}\ln\sigma_t^2 - \frac{k+1}{2}\sum\ln\left(1 + \frac{(y_t - \gamma x_t)^2}{\sigma_t^2(k-2)}\right)
\end{aligned} \tag{9.19}$$

本书在下面的实证研究中,通过编程使用的似然函数选用式(9.19)。

9.3.2　参数估计的算法与初值选择

极大似然估计是比较常用的优化算法,但是一般的数值优化方法收敛性较差。在实际应用中为了比较准确、快速地求解估计参数,通常采用改进的算法。对于一般的非线性模型,有两个一阶导数方法可以选择:Gauss – Newton/BHHH 算法与 Marquardt 算法。

(1)Gauss – Newton/BHHH 算法

这个算法是利用每个观测值对目标函数的贡献的梯度向量的外积和代替黑赛矩阵的逆矩阵的负值。对于最小二乘和对数似然函数,在能够最大化函数的参数值上估计这个近似值,渐进等于实际的黑赛矩阵。但是在远离最大值时估计,这个近似值就会不好。

用梯度的外积近似替代黑赛矩阵的逆矩阵的负值的优点:

①仅仅需要估计一阶导数;

②外积必须是半正定的。

用梯度的外积近似替代黑赛矩阵的逆矩阵的负值的缺点:

在远离最大值的地方,这个近似值可能会给函数的总体形状提供一个不好的导向,所以就需要更多次的迭代以达到收敛。

(2)Marquardt 算法

Marquardt 算法修正了 Gauss – Newton 算法。解决了当梯度的外积接近于奇异值时的数学问题,并有可能提高收敛速度,这个算法使得更新的参数值沿梯度的方向进行估计。

在后续实证中,参数估计过程采用 Eviews 8.0 进行编程,在运算中可能出现运算域的错误导致无法评价样本中的似然贡献,此时 Eviews 自动停止。另外,初值选取不当也可能导致结果不是很理想,所以采用 SPSS 软件对参数进行多次拟合近似值作为模型的初始参数值。

9.4　对称涨跌幅限制与非对称波动的经验证据

以第三阶段上证指数为样本,对上证指数日收益率进行平稳性检验,经计算得 ADF 检验统计量为 $-60.303\,08(p=0.000\,1)$,表明上证指数日收益率在 1% 的显著性水平下是平稳序列。

又因为上证指数日收益率的分布呈现"尖峰厚尾"偏态特征,我们假设它服从 t 分布。根据日收益率的自相关和偏自相关图可知,选择 ARMA(4,4)模型是合适的,经反复尝试得,上证指数日收益率可按 AR(3)、AR(4) 和 MA(3)、MA(4)进行拟合,由此得到均值模型的具体形式为

$$r_t = C + \gamma_1 r_{t-3} + \gamma_2 r_{t-4} + \gamma_3 u_{t-3} + \gamma_4 u_{t-4} + \gamma_5 \ln \sigma_t^2 \qquad (9.20)$$

利用 Eviews 6.0 软件编程对参数进行极大似然估计,估计结果见表 9.1。

表 9.1　对称涨跌幅限制下非对称波动模型估计

参数	估计值	标准差	Z 统计量	p
C	$-0.004\,2$	$0.001\,4$	$-3.054\,8$	$0.002\,3**$
γ_1	$0.101\,7$	$0.035\,4$	$2.871\,5$	$0.004\,1**$
γ_2	$0.833\,9$	$0.033\,6$	$24.814\,3$	$0.000\,0***$
γ_3	$-0.081\,7$	$0.029\,6$	$-2.761\,9$	$0.005\,7**$
γ_4	$-0.900\,9$	$0.025\,5$	$-35.384\,5$	$0.000\,0***$
γ_5	$0.003\,5$	$7.070\,9$	$3.018\,9$	$0.002\,5**$
w	$-0.114\,1$	0	$-522\,212.4$	$0.000\,0***$
θ	$0.984\,7$	0	$117\,330.5$	$0.000\,0***$
η_1	$0.528\,8$	0	$-19\,945\,689$	$0.000\,0***$

表 9.1(续)

参数	估计值	标准差	Z 统计量	p
α	0.570 9	0.244 3	2.133 7	0.032 9 * *
η_2	0.217 4	0	117 330.5	0.000 0 * * *
β	0.152 1	0.070 8	2.149 2	0.031 8 * *
对数似然值	1 634.999	Akaiike 信息准则	−5.762 4	
平均对数似然比	20.395 4	Schwarz 准则	−5.685 5	
参数个数	12	Hannan − Quinn 准则	−5.732 4	

注：* * *和 * *分别代表在 1%和 5%的显著性水平上显著。

表 9.1 的估计结果表明，投资者对上升、下跌行情的主观态度项为

$$\vartheta = 0.528\ 8\,(\,|\,u_{t-1}\,|\,)^{0.570\ 9}D(\,u_{t-1}\,) + 0.217\ 4\,(\,|\,u_{t-1}\,|\,)^{0.152\ 1}D(\,-u_{t-1}\,)$$

$$(9.21)$$

式(9.21)中的所有估计参数都显著大于零，说明投资者的主观态度加剧了股市的波动，并且第一项大于第二项，说明投资者在上升行情下的主观态度对股市波动的影响大于下跌行情，对称性制度存在非对称效应。

9.5　非对称性涨跌幅限价政策幅度估算

由于投资者的反应具有非对称性，在考虑实施限价措施时，非对称限价措施应该会更有利于保持中国股市公平合理地运行，而制定非对称限价机制的关键在于寻求明确的控制性涨幅与控制性跌幅。为了估算出明确的控制性涨幅与控制性跌幅，这里我们从结果出发，以市场运行结果对称为目标，推算中国股市最优的涨跌幅度。

设中国股市在限价政策下的涨幅上限为 L_1，跌幅下限为 L_2，则 $\Pr(r_t > L_1) = \pi_1$ 为无限价交易下市场价格突破 L_1 的概率，$\Pr(r_t < L_2) = \pi_2$ 为无限价交易下市场价格跌穿 L_2 的概率，r_t 为日收益率。显然，π_1 和 π_2 也可视为价格波动异常的比率。

由于我们的目的是试图寻求 $\Pr(r_t > L_1) = \Pr(r_t < L_2)$ 中的 L_1 和 L_2，而 r_t 的分布我们只知道它不是正态的，且具有"尖峰厚尾"的特点，因此这里就无法利用正态分布的相关知识来解决。作为专门研究异常或极端事件概率分布及其统计特征的理论，极值理论已被广泛应用于金融风险分析领域。

极值理论是概率论的一个重要分支，主要研究随机样本和随机过程中极端

值的概率值以及统计推断。极值理论起源于水文地理学,如需要计算海墙要有多高以提防百年一遇的洪水。近年来,极值理论在金融领域也得到应用,被用于测量极端市场情况下的风险损失。根据极值数据取得方式的不同,极值理论可分为两类主要模型。比较早的一类是分块样本极大值模型(block maxima model,BMM),另一类是近年来发展起来的阈值(peaks over threshold,POT)模型。BMM 按照特定的时期把收益率序列分组,取每组内的最大值(block maxima)进行建模。POT 模型预先设定一个充分大的 Γ 值,对所有超过 Γ 值的观测值进行建模。由于 POT 模型有效使用了有限的极端观察值,因此通常被认为在实践中是最有用的,POT 模型又可以分为两类不同的分析方法,即围绕 Hill 估计量展开的半参数模型与基于广义帕累托分布的参数模型。

9.5.1　极值理论概述

极值理论研究极端值的分布,但极端值的精确分布难以估计,主要研究其渐进分布。下面我们首先给出极端值的定义。

设 $X_i, i = 1, 2, \cdots, n$,是取自总体分布函数 $F_x(x)$ 的一个样本,将其按大小顺序排列得到 $X_{(1)} \leqslant X_{(2)} \leqslant \cdots \leqslant X_{(n)}$,称($X_{(1)} \leqslant X_{(2)} \leqslant \cdots \leqslant X_{(n)}$)为次序统计量,$X_{(1)} = \min(X_1, \cdots, X_n)$,$X_{(n)} = \max(X_1, \cdots, X_n)$ 分别为样本极小值和样本极大值,统称为样本极值,它们的分布称为极值分布。由极值构成的样本数据具有独立同分布(IID)的特点。设 $F_1(x)$ 为样本极小值的分布函数,$F_n(x)$ 为样本极大值的分布函数,它们和总体分布之间具有如下关系:

$$F_1(x) = P(X_{(1)} \leqslant x) = 1 - (1 - F_x(x))^n \tag{9.22}$$

$$F_n(x) = P(X_{(n)} \leqslant x) = F_x^n(x) \tag{9.23}$$

由式(9.23)可见,如果知道总体分布就能得到极值分布。但是在大多数情况下,总体分布是未知的值,一般依据渐进理论获取 $n \to \infty$ 时的极值渐进分布。当 $n \to \infty$ 时,$F_1(x)$ 和 $F_n(x)$ 分别收敛于 1 和 0。我们可以类似于中心极限定理那样,考虑形如 $\frac{X_n - b_n}{a_n}$ 的分布,其中 $a_n > 0, b_n$ 是正则化常数序列,有 Fisher–Tippett 定理成立。

定理 9.1(Fisher–Tippett　设 X_n 是独立同分布随机变量序列,其分布是 F。设 $M_n = \max(X_1, \cdots, X_n)$,存在正则化常数序列 $a_n > 0, b_n$,非退化分布函数 H,如果

$$\lim_{n \to \infty} P\left(\frac{M_n - a_n}{b_n} \leqslant x\right) = \lim_{n \to \infty} F^n(b_n x + a_n) = H(x)$$

那么 H 是下列三种情况之一：

①Frechet 分布

$$\Phi_{\alpha}(x) = \begin{cases} 0 & x \leq 0 \\ \exp\{-x^{-\alpha}\} & x > 0 \end{cases}, \alpha > 0 \tag{9.24}$$

②Weibull 分布

$$\Psi_{\alpha}(x) = \begin{cases} \exp\{-x^{-\alpha}\} & x \leq 0 \\ 1 & x > 0 \end{cases}, \alpha > 0 \tag{9.25}$$

③Gumbel 分布

$$\Lambda(x) = \exp\{-e^{-x}\}, x \in \mathbf{R} \tag{9.26}$$

式中，分布函数 Φ_{α}、Ψ_{α}、Λ 都是累积分布函数，称为标准极值分布。Weibull 分布的定义域通常为 $(0, \infty)$，在极值理论中为 $(-\infty, 0)$。这些分布是相互联系的。

$$X \sim \Phi_{\alpha} \Leftrightarrow \ln X^{\alpha} \sim \Lambda \Leftrightarrow \frac{-1}{X} \sim \Psi_{\alpha} \tag{9.27}$$

鉴于统计的目的，应用以上三个极值分布族并不方便，Jenkinson 和 Von Mises 重新定义参数使得 $\xi = \frac{1}{\alpha}$，Frechet 分布、Weibull 分布和 Gumbel 分布能被归为一个单一参数的统一模型，就是广义极值分布（generalized extreme value distribution，GEV）。

$$H_{\xi}(x) = \begin{cases} \exp(-(1 + \xi X)^{-\frac{1}{\xi}}), & \xi \neq 0 \\ \exp(-e^{-x}), & \xi = 0 \end{cases} \tag{9.28}$$

式中，参数 ξ 是分布 H 的形状参数，$1 + \xi X > 0$。$\xi = \alpha^{-1}$，当 $\xi > 0$、$\xi < 0$ 和 $\xi = 0$ 时，分别对应于标准极值分布的三种形式 Φ_{α}、Ψ_{α}、Λ。他对于任意的随机变量 $X \sim F_x$，我们引入位置参数 $\mu \in \mathbf{R}$，尺度参数 $\delta > 0$，令 $\bar{X} = \mu + \delta X$，则 $F_{\bar{X}}(x) = F_x\left(\frac{x - \mu}{\delta}\right)$，$H_{\xi}(x)$ 就可以拓展为 $H_{\xi,\mu,\delta}(x)$：

$$H_{\xi,\mu,\delta}(x) = H_{\xi}\left(\frac{x - \mu}{\delta}\right) = \begin{cases} \exp\left(-\left(1 + \xi \frac{x - \mu}{\delta}\right)^{-\frac{1}{\xi}}\right), & \xi \neq 0 \\ \exp\left(-\exp\left(-\frac{x - \mu}{\delta}\right)\right), & \xi = 0 \end{cases} \tag{9.29}$$

如果 Fisher-Tippett 定理成立，我们说 F 在 H 的最大吸引场中，记为 $F \in MDA(H)$。满足式（9.24）的分布有很多，基本上所有统计上常用的连续分布都处于 ξ 取某个值的广义极值分布的最大吸引场中。如果 $F \in MDA(H)$，$\xi = 0$，则 F 称为瘦尾分布；如果 $F \in MDA(H)$，$\xi < 0$，则 F 称为短尾分布。瘦尾分布

$(\xi=0)$包括正态分布、指数分布、伽马分布、对数正态分布。短尾分布$(\xi<0)$有有限的右端点,包括均匀分布、贝塔分布。$F\in MDA(H),\xi>0$,则称为厚尾分布,根据 Gnedenko,它们有下列定理中的特点。

定理 9.2(Gnedenko)　对 $\xi>0$,当且仅当 $\overline{F}(x)=1-F(x)=x^{\frac{-1}{\xi}}L(x)$,其中 $L(x)$ 为慢变化函数,则 $F\in MDA(H)$。

其中,慢函数的定义如下:如果 $\lim\limits_{x\to\infty}\dfrac{L(tx)}{L(x)}=1,t>0$ 成立,则称 $L(x)$ 为慢变化函数。这些分布处在 Frechet 分布范围中,帕累托分布、柯西分布、t 分布、对数 Gamma 分布及各种混合分布等都属于这类分布,这类分布的尾部较厚,拟合金融数据相当好,在风险管理领域,这类分布最受关注。

9.5.2　分块极大值模型

极值理论主要包括两类模型:分块极大值模型和阈值模型。两类模型的主要区别在于极值数据的获取方法,BMM 通过对数据进行分组,然后在每个小组中选取最大的一个构成新的极值数据组,并以该数据组进行建模;POT 模型则通过事先设定一个阈值,把所有观测到的超过这一阈值的数据构成新的数据组,以该数据组作为建模对象。两个模型的共同点是只考虑尾部的近似表达,而不是对整个分布进行建模。

BMM 是一种传统的极值分析方法,主要用于处理具有明显季节性数据的极值问题,模型假设来自总体分布 F 未知的极值点相互独立,服从广义极值分布 $H_{\xi,\mu,\delta}$,也就是说 F 在 H 的最大吸引场中。例如,设 $X_1,X_2,\cdots,X_{mn}$ 为某一金融工具每天的负收益(损失),把它们分成 m 组,每组有 n 个数据。设第 j 组的最大值为 $M_n^{(j)}=\max(X_{(j-1)n+1},\cdots,X_{(j-1)n+n}),j=1,\cdots,m$,我们用此极大值数据组 $M_n^{(j)}$ 估计广义极值分布 $H_{\xi,\mu,\delta}$ 中的三个参数 ξ,μ,δ。估计的方法有多种,比较常用的是极大似然估计,这需要得到随机变量 X 的概率密度函数,通过概率分布函数对 x 求导,我们得到随机变量 X 的概率密度函数:

$$H_{\xi,\mu,\sigma}(x)=\begin{cases}\dfrac{1}{\sigma}\left(1+\xi\dfrac{x-\mu}{\sigma}\right)^{(\frac{-1}{\xi})-1}\exp\left(-\left(1+\xi\dfrac{x-\mu}{\sigma}\right)^{(\frac{-1}{\xi})}\right), & \xi\neq0\\[3mm]\dfrac{1}{\sigma}\exp\left(-\dfrac{x-\mu}{\sigma}\right)\exp\left(-\exp\left(-\dfrac{x-\mu}{\sigma}\right)\right), & \xi=0\end{cases}\tag{9.30}$$

式中,$x\in\left\{x\left|1+\xi\dfrac{x-\mu}{\sigma}>0\right.\right\}$。通过对数似然函数就可以得到各参数的估计值:

$$\underset{(\xi,\mu,\sigma)}{\text{argmax}}L_{\xi,\mu,\sigma}(x)=\underset{(\xi,\mu,\sigma)}{\text{argmax}}\left(\sum_i\ln(H_{\xi,\mu,\sigma}(x_i))\right)\tag{9.31}$$

最大似然估计要求数据集必须足够大,对 m 和 n 的选取也要合理,一般来说,当 m 较大时,参数估计的方差较小,但是准确性降低;当 n 较大时,情况正好相反。

9.5.3 阈值模型

虽然 BMM 可以用来拟合广义极值分布,但是 BMM 需要大量的数据,实际中往往不能满足这一条件。所以极值理论进一步研究超过某个阈值的大量观察值的行为,就是 POT 模型。POT 模型是极值理论的一个主要分支,它的主要特点是对样本中超过某一充分大的阈值的所有观察值进行建模。POT 模型有效使用了有限的极值数据,弥补了 BMM 的不足。在水文、交通、保险等领域的实践也证明,POT 模型具有明显优于 BMM 的优点,而且形式简单、便于计算、适用范围更广。目前,POT 模型已成为极值理论最主流的模型。巴塞尔市场风险资本修正协议认为 POT 模型是实际应用中最有用的模型之一。POT 模型主要有两类方法:一类是基于 Hill 型估计量的半参数方法;另一类是基于广义帕累托分布的全参数方法。

(1)半参数方法

半参数方法是当尾部分布的形状参数 $\xi > 0$ 时,用 Hill 型估计量估计其尾部指数 $\alpha = \dfrac{1}{\xi}$。由定理 9.2 知,如果 $\xi > 0$,$L(x)$ 为慢变化函数,当且仅当 $\overline{F}(x) = 1 - F(x) = x^{\frac{-1}{\xi}} L(x)$,则 $F \in MDA(H)$。设 $X_i, i = 1, 2, \cdots, n$ 是取自总体分布函数 $F_x(x)$ 的独立同分布的一个样本,其顺序统计量为 $X_{(1)} \leqslant X_{(2)} \leqslant \cdots \leqslant X_{n-k} \leqslant X_{n-k+1} \leqslant \cdots \leqslant X_{(n)}$,其中 $X_{(n-k)}$ 为一较大的观测值,共有 k 个样本点大于 X_{n-k}。Hill 给出了 α 的估计量:

$$\overline{\alpha} = \left(\frac{1}{k} \sum_{i=n-k+1}^{n} \ln X_i - \ln X_{n-k} \right)^{-1}, \quad 2 \leqslant k \leqslant n \tag{9.32}$$

从上式可以看出,$\overline{\alpha}$ 取决于大于某一较大阈值 X_{n-k} 的样本点。如何选择 X_{n-k} 是正确估计 $\overline{\alpha}$ 的关键。有多种方法可以用来选择 X_{n-k},一般通过画 Hill 图来确定 k,即确定 X_{n-k}。以 k 为横坐标,$k = 2, \cdots, n$,$\overline{\alpha}$ 为纵坐标描点作图,选取 Hill 图形中尾部指数的稳定区域的起始点的横坐标 k 所对应的数据 X_{n-k} 作为阈值 μ。

(2)全参数方法

全参数方法是利用广义帕累托分布模拟超过阈值的尾部分布,进而估计其形状参数 ξ。广义帕累托分布(generalized pareto distribution,GPD)由 Pickands

于 1975 年首次提出,Davison、Davison 和 Smith 做了进一步研究。它被广泛应用于极值分析、拟合保险损失以及可靠性研究领域。当然,POT 模型的使用必须满足一些前提假设:

①超额值彼此相互独立且均服从 GPD 分布;

②超额值发生的时间服从泊松分布;

③超额值与超额值的产生时间相互独立。

设 $F(X)$ 为金融资产损失的分布函数,假定 u 为某一充分大的阈值,则称 $Y = X - u$ 为超限损失(excesses losses),其分布函数记为

$$F_u(y) = P(X - u \leqslant | X > u), \quad 0 \leqslant y \leqslant X_F - u \tag{9.33}$$

式中,$X_F = \sup\{X_F \in \mathbf{R}: F(X) < 1\}$,$X_F \leqslant \infty$ 为 $F(X)$ 的右端点。超限分布函数表示损失超过阈值的概率,通过较大的 y 值给出了超过阈值的损失。由乘法公式可知

$$F_u(y) = \frac{F(u+y) - F(u)}{1 - F(u)} \tag{9.34}$$

把式(9.34)化简可得金融资产损失的尾部分布函数

$$F(x) = F(u+y) = (1 - F(u))F_u(y) + F(u) \quad x > u \tag{9.35}$$

由前面的推导,同时根据 Fisher – Tippett 定理可知,若已知极大值序列依分布收敛,那么其极限分布可以化为参数 α、u、δ 取某特定值的广义极值分布($H_{\xi,\mu,\delta}(x)$),Balkema、de Haan 和 Pickands 的研究结果表明,若 F 属于 H 的最大吸引场,则广义帕累托分布是超限分布的极限分布。

定理 9.3(Balkema、Haan 和 Pickands)   设 $X \sim F, \xi \in \mathbf{R}, F \in MDA(H)$,当且仅当存在某个正的测度函数 $\beta(u)$ 时,存在极限定理

$$\lim_{\mu \to X_F} \mathop{SUP}_{0 \leqslant y \leqslant X_F - u} | F_u(y) - G_{\xi,\beta(u)}(y) | = 0 \tag{9.36}$$

式中,$G_{\xi,\beta(\mu)}(y)$ 为某一广义帕累托分布。该定理说明,对于足够大的阈值,超限分布函数可由广义帕累托分布近似。广义帕累托分布的定义为

$$G_{\xi,\beta(u)}(x) = \begin{cases} 1 - \left(1 + \dfrac{\xi x}{\beta(u)}\right)^{\frac{-1}{\xi}}, & \xi \neq 0 \\ 1 - \exp\left(-\dfrac{x}{\beta(u)}\right), & \xi = 0 \end{cases} \tag{9.37}$$

式中,ξ 为形状参数,β 为尺度参数函数,$\beta > 0$。当 $\xi \geqslant 0$ 时,$x \geqslant 0$;当 $\xi < 0$ 时,$0 \leqslant x \leqslant -\dfrac{\beta}{\xi}$。当 $\xi > 0$ 时,广义帕累托分布对应厚尾的普通帕累托分布,该种情形与风险度量最为相关;当 $\xi = 0$ 时,广义帕累托分布对应指数分布;当 $\xi < 0$ 时,广义帕累托分布对应短尾分布,如均匀分布。参数 ξ 和 β 的方法有很多,如最大似然估计、矩估计方法等。一般采用最常用的极大似然估计方法估计参数 ξ、β。

设取自总体分布为 F 的样本数据 $X_1, X_2, \cdots, X_n$，其中阈值 u 的样本点记为 $\widetilde{X}_1, \cdots, \widetilde{X}_{N_u}$，共有 N_u 个样本点。计算超限值 $y_j = \widetilde{X}_j - u$。由式(9.37)得到广义帕累托分布的概率密度函数为

$$g'_{\xi,\sigma}(y) = \frac{1}{\beta}\left(1 + \frac{\xi}{\beta}y\right)^{-\left(1 + \frac{1}{\xi}\right)}, \quad \xi \neq 0 \qquad (9.38)$$

其中，当 $\xi > 0$ 时，$y \geq 0$；当 $\xi < 0$ 时，$0 \leq y \leq -\dfrac{\beta}{\xi}$。其对数似然函数为

$$l(\xi, \beta; y) = -N_u \ln\beta - \left(1 + \frac{1}{\xi}\right)\sum_{i=1}^{N_u} \ln\left(1 + \frac{\xi}{\beta}y_i\right)$$

由似然函数可以推出似然方程

$$\frac{\partial l}{\partial \beta} = -\frac{N_u}{\beta} + (1 + \xi)\sum_{i=1}^{N_u} \frac{y_i}{\beta(\beta + \xi y_i)}$$

$$\frac{\partial l}{\partial \xi} = -\frac{1}{\xi^2}\sum_{i=1}^{N_u} \ln\left(1 + \frac{\xi}{\beta}y_i\right) + (1 + \xi)\sum_{i=1}^{N_u} \frac{y_i}{\beta + \xi y_i} \qquad (9.39)$$

令式(9.39)的两个等式等于零，便可得到参数(11.378 9)和 β 的最大似然估计。

(3)广义极值分布和广义帕累托分布之间的关系

由定理9.3可知，如果样本的极大值序列可以用广义极值分布拟合，那么其超限损失就可以用广义帕累托分布拟合，且两个分布的形状参数 ξ 是一样的。设 $X_1, X_2, \cdots, X_n$ 是独立同分布的样本，总体分布为 F。$M_n = \max(X_1, X_2, \cdots, X_n)$，对适当的正则化常数序列 $a_n > 0, b_n$ 较大的 n，有

$$\Pr\{M_n \leq z\} \approx H(z) \qquad (9.40)$$

式中，$H(z)$ 为广义极值分布。

$$H(z) = \exp\left(-\left(1 + \xi\frac{x - \mu}{\sigma}\right)^{\frac{-1}{\xi}}\right), \quad \xi \neq 0 \qquad (9.41)$$

那么，对足够大的阈值 u，函数 $y = X - u$ 在 $X > u$ 条件下的分布为

$$\Pr\{X \leq x \mid X > u\} = \frac{F(x) - F(u)}{1 - F(u)}, x \geq u \qquad (9.42)$$

其渐进分布为广义帕累托分布

$$G_{\xi, \beta(u)}(y) = 1 - \left(1 + \frac{\xi y}{\beta(u)}\right)^{\frac{-1}{\xi}}, y > 0, \xi \neq 0 \qquad (9.43)$$

其中，两个分布的形状参数(11.378 9)是一样的，广义帕累托分布的位置参数函数 $\beta(u)$ 是广义极值分布的尺度参数 δ 和位置参数 μ 及阈值 u 的函数：

$$\beta(u) = \delta + \xi(u - \mu) \qquad (9.44)$$

Coles 给出了式(9.44)的证明过程。由式(9.44)我们可以看出,广义帕累托分布的参数可由广义极值分布的参数决定。两个分布的形状参数是一样的,广义帕累托分布的尺度参数由广义极值分布的尺度参数和位置参数决定。

(4) 广义帕累托模型的阈值选取

极值理论因其重点考虑尾部数据分布,而不是对整个分布进行建模,并能很好地描述极端现象的概率性质被广泛应用于金融、保险等领域处理风险度量中的厚尾问题。目前,应用极值理论度量金融风险时主要有两类模型:一类是BMM,另一类是 POT 模型。POT 模型对所有超过某一较大阈值的数据建模,由于其有效地使用了有限的极端观测值,在实践中 POT 模型应用得更广泛。POT模型又包括基于 Hill 估计的半参数方法和基于 GPD 的全参数方法。在实践应用中,阈值的选取是正确运用阈值模型的关键。本书主要应用基于 GPD 的全参数方法,因此,本章只研究 GPD 的阈值选取方法。

GPD 实质上是对超过阈值 u 以上的 N_u 个次序统计量的考察,合理地选取阈值是 POT 模型的关键。阈值选值过高,则超过阈值的样本数就会太少,而且参数对较大的观测数据非常敏感,这就可能造成参数估计的方差增大。反之,如果选择较低的阈值,虽然会使可观测的样本较大,增加了估计的精度,但又不符合超出量 $Y_i = X_i - u$ 服从 GPD 的要求条件,样本数目的增加将增强样本的中心分布特征,从而导致参数估计有偏。然而,阈值 μ 的选取至今尚未形成统一的方法。如何合理确定阈值,实现对样本的最优分割,以综合平衡偏差与方差之间的关系,仍是现阶段极值理论研究中亟待解决的问题之一。

目前,选取阈值的方法主要有图解法与计算法两大类。图解法包括平均超出函数法和稳定判别法。计算法包括拟合优度检验法、厚尾分布与正态分布相交法和峰度法等。

①图示法

Coles,S. C. 介绍了两种应用图形选取合理阈值的方法:平均剩余生命图法(mean residual life plot)和稳定判别法(stability plot)。

a. 平均剩余生命图法

设 $X_i, i = 1, 2, \cdots, n$ 为取自总体的一个独立同分布的样本,取充分大的阈值 μ_0,当 $X_i > u_0$ 时,超出量 $y = X_i - u_0$ 可以用广义帕累托分布 $G_{\xi, \beta(u)}(y)$ 拟合,则定义平均超出函数(mean excess function, MEF)为

$$e(u) = E(X - u \mid X > u), u \geqslant u_0 \tag{9.45}$$

当 $u = u_0, 0 < \xi < 1$ 时,

$$e(u) = \int_{u_0}^{+\infty} \frac{x - u_0}{1 - G_{\xi, \beta(u_0)}(u_0)} \mathrm{d}G_{\xi, \beta(u_0)}(x) = \frac{\beta(u)}{1 - \xi} \tag{9.46}$$

当 $u > u_0$ 时,超出量也可以用广义帕累托分布拟合,其形状参数是一样的,所以有

$$e(u) = \frac{\beta(u)}{1 - \xi} \tag{9.47}$$

由式(9.44)可知, $\beta(u) = \delta + \xi(u - \mu)$,其中 δ, μ 分别为广义极值分布的尺度参数和未知参数,所以

$$e(u) = \frac{\delta + \xi(u - \mu)}{1 - \xi} \tag{9.48}$$

因此,对于 $u > u_0$,平均超出函数是关于 u 的线形函数,通过样本可以很容易地得到它的经验估计。根据这个原理,可以确定阈值 u_0。

做散点图 $\left(\left(u, \sum_{i=1}^{N_u} \frac{X_{(i)} - u}{N} \right), u < X_{\max} \right)$,其中 $X_{(1)}, X_{(2)}, \cdots, X_{N_u}$ 为超过阈值 u 的 N_u 个样本点,由这些点构成的图形称为平均剩余生命图(the mean residual life plot)。当广义帕累托分布可以作为超过阈值 u_0 超过量的有效近似时,图形中大于 u_0 的部分应近似线形,由此确定阈值 u_0。

平均剩余生命图法简便、直观,但其根据线性程度的好坏取舍阈值,依然存在一些缺陷。例如,现有两个不同的阈值,如果根据两个阈值得到的超额均值函数 $e(u)$ 的线性程度相差较大,则很容易选取线性程度较好的阈值,但如两者线性程度相差不大时,则无法判断哪个阈值更适合。而且,近似线性的判断带有很强的主观性,缺乏明确的理论支持。

b. 稳定判别法

稳定判别法的原理是在一个阈值范围内估计广义帕累托分布的参数,选取使参数估计一直保持相对稳定的值作为阈值。如果阈值 u_0 对应的超出量可以用广义帕累托分布近似拟合,则对于大于 u_0 的阈值 u,其对应的超出量也用广义帕累托分布拟合,且形状参数 ξ 是相同的,尺度参数具有以下关系:

$$\beta(u) = \beta(u_0) + \xi(u - u_0) \tag{9.49}$$

令 $\beta^*(u) = \beta(u) - \xi u$,由式(9.49)可知它关于 u 不变, $\beta^*(u)$ 为修正的尺度参数(modified scale)。因此,如果 u_0 是适当的阈值,相应的超出量服从广义帕累托分布,则对于大于 u_0 的其他阈值 u,相应的估计量 $\beta^*(u)$ 和 ξ 保持不变,可据此选定阈值 u_0。

考虑到抽样的随机性,虽然这些估计量不可能是精确的常数,但它们应在允许的抽样误差范围内。由此,类似于平均超出量函数图,可作 $\beta^*(u)$ 和 ξ 关于阈值 u 的图形及相应的置信区间,选择使这两个估计量能保持常数的最小值 u 作为阈值。

稳定判别法和平均剩余生命图法一样,简单、直观,其准确性依赖于所选阈值范围的大小,范围选择越大,准确性越高。稳定判别法也是根据图形的形状选择阈值,所以选取的阈值带有一定的主观性。

②拟合优度判别法

Choulakian M. A 和 Stephens V 用 Cramer-von 统计量 W^2 和 Anderson – Darling 统计量 A^2 检验广义帕累托分布的拟合优度,并提出了根据统计量 W^2 和 A^2 的 p 选取阈值的方法。此方法的基本原理是:尾部数据拟合广义帕累托分布的程度越好,那么与此尾部数据对应的阈值就越合理。本书广义帕累托分布的分布函数为

$$F(x) = 1 - \left(1 - \frac{kx}{\alpha}\right)^{\frac{1-k}{k}} \tag{9.50}$$

密度函数为

$$f(x) = \frac{1}{\alpha}\left(1 - \frac{kx}{\alpha}\right)^{\frac{1-k}{k}} \tag{9.51}$$

式中,α 为尺度参数,相当于式(8.36)中的 β;k 为形状参数,相当于式(8.37)中的 $-\xi$。当 $k \leqslant 0$ 时,$0 \leqslant x < \infty$;当 $k > 0$ 时,$0 \leqslant x \leqslant \frac{\alpha}{k}$。

原假设 H_0:随机样本 $X_1, X_2, \cdots, X_n$ 来自广义帕累托分布。

具体选取方法如下:

a. 利用极大似然估计计算广义帕累托分布函数 ξ、β 的估计值,对 $i = 1$, $2, \cdots, n$ 计算 $z_{(i)} = F(X_{(i)})$,其中 $X_{(1)}, X_{(2)}, \cdots, X_{(n)}$ 为 $X_1, X_2, \cdots, X_n$ 的顺序统计量。

b. 计算检验统计量 W^2 和 A^2 的值。

$$W^2 = \sum_{i=1}^{n}\left(z_{(i)} - \frac{2i-1}{2n}\right)^2 + \frac{1}{12n} \tag{9.52}$$

$$A^2 = -n - \frac{1}{n}\sum_{i=1}^{n}(2i-1)\left[\log z_i + \log(1 - z_{n+1-i})\right]$$

c. 根据相关统计表,计算统计量 W^2 和 A^2 的 p。

d. 对 $X_1, X_2, \cdots, X_n$,每次去掉一个最小值,重复步骤 a 至步骤 c,直至统计量 W^2 和 A^2 的 p 值都超过 0.1 为止,此时对应的阈值就是合理的阈值。

该方法不同于图示法,不是根据图形的形状,而是根据检验统计量的 p 值。来选择阈值,具有较强的客观性。

(5)应用蒙特卡洛模拟选取最优阈值

到目前为止,在广义帕累托分布的阈值选取方面虽然已有多种不同类型的

方法,但正如前面所述各方法都有一定的缺陷。因此,阈值的选取方法尚待进一步研究,这也是极值理论当前研究的热点和难点之一。受到 Jansen D W 和 C G De Vries 的启发,本节提出了基于蒙特卡罗模拟的最优阈值选取方法。Jansen D W 和 C G De Vries 多次模拟自由度为1,2,3 的 t 分布和逆卡方分布,然后对各个分布的模拟数据,选取不同数量的尾部数据进行参数估计,计算参数的均方误差(Mean Square Error,MSE)最小的估计量为最优估计量,根据最优估计量所对应的尾部数据确定阈值。本书在选取现实样本的尾部数据时,没有考虑样本的尾部特征,采取保守的态度,根据模拟的结果选取了数目最少的尾部数据。本节进一步发展了该方法,在选取现实样本的尾部数据时,运用双样本柯尔莫可洛夫 – 斯米洛夫(kolmogorov – Simirnor,k – s)检验考虑了现实样本的尾部特征。

①蒙特卡洛模拟方法概述

a.蒙特卡洛模拟的基本思想

蒙特卡洛模拟方法也称随机模拟法(random simulation)、统计试验法(random sampling)等。蒙特卡洛模拟的基本思想是为了求解数学、物理、工程技术及生产管理等方面的问题,首先建立一个概率模型或随机过程,使它的参数等于问题的解,然后通过对模型或过程的观察或抽样试验来计算所求参数的统计特征,最后给出所求解的近似值,解的精度可用估计值的标准误差来表示。蒙特卡洛模拟是广泛应用的风险分析方法。这种方法以概率统计理论为其主要理论基础,以随机抽样(随机变量的抽样)为其主要手段。

蒙特卡洛方法可解决各种类型的问题,但总体来说,视其是否涉及随机过程的形态和结果,用蒙特卡洛模拟方法处理的问题可以分为确定性的数学问题和随机性问题。

● 确定性的数学问题

用 Monte Carlo 方法求解这类问题的方法是首先建立一个与所求解有关的概率模型,使所求的解就是所建立模型的概率分布或数学期望;然后对这个模型进行随机抽样观察,即产生随机变量;最后用其算术平均值作为所求解的近似估计值。

● 随机性问题

对于这类问题,虽然有时可表示为多重积分或某些函数方程,并进而可考虑用随机抽样方法求解,然而一般情况下都不采用这种间接模拟方法,而采用直接模拟方法,即根据实际物理情况的概率法则用计算机进行抽样试验。

b. 蒙特卡洛模拟的内容和特点

应用蒙特卡洛方法解决实际问题大体上有四个步骤。

• 步骤一：为对求解的问题建立简单而又便于实现的概率统计模型，使所求的解恰好是所建立模型的概率分布或数学期望。

• 步骤二：根据概率统计模型的特点和计算实践的需要，尽量改进模型，以便减小方差和降低费用，提高计算效率。

• 步骤三：建立对随机变量的抽样方法，包括建立产生伪随机数的方法和对所遇到的分布产生随机变量的随机抽样方法。

• 步骤四：给出获得所求解的统计估计值及其方差或标准差的方法。

无论从上面的方法步骤来看，还是从结果精度和收敛性来看，蒙特卡洛模拟都是一种具有独特风格的数值计算方法，其特点可简单归为三个方面，即程序结构简单、收敛的概率性和收敛速度与问题维数无关、适应性强。

c. 随机变量的抽样

在实际问题中，概率分布的形式是千差万别的，其中，常见的分布大体上可以分为离散型分布和连续型分布。因此，它们的抽样方法也不同。

• 离散型分布

离散型分布一般有给定概率分布、二项分布和泊松分布等，其中二项分布和泊松分布的分布函数为

$$F(x) = \sum_{t<x} \frac{n!}{t!(n-t)!} p^t (1-p)^{n-t} \tag{9.53}$$

$$F(x) = \sum_{t<x} \frac{\lambda^t}{t!} e^{-\lambda} \tag{9.54}$$

式中，n 和 t 是非负整数；$0 \leq p \leq 1$；λ 是任意正常数。

二项分布和泊松分布的随机数产生过程如下：

假设随机事件 A_i 出现的概率为 $P_i (i=1, 2, \cdots, n)$。为了抽样，首先构成累积概率：

$$P^0 = 0, P^l = \sum_{i=1}^{l} P_i, l = 1,2,\cdots,n \tag{9.55}$$

产生 $(0,1)$ 的随机数 r，如条件

$$P^{(l-1)} < r \leq P^{(l)}, l = 1,2,\cdots,n \tag{9.56}$$

满足，则认为事件 A_i 发生。

• 连续型分布

常用的连续分布函数有均匀分布、三角分布、指数分布、正态分布等，它们的密度函数依次为

$$f(x) = \begin{cases} \dfrac{1}{b-a} \\ 0 \end{cases} \tag{9.57}$$

$$f(x) = \begin{cases} \dfrac{2(x-a)}{(b-a)(c-a)} \\ \dfrac{2(b-x)}{(b-a)(b-c)} \\ 0 \end{cases} \tag{9.58}$$

$$f(x) = \begin{cases} 1 - e^{-\lambda x} \\ 0 \end{cases} \tag{9.59}$$

$$f(x) = \dfrac{1}{\sqrt{2\pi}\,\sigma} e^{-\frac{(x-\mu)^2}{2\sigma^2}} \tag{9.60}$$

式中,a、b 和 c 为任意常数;λ 为任意正常数;μ 和 σ 分别为正态分布的均值和标准差。

均匀分布、三角分布和指数分布正态分布的随机数产生过程一般为通过函数方程 $r = F(\eta)$ 解出 η,其中 r 为 $[0,1]$ 上的随机变量;再直接由函数抽样求解,如指数函数 $\eta = -\dfrac{1}{\lambda}\ln(1-r)$。

正态分布的随机数产生与离散型分布和连续型分布不同,其随机数产生过程为对于标准正态分布,令 R_1、R_2 是相互独立的 $(0,1)$ 区间均匀分布的随机变量,则 $\xi_1 = (-2\ln R_1)^{\frac{1}{2}}\cos 2\pi R_2$,$\xi_2 = (-2\ln R_1)^{\frac{1}{2}}\sin 2\pi R_2$。产生的随机变量 ξ_1、ξ_2 就是一对相互独立的服从标准正态分布的随机变量。

对于非标准正态分布 $N(\mu,\sigma^2)$,可以先产生标准正态分布的随机变量 X,然后利用变换 $Y = \mu + \sigma X$,可获得非标准正态分布的随机变量 Y。

d. 模拟次数

模拟次数主要分为五个步骤。

● 步骤一:模拟次数的选择

在模拟计算时,由于各个基本随机变量抽样的样本数量总是有限的,必然存在模拟计算误差,这就需要按照模拟精度的要求来选择模拟次数。

首先假定由计算机产生的随机数序列是理想的,并假设各基本随机变量为独立同分布。根据大数定律,当模拟次数充分大时,则有

$$\lim_{M \to \infty} \frac{N}{M} = P(n>1) \tag{9.61}$$

式(9.61)表示对于任意的 $\varepsilon > 0$ 和 $\delta > 0$,我们需要找一个数 N_0,当 $M > N_0$

时,成立不等式

$$P\left(\left|\frac{N_0}{M} - P(n > 1)\right| \geqslant \varepsilon\right) < \delta \tag{9.62}$$

根据 Kolmogorov 不等式的证明,上述问题可以简化为若能找到一个最小的数 j_0,使之满足

$$\frac{1}{\varepsilon^2} \sum_{j=j_0}^{\infty} \frac{2j}{2^j} < \delta \tag{9.63}$$

那么,所需的模拟次数

$$M = 2^{j_0 - 1} \tag{9.64}$$

用这种方法选择模拟次数 M 值,即可达到期望的模拟精度 δ。其计算举例见表9.2。

表9.2　模拟次数确定举例

模拟误差 ε	期望精度 δ	模拟次数 $M \geqslant$
0.01	0.072 2	$2^{10} = 1\ 024$
0.01	0.005 31	$2^{12} = 4\ 096$
0.01	0.001 43	$2^{13} = 8\ 192$
0.01	0.000 102	$2^{15} = 32\ 768$
0.005	0.001 53	$2^{14} = 16\ 384$
0.005	0.000 108	$2^{16} = 65\ 536$
0.001	0.010 2	$2^{15} = 32\ 768$
0.001	0.000 188	$2^{18} = 262\ 144$
0.000 1	0.018 8	$2^{18} = 262\ 144$

由表9.2可知,当模拟次数达到1 000次时模拟误差 ε 和期望精度 δ 都能达到比较理想的效果,若想达到误差更小、精度更高的效果可以进行更多次的模拟。

• 步骤二:均方误差的定义

均方误差测量了估计的偏差和方差,可以用来评价点估计的质量好坏。均方误差的定义:一般的,令 $X_1, X_2, \cdots, X_N$ 为服从某分布的 n 个 IID 数据点,$\bar{\theta}$ 为 θ 的点估计,$\bar{\theta}$ 的均方误差为 $MSE(\bar{\theta})$。

$$MSE(\bar{\theta}) = E(\bar{\theta} - \theta)^2 = (E(\bar{\theta} - \theta))^2 + \mathrm{var}(\bar{\theta}) \tag{9.65}$$

估计的均方误差为

$$MSE(\hat{\bar{\theta}_i}) = \left(\frac{1}{n}\sum_{i=1}^{n}\hat{\theta}_i - \theta\right)^2 + \frac{1}{n}\sum_{i=1}^{n}(\hat{\theta}_i - \theta)^2 \qquad (9.66)$$

式中,$\hat{\theta}_i$ 为参数 θ 从第 i 组样本计算的估计值。可见均方误差是由偏差的平方和方差组成,由于太小的阈值会产生有偏的估计量,太大的阈值会使估计量的方差很大,最优的阈值应使估计量的偏差和方差最小,所以,我们可以用均方误差最小的估计量作为最优的估计量,从而导出最优阈值。

- 步骤三:双样本 k – s 检验原理

双样本 k – s 检验用来检验两个随机样本是否来自相同的分布。设 n_1、n_2 是两个随机样本的容量,$n_1 \geqslant n_2$。检验这两个样本是否来自相同的分布,双样本 k – s 检验的原假设为

$$H_0:两个随机样本来自同一个分布$$

备择假设为

$$H_1:两个随机样本不是来自同一个分布$$

检验统计量为

$$T = \sup_x |S_1(x) - S_2(x)| \qquad (9.67)$$

式中,$S_1(x)$、$S_2(x)$ 分别是两个随机样本的经验分布函数。当 $n_1, n_2 \to \infty$ 时,统计量的渐进 p 为

$$p = Q\left(T\sqrt{\frac{n_1 n_2}{n_1 + n_2}}\right) \qquad (9.68)$$

其中 $Q(z) \approx 2(e^{-2x^2} - e^{-8x^2})$。

由于 n_1, n_2 是一个有限的数值,尤其当他们不是非常大时,需要对检验统计量的 p 进行修正,Kim 提出了以下修正方法:

$$p = Q\left(T\sqrt{\frac{n_1 n_2}{n_1 + n_2}} + \varphi\right)$$

$$\varphi = \begin{cases} \dfrac{2}{3\sqrt{n_1}}, & n_1 \text{ 是 } n_2 \text{ 的倍数} \\[3mm] \dfrac{2}{5\sqrt{n_1}}, & \text{其他} \end{cases} \qquad (9.69)$$

我们应用该检验判断真实样本数据的尾部数据和来自帕累托分布的模拟数据是否源于同一分布,检验统计量的 p 越大,两样本越有可能来自同一分布。

- 步骤四:最优阈值的选取

自由度为 v 的 t 分布 $t(v)$ 是厚尾分布,可用广义帕累托分布模拟其尾部数

据,尾部指数为$\frac{1}{v}$,且不随尾部数据数量的变化而变化。因此,我们模拟不同自由度t分布的随机序列,就是模拟尾部数据具有不同尾部指数的随机序列。对每一次的模拟数据截取数量不同的尾部数据,并用最大似然法估计帕累托分布的参数,根据均方误差计算每一自由度下的最优阈值,并确定相应的最优尾部数据个数;根据不同自由度下的最优数据个数截取实际观察数据,取得数量不等的尾部数据;应用双样本$k-s$检验检验实际观测数据和模拟的帕累托分布之间的接近程度,程度最接近的尾部数据就是真实观察值的最优尾部数据,即可确定最优阈值。具体程序如下:

·程序一:对每种$t(v)$分布做M次模拟,样本容量为$T,v=1,2,\cdots,V$,并对模拟数据按升序进行排序。

·程序二:选择n个$t(v)$分布第m次模拟的尾部数据,用极大似然法估计得到尾部指数估计值$\bar{\xi}_m(n,v)$,$n=0.01T,0.01T+1,0.01T+2,\cdots,0.20T,m=1,2,\cdots,M$。

·程序三:给定n、v共有M个$\bar{\xi}_m(n,v)$,计算其MSE,记为$MSE(\bar{\xi}_m(n,v))$。Jansen 和 de Vies 研究表明,v给定时$(v=1,2,\cdots,V)$,$MSE(\bar{\xi}_m(n,v))$随n的增大先变小然后变大,选择$MSE(\bar{\xi}_m(n,v))$最小的n记为$n^*(v)$。$n^*(v)$就是自由度为V的t分布最优的尾部数据个数,即尾部指数为$\frac{1}{v}$的共有T个数据点的样本其最优的超阈值数据为$n^*(v)$。

·程序四:模拟V组,尾部指数为$\frac{1}{v}$的广义帕累托分布$v=1,2,\cdots,V$。应用双样本$k-s$检验分别检验数量为$n^*(v)$的真实数据的尾部数据和尾部指数为$n^*(v)$的模拟的广义帕累托数据,计算检验统计量的p。即使p最大的$n^*(v)$为n^*,这就是真实样本的最优尾部数据个数,并据此确定最优的阈值θ^*。

设定价格波动的异常比率π_1、π_2为5%,根据不断测算选取极大值分布和极小值分布合适的阈值,并运用极大似然估计方法分别确定各分布的参数,因为上升行情和下降行情各有约2 000个数据点,所以选定模拟$t(v)$分布的样本容量为$T=2\,000$,分布的自由度$1\leqslant v\leqslant 9$,模拟次数$M=1\,000$。表9.3和表9.4分别给出了上证综指分别在上升行情和下降行情时的模拟结果。

表 9.3 上升行情各参数估计

v	$n^*(v)$	p	ξ	σ	μ
1	50	0.180 1	−0.011 8	1.112 5	2
2	41	0.401 6	0.038 2	1.221 2	2.6
3	35	0.331 8	0.033 5	1.132 4	3.1
4	26	0.894 5	−0.061 6	1.298 8	3
5	22	0.453 0	−0.072 5	1.124 9	3.6
6	20	0.864 3	0.028 7	1.023 2	3.4
7	19	0.576 5	−0.069 5	1.216 2	3.5
8	31	0.331 8	0.024 2	1.111 9	3.3
9	17	0.229 8	−0.001 7	1.014 1	3.2

表 9.4 下降行情各参数估计

v	$n^*(v)$	p	ξ	σ	μ
1	50	0.280 2	−0.023 6	0.293 4	2
2	41	0.398 7	0.645 6	0.346 9	2.1
3	35	0.356 1	0.541 9	0.658 1	2.9
4	26	0.589 3	0.761 7	0.548 7	3
5	22	0.521 3	−0.071 6	0.321 9	2.2
6	20	0.865 4	0.529 8	0.421 7	2.8
7	19	0.596 4	−0.071 8	0.604 3	2.3
8	31	0.901 6	0.858 6	0.610 3	2.5
9	17	0.356 0	−0.001 6	0.578 4	2.4

从以上模拟结果可以发现:对上证综指上升行情而言,当尾部数据个数为 26 时,双样本 k–s 检验的 p 最大,此时对应的阈值 3 为最优阈值;同理,下降行情时的最优阈值为 2.5,尾部个数为 31。

- 步骤五:验证模拟方法的有效性

为了说明上述模拟方法的有效性,选取临近最优值的数据计算 Choulakian M. A. 和 Stephens V. 提出的 Cramer-von 统计量 W^2 和 Anderson-Darling 统计量 A^2, 并计算其 p。

根据 9.5.2 节的模拟结果可知,上证综指的上升行情时尾部数据个数为 $n = 26$,本节选取 n 为 23~29,下降行情的尾部数据个数为 $n = 31$,本节选取 n 为 28~

34,分别估计相关的帕累托分布的参数,并计算拟合优度按检验统计量 W^2 和 A^2,结果分别见表9.5和表9.6。

表9.5 上升行情模拟方法有效性检验

n	$k(-\xi)$	W^2	A^2
23	0.061 0	0.114 2	0.765 9
24	0.058 6	0.099 7	0.687 6
25	0.050 9	0.100 1	0.672 1
26	0.061 6	0.098 7	0.625 7
27	0.053 9	0.103 1	0.651 0
28	0.060 1	0.099 6	0.616 9
29	0.059 6	0.112 1	0.632 8

表9.6 下降行情模拟方法有效性检验

n	$k(-\xi)$	W^2	A^2
28	−0.903 2	0.066 1	0.407 5
29	−0.911 3	0.069 7	0.461 4
30	−0.912 7	0.068 3	0.545 6
31	−0.858 6	0.074 0	0.595 3
32	−0.894 9	0.070 5	0.443 9
33	−0.892 3	0.072 0	0.553 0
34	−0.901 2	0.068 9	0.495 2

由表9.5和表9.6可知,当 $n=26$ 时,根据 Choulakian M. A. 和 Stephens V. 提出的尾部数据的选取标准,说明选取 26 个尾部数据拟合广义帕累托分布是可行的。拟合优度检验统计量 $W^2 = 0.098\ 7$, $A^2 = 0.625\ 7$,通过查询相关统计表,可知它们的 p 都大于 0.1。当选取 n 为 23~29 时,根据统计量 W^2 的 p 值判断,$n=26$ 是最优的;根据统计量 A^2 的 p 值判断,$n=26$ 是次优的。

同理,由表9.6可知,对下降行情而言,选取 31 个尾部数据拟合广义帕累托分布是可行的。当选取 n 为 28~34 时,根据统计量 W^2 和 A^2 的 p 值判断,$n=31$ 都是最优的。

以上分析结果表明,基于蒙特卡洛模拟的最优阈值选取方法能定量确定阈值并且广义帕累托分布的参数估计结果相对理想。从对上证综指的上升行情和下降行情数据的实证分析来看,该方法能有效地对样本实施分割,找到最优

的尾部数据个数阈值。因此,应用本节设计的方法选取广义帕累托分布的阈值
是可行的。

根据表 9.3 和表 9.4 模拟的结果,就可分别测算涨幅上限 L_1 和跌幅下限
L_2,经计算得 $L_1 = 13.46\%$,$L_2 = 10.63\%$。L_1 和 L_2 的这一对值说明中国股市的
限价政策是非对称的,而且涨跌幅都大于现行的 10%。由于最优下限与现行的
跌停幅度非常接近,为了方便投资者操作,可以考虑仅对现行的涨幅限制做出
单方向调整,由原来的 10% 上调至 13%。

9.6　非对称性涨跌幅限制设计效应的模拟分析

为验证非对称涨跌幅限制制度的政策效应,这里我们按 1.27:1(13.46:10.63),
即涨停上限 12.7%,跌停下限 10% 的限价水平进行模拟分析,模拟方法选择蒙
特卡洛模拟。

为保证实施非对称涨跌幅限制与对称涨跌幅限制的可比性,蒙特卡洛模拟
的初始日期为 1997 年 1 月 2 日,截止日期为 2012 年 12 月 31 日,共 3 920 天的
数据,且模拟的初始水平为 1997 年 1 月 2 日的上证指数开盘价 914.06。假定
投资者对不同行情持有相同的主观态度,即 VF – EGARCH – M 模型中 α、β 的
估计值不变。同时,为确保模拟的高精度,本书进行 10 000 次模拟。将模拟后
的 10 000 次每日收盘价进行平均处理,并基于此数据重新建立基于投资者主观
态度的非对称波动模型 VF – EGARCH – M 模型,模拟分布相关估计结果
见表 9.7。

表 9.7　基于模拟后的数据重新建立非对称波动模型的估计结果

参数	估计值	标准差	Z 统计量	p
C	0.000 5	9.47E – 5	5.035 6	0 * * *
γ_1	– 0.373 4	0.112 0	– 3.333 9	0.000 9 * * *
γ_2	0.437 7	0.088 8	4.926 3	0 * * *
γ_3	0.424 9	0.112 4	3.780 6	0.000 2 * * *
γ_4	– 0.352 3	0.089 6	– 3.931 9	0.000 1 * * *
γ_5	– 2.848 2	194.096 6	– 0.323 8	0.746 1
w	– 12.442 8	2.381 3	– 5.225 1	0 * * *
θ	0.184 5	0.155 4	2.286 7	0.023 5 * *
η_1	– 8.45E – 11	0.009 8	– 28.529 8	0 * * *

表9.7(续)

参数	估计值	标准差	Z 统计量	p
α	0.570 9	0.244 3	2.133 7	0.0329 ＊＊
η_2	1.18E－12	0.015 1	13.089 0	0 ＊＊＊
β	0.152 1	0.070 8	2.149 2	0.031 8 ＊＊
对数似然值	2 193.54	Akaiike 信息准则		－12.498 4
平均对数似然比	53.542 8	Schwarz 准则		－12.480 9
参数个数	12	Hannan-Quinn 准则		－12.492 2

注：＊＊＊和＊＊分别表示在1%和5%的显著性水平上显著。

由表9.7可知,反映投资者对上升行情和下跌行情主观态度的系数分别为 $-8.45E-11$ 和 $1.18E-12$,虽然这两个估计值在统计意义上显著异于0,但系数本身却与0几乎无异。由此说明非对称涨跌幅限价政策使投资者反应趋于一致,股市运行将呈现对称性效应。

当我们再对平均处理后的模拟数据的具体分布状况进行正态性检验(图9.2)时,发现平均处理后的模拟数据通过了 J－B 检验,即它不能拒绝收益率的正态分布假设。也就是说,若我们采用上限12.7%和下限10%的限价交易机制,中国股市收益率的分布将会呈现正态分布,方差也会显著减小。

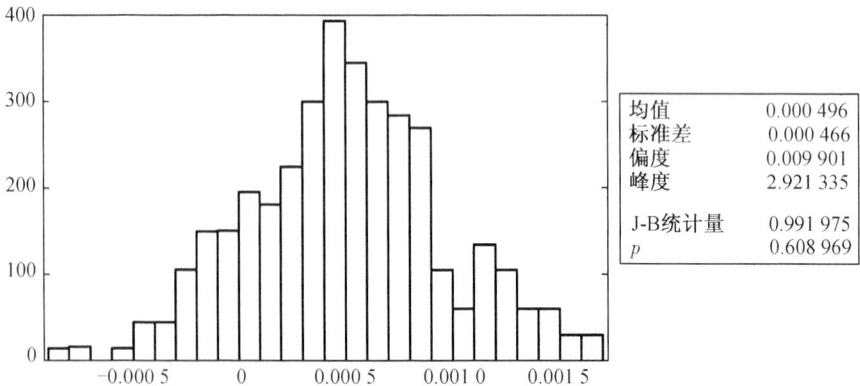

均值	0.000 496
标准差	0.000 466
偏度	0.009 901
峰度	2.921 335
J-B统计量	0.991 975
p	0.608 969

图9.2 平均处理后的模拟数据的正态分布图

9.7　本章小结

本章从中国股市实际运行状况出发,通过对实施对称性涨跌幅限价政策前后阶段的考察,结合行为金融学的相关理论与方法,对中国股市的对称性涨跌幅限价政策效应进行了系统的分析与研究。我们发现:

(1)中国股市的对称性涨跌幅限价政策的确有降低风险的作用,但它对股市收益率的影响是不确定的。

(2)由于投资者的反应具有非对称性,中国股市的对称性涨跌幅限价政策加剧了收益率分布的偏离。

(3)解决市场非对称性效应的办法是实施非对称性涨跌幅限价政策,中国股市最优的涨幅上限为13.46%,最优的跌幅下限为10.63%。

(4)如果将中国股市现行的对称性涨跌幅限价政策调整为(12.7%,10%),模拟分析结果表明中国股市收益率的分布将服从正态分布。

对此,我们建议调整中国股市现行的对称性涨跌幅限价机制,将现行的±10%调整为(+13%,-10%)。涨跌幅限价机制的这种非对称性调整不仅有利于纠正收益率的偏态性(正态分布有很多优点)和降低风险,也有利于提升投资者的预期收益。

第10章 中国多层资本市场体系限价交易制度研究

在完全竞争的市场中,价格的灵活性能使市场供求关系达到均衡,从而保证资源配置实现帕累托有效,因此,自由市场就成为经济学家的基本制度主张。然而,在现实市场中,信息的不完全与不对称、产品质量的异质性、市场势力的存在等因素均会导致价格机制失灵。在市场失灵的现实背景下,政府干预就有其必要性。限价交易制度作为政府干预的一种手段,在世界各国都曾有相应的实践,就当今的情况而言,证券市场涨跌幅限价交易制度虽然在很多国家已经被取消,但它在发展中和新兴的资本市场却还是普遍存在。据世界交易所联合会统计,截至2011年4月,全球52个会员交易所中,至少有22家设立了涨跌幅限价交易制度。中国证券市场在成立初期就采用了涨跌幅限价交易制度,结果发现其极大地制约了证券市场的发展,为了配合国有企业改革与改制的总体战略,促进证券市场的发展,1992年5月21日我国取消了涨跌幅限制,开始实行自由交易。此后,中国证券市场获得了迅速发展。与此同时,市场表现过热、投机氛围浓重的问题凸现,利用市场机制优化资源配置的功能在很大程度上遭到破坏。

本章以中国主板市场、中小企业板市场和创业板市场为研究对象,在不同市场风险特征经验分析的基础上,利用不同市场收益与风险的相互关系来探讨与多层资本市场体系一致的涨跌幅限价交易制度。对涨跌幅限价交易制度的考察分为两个方面,一是不同市场的多层次涨跌幅限价交易制度,二是由非对称效应决定的市场内非对称性涨跌幅限价交易制度。

10.1 多层资本市场的风险特征

与单一的主板市场相比,由于多层资本市场体系扩充了投资者的选择域,导致有效边界的变动,主板市场、中小企业板市场和创业板市场因其投资标的经济特征的不同决定了多层资本市场体系下的有效边界具有如图10.1所示的特点。图10.1中,横轴代表风险,用标准差 σ 表示;纵轴代表预期收益率$E(r)$, C_1、C_2、C_3分别为主板市场、中小企业板市场和创业板市场的有效边界,C_2在C_1的右上方,C_3在C_2的右上方。正是多层资本市场体系有效边界的这种关系,才决定了它具有优化资源配置与风险配置效率的功能。因为主板市场中任何风险大于σ_1(C_1与C_2交点所对应的风险水平)的投资组合在多层资本市场体系下都变得无效,中小企业板市场中任何风险大于σ_2(C_2与C_3交点所对应的风险水平)的投资组合在多层资本市场体系下也都会变得无效。这就意味着,对于那些愿意承担更大风险的投资者来说,通过参与中小企业板市场或创业板市场的投资,就可实现在风险不变的前提下,预期收益率提高的帕累托改进。

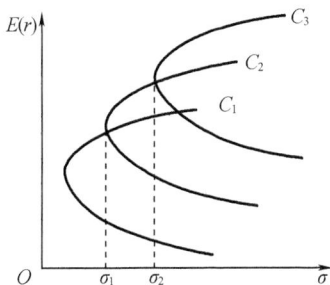

图10.1　多层资本市场体系风险配置效率图

依据图10.1有效边界的性质,结合股票市场运行的时变性特征,我们选择GARCH-M模型来表述中国多层资本市场收益与风险的权衡关系以及风险内生的变动状况。主板市场仅以深市主板市场为代表,分析变量选取深圳综指收益率,样本基础数据为日收益率交易数据。为了尽可能地避免异方差问题,本章收益率仍采用第1章收益率对数形式,即$R_t = \ln Y_t - \ln Y_{t-1}$,其中,$R_t$为日收益率,$Y_t$为相应指数的日收盘价,样本的时间跨度为从涨停板制度实施以来的1997年1月—2012年5月,中小企业板市场和创业板市场因推出的时间不同,其样本起始点也不同。具体是,上证综指的样本数据为1997年1月2日—2012年12月31日,中小企业板指数的样本数据为2005年12月1日—2012年12月31日,创业板市场指数的样本数据为2009年10月30日—2012年12月31日①。

前文已经估计得到主板市场、中小企业板市场和创业板市场的实证模型:

①　数据来源于锐思金融数据库。

（1）主板市场

$$R_{1t} = 0.009\ 4 - 0.492\ 3R_{1t-3} - 0.522\ 8R_{1t-4} + 0.508\ 9\varepsilon_{1t-3} + 0.525\ 4\varepsilon_{1t-4} + 0.001\ 0\ln\sigma_t^2$$

　　（2.933 5）　（−11.288 2）　（−13.830 5）　（11.256 6）　（11.378 9）　（3.023 0）

$$\sigma_{1t}^2 = 5.67 \times 10^{-6} + 0.105\ 5\varepsilon_{1t-1}^2 + 0.879\ 4\sigma_{1t-1}^2$$

　　　　（7.620 4）　　（15.615 8）　　（124.889 6）　　　　　　　　（10.1）

（2）中小企业板市场

$$R_{3t} = -0.381\ 1R_{3(t-2)} - 0.882\ 6R_{3(t-4)} + 0.366\ 0\varepsilon_{3(t-2)} + 0.905\ 8\varepsilon_{3(t-4)} - 0.000\ 4\ln\sigma_{3t}$$

　　（−7.160 4）　　（−68.315 0）　　（7.887 0）　　（249.683 1）　（−3.173 8）

$$\sigma_{3t}^2 = 1.30 \times 10^{-5} + 0.102\ 6\varepsilon_{3(t-1)}^2 + 0.865\ 0\sigma_{3(t-1)}^2$$

　　　　（3.407 4）　　（6.161 3）　　（43.386 9）　　　　　　　　（10.2）

（3）创业板市场

$$R_{3t} = 0.087\ 9 + 0.600\ 3R_{3t-5} - 0.590\ 5\varepsilon_{3t-5} + 0.022\ 2\ln\sigma_{3t}$$

　　　　（2.248 6）　（4.243 9）　　（−4.063 0）　　　（2.478）

$$\sigma_{3t}^2 = 0.043\ 9\varepsilon_{3t-1}^2 + 0.902\ 8\sigma_{3t-1}^2$$

　　　　（2.181 9）　　（20.904 8）　　　　　　　　　　　　　　　　（10.3）

比较上述三个估计方程不难看出：（1）主板市场、中小企业板市场和创业板市场波动率基本保持完全相同的变动状态，三个市场风险逐级增强的特征并不十分明显，尤其是主板市场和中小企业板市场甚至表现出一定程度的反向结果；（2）收益与风险的权衡关系只有主板市场和创业板市场与理论特征保持一致，中小企业板市场出现了完全不同的结果，与主板市场相比，中小企业板市场的式（10.2）显示，投资者在提高风险承受水平时，其从中不仅得不到补偿，相反还存在收益贴水。这种状况说明，中小企业板市场的推出与存在不仅没有改善多层资本市场的配置效率，反而存在效率损失，与此形成鲜明对比的是，创业板市场对于改善资本市场的配置效率具有显著的积极作用。对于中小企业板市场的这种状况，出路只有两条，一是将中小企业板市场合并到主板市场，从而消除中小企业板市场作为独立市场的存在，二是依照多层资本市场体系的内在关系，从基础性制度建设上完善上市制度、交易规则、退市标准等，通过建立相应的层级制度来完善多层资本市场体系的运行机制，从而达到提升效率的目的。

由此认为，导致上述问题的原因除主板市场与中小企业板市场上市公司IPO选择标准差异不明显，退市制度非有效外，另一个极其重要的原因在于对具有不同风险特征的市场我们采取了相同的交易机制，没能做到"量体裁衣"。因此，简单地将中小企业板市场并入主板市场未必就是一个好的选择，依据中小企业板市场作为创业板市场向主板市场过渡的中间市场的性质，从交易机制设计的层次性上来探索中国多层资本市场体系的建立,可能更适合我们这个转轨尚不完全的新兴市场,它对于转变中小企业板市场的无效率局面,以及提升多层资本市场体系的整体运行效率,尤其是对于管理未来必须实施的上市公司转板的制度变革风险会更有价值。

10.2　多层资本市场涨跌幅限价交易体系设计

前面的分析表明,中国资本市场作为一个年轻的新兴市场,其诸多的不规范与不完善性决定了至少在当前阶段保持涨跌幅限价政策是必要的。可是问题是,目前实施的统一的 $\pm 10\%$ 涨跌幅限价政策在交易机制上与多层资本市场体系的风险特征不一致,它不能正确反映不同市场上市公司基本特征上的差异,更无法体现高收益与高风险相对应的经济性质。因此,探讨与多层资本市场体系基本经济特征相一致的多层次涨跌幅限价交易制度本身就是建立与完善多层资本市场体系建设的重要内容之一。本书以中国主板市场、中小企业板市场和创业板市场的风险特征为要件,以主板市场 $\pm 10\%$ 涨跌幅限价政策为基准,通过对三个市场风险关系的考察,来揭示多层资本市场体系下的多层次对称性交易机制。

为了考察中小企业板市场风险、创业板市场风险与主板市场风险之间的关系,首先要对这三个市场风险(标准差)的时间序列进行平稳性检验,主板市场、中小企业板市场和创业板市场标准差的时间序列平稳性检验结果见表10.1。

表 10.1　各市场 σ 的平稳性检验

变量	ADF 检验统计量	p
主板市场 σ_1	$-7.591\,6$	0 * * *
中小企业板市场 σ_2	$-4.813\,4$	0 * * *
创业板市场 σ_3	$-6.356\,5$	0 * * *

注:* * *表示在1%的显著性水平上显著。

表10.1表明:主板市场、中小企业板市场、创业板市场的标准差在1%的显著性水平下是平稳序列。

对于平稳的时间序列,接下来要做的是检验其否存在协整关系,主板市场与中小企业板市场、主板市场与创业板市场风险的协整检验结果分别见表10.2和表10.3。

表 10.2　主板市场与中小企业板市场风险的协整检验

协整个数	迹统计量				最大特征值统计量			
	特征值	迹统计量	0.05临界值	p	特征值	最大特征值	0.05临界值	p
0	0.025 6	46.051 6	12.320 9	0	0.025 6	43.656 7	11.224 8	0
1	0.001 4	2.394 9	4.129 91	0.143 8	0.001 4	2.394 9	4.129 9	0.143 8

表 10.3　主板市场与创业板市场风险的协整检验

协整个数	迹统计量				最大特征值统计量			
	特征值	迹统计量	0.05临界值	p	特征值	最大特征值	0.05临界值	p
0	0.057 7	30.811 0	12.320 9	0	0.057 7	27.919 8	11.224 8	0
1	0.006 1	2.891 2	4.129 9	0.105 3	0.006 1	2.891 2	4.129 9	0.105 3

　　表 10.2 和表 10.3 的检验结果表明:在 5% 的显著性水平下,主板市场风险与中小企业板市场风险、主板市场风险与创业板市场风险的迹统计量和最大特征值统计量均大于它的临界值,因此可以拒绝"不存在任何协整关系"的原假设,即主板市场风险与中小企业板市场风险、主板市场风险与创业板市场风险之间存在协整关系。继续比较第 2 大特征根,迹统计量和最大特征值统计量都小于对应的 5% 显著性水平下的临界值,不能拒绝"最多存在一个协整关系"的原假设,即可判定主板市场风险与中小企业板市场风险、主板市场风险与创业板市场风险之间最多存在一个协整关系。

　　根据以上检验结果,可以分别建立主板市场风险与中小企业板市场风险、主板市场风险与创业板市场风险回归模型,利用普通最小二乘(OLS)估计可得回归方程分别为

　　(1)中小企业板市场与主板市场

$$\sigma_2 = 1.127\ 7\sigma_1$$
$$(257.736\ 4)$$

(10.4)

　　(2)创业板市场与主板市场

$$\sigma_3 = 1.427\ 2\sigma_1$$
$$(156.883\ 6)$$

(10.5)

　　由式(10.4)、式(10.5)的对应关系可知,在多层资本市场风险的关系中,中小企业板市场风险是主板市场风险的 1.127 7 倍,创业板市场风险是主板市

场风险的 1.427 2 倍。这从实践的角度验证了中国多层资本市场体系的风险特征的确存在层次性,即主板市场风险小于中小企业板市场,中小企业板市场风险又小于创业板市场。

10.3　中国多层资本市场涨跌幅限价交易制度设计

前面的分析表明,中国多层资本市场体系存在合理的风险层次性,但合理的风险层次性却对应着不合理的回报,这种状况不能不说与我们统一的交易限价交易制度有关。如果将现行的统一限价交易制度依多层资本市场体系的风险特征进行改革,建立与多层资本市场体系风险特征一致的多层交易限价交易制度,其结果又会如何呢?

10.3.1　多层交易限价体系的确定

若以主板市场日涨跌幅限制 ±10% 为基准,由式(10.1)和式(10.2)可知,中小企业板市场日涨跌幅限价幅度适合选择 ±11.3% 的交易制度,创业板市场日涨跌幅限价幅度则适合选择 ±14.3% 的交易制度。

10.3.2　多层交易限价体系下的收益与风险权衡关系

如果采用主板市场 ±10%、中小企业板市场 ±11.3% 和创业板市场 ±14.3% 的多层交易限价交易制度,它一定会改变中国多层资本市场体系现存的不合理的收益与风险权衡关系。以下我们利用蒙特卡罗模拟来分析主板市场 ±10%、中小企业板市场 ±11.3% 和创业板市场 ±14.3% 交易限价交易制度下,各个市场收益与风险的权衡关系,并对其进行合理性考察。

为保证实施多层资本市场涨跌幅限制下与目前的涨跌幅限制下的可比性,蒙特卡洛模拟的初始日期选定为主板市场实施对称性涨跌幅的开始时间,以及中小企业板综合指数和创业板市场指数的推出时间,主板市场实施对称性涨跌幅时间为 1997 年 1 月 2 日,中小企业板综合指数推出时间为 2006 年 6 月 6 日,创业板市场指数推出时间为 2010 年 6 月 1 日,截止日期为之前模型模拟的 2012 年 12 月 31 日,且模拟的初始水平为各自推出时间的开盘指数,主板市场综合指数开盘价 914.06,中小企业板综合指数开盘价 998.66,创业板市场指数开盘价 986.02。同时,为保证模拟的高精度,本书共进行 10 000 次模拟。将模拟后的 10 000 次每日收盘价进行平均处理。经估计可以分别得到主板市场、中小企业板市场和创业板市场的实证模型:

（1）主板市场

$$R_{1t} = -0.325\,3R_{1t-3} + 0.493\,5R_{1-4} + 0.377\,7\varepsilon_{1t-3} - 0.382\,6\varepsilon_{1t-4} + 1.098\,5\ln\sigma_{1t}$$
$$\quad(-4.037\,9)\qquad(7.707\,1)\qquad(4.631\,5)\qquad(-5.840\,6)\qquad(42.687\,0)$$

$$\sigma_{1t}^2 = 2.90\times10^{-8} + 0.073\,4\varepsilon_{1t-1}^2 + 0.791\,3\sigma_{1t-1}^2 \qquad\qquad(10.6)$$
$$\quad(3.993\,2)\qquad(4.913\,9)\qquad(17.412\,6)$$

（2）中小企业板市场

$$R_{2t} = -0.389\,1R_{2t-2} + 0.275\,6R_{2t-3} - 0.306\,3R_{2t-4} + 0.405\,3\varepsilon_{2t-2} - 0.154\,8\varepsilon_{2t-3} +$$
$$\quad(-5.497\,2)\qquad(4.084\,8)\qquad(-4.497\,3)\qquad(5.946\,2)\qquad(-2.412\,0)$$

$$0.495\,2\varepsilon_{2t-4} + 1.109\,1\ln\sigma_{2t}$$
$$(7.988\,7)\qquad(23.460\,6)$$

$$\sigma_{2t}^2 = 5.09\times10^{-5} + 0.181\,9\varepsilon_{2t-1}^2 + 0.516\,6\sigma_{2t-1}^2 \qquad\qquad(10.7)$$
$$\quad(5.066\,2)\qquad(5.335\,6)\qquad(6.909\,6)$$

（3）创业板市场

$$R_{3t} = -0.387\,7R_{3t-2} + 0.195\,6R_{3t-3} - 0.302\,7R_{3t-4} - 0.570\,3R_{3t-5} + 0.454\,7\varepsilon_{3t-2} -$$
$$\quad(-6.257\,3)\qquad(3.923\,4)\qquad(-7.082\,7)\qquad(-8.121\,3)\qquad(9.604\,5)$$

$$0.113\,7\varepsilon_{3t-3} + 0.449\,5\varepsilon_{3t-4} + 0.612\,3\varepsilon_{3t-5} + 1.150\,1\ln\sigma_{3t}$$
$$(-3.664\,7)\qquad(16.055\,6)\qquad(11.890\,7)\qquad(14.697\,6)$$

$$\sigma_{3t}^2 = 6.37\times10^{-8} + 0.153\,9\varepsilon_{3t-1}^2 + 0.481\,7\sigma_{3t-1}^2 \qquad\qquad(10.8)$$
$$\quad(2.598\,0)\qquad(2.752\,1)\qquad(2.856\,0)$$

从上述主板市场、中小企业板市场、创业板市场的估计结果式（10.6）至式（10.8）可以看出：首先，中小企业板市场的均值方程显示 GARCH 项系数显著，并且大于零，说明此时中小企业板市场运行符合资本市场的基础理论，即高收益伴随高风险；其次，这三个市场经过模拟后市场运行都能符合这一基础理论；同时，分析这三个市场的收益与风险的替代关系，发现风险对收益的弹性系数分别为主板市场 1.098 5、中小企业板市场 1.109 1、创业板市场 1.150 1，这三个弹性系数均显著异于零，并且系数逐渐变大，表明主板市场、中小企业板市场、创业板市场的风险每增加一个单位时，各自市场的收益会同方向增加 1.098 5、1.109 1 和 1.150 1 个单位，说明此时的多层资本市场间的收益与风险的替代关系符合多层资本市场建立的目的，即风险高的市场能够获得更好的收益。

上述验证表明，经过为多层资本市场进行"量体裁衣"的涨跌幅交易机制设计，能够使多层资本市场之间的关系得到有效改善，从而达到优化资源配置与风险配置的目的。

10.4 中国多层资本市场涨跌幅
非对称限价交易制度设计

上述分析表明,针对中国多层资本市场体系,设计多层次涨跌幅限价交易制度有利于提升资本市场的运行效率。然而,前文讨论的仅仅是对称性涨跌幅限价交易制度,它与资本市场收益率非对称分布的内在特征不一致,李腊生等根据中国主板市场收益率的非对称分布状况,研究了中国主板市场非对称性涨跌幅限价交易制度设计问题。这里我们进一步来讨论中国多层资本市场体系非对称性涨跌幅限价交易制度的设计,有关主板市场非对称性涨跌幅限价交易制度的讨论将不再重复,直接引用李腊生等的相关结论。在讨论中国多层资本市场体系非对称性涨跌幅限价交易制度设计的问题之前,我们首先有必要给出中小企业板市场和创业板市场收益率分布非对称性的经验证据,否则这种非对称涨跌幅限价交易制度的讨论就缺乏依据。

10.4.1 中小企业板市场与创业板市场收益率非对称分布的经验证据

现有的相关研究表明,中国中小企业板市场、创业板市场收益率与主板市场一样,其分布并不服从正态分布,而是具有尖峰厚尾的特征,在蒋春福等的研究中发现中国股市收益率数据不仅具有尖峰厚尾的特征,同时还表现出了非对称性,所以尖峰厚尾分布本身就证实了中国中小企业板市场和创业板市场收益率是非对称的。对资本市场收益率分布的统计考察虽然能揭示收益率分布的非对称特征,挑战有效市场假说(EMH)中的正态分布之假定,但这种统计分析却不能给我们有关非对称效应的经济基础或理由,对此,本章这里借用行为金融学中的 VF – GARCH – M 模型来讨论中国中小企业板市场、创业板市场的非对称效应,以及导致非对称效应的心理法则。

行为金融学的相关研究表明,投资者的行为选择除了受基本面的影响外,还与其主观态度有关,结合投资者心理因素,行为金融学家考虑到投资者的主观态度会带来股市的波动,因此将前景理论中的价值函数通过平滑转换指数平滑的方法融入 EGARCH 模型的方差方程中。同时,无论投资者的主观态度是积极的还是消极的都会对波动造成影响,因此价值函数应作绝对值处理,由此,行为金融学家提出了市场行情的主观态度模型,该模型的一般形式可表示为

$$\vartheta_i = \eta_{1i}|u_{ti-1}|^{\alpha}D(u_{it-1}) + \eta_{2i}|u_{it-1}|^{\beta}D(-u_{it-1}) \quad \alpha < 1, \beta < 1 \quad (10.9)$$

式中,ϑ_i 为投资者对 i 市场的主观态度反应项;$D(u_{t-1})$ 为阶跃函数;$D(u_{t-1}) =$
$\begin{cases} 1, & u_{t-1} \geqslant 0 \\ 0, & u_{t-1} \leqslant 0 \end{cases}$,$\eta_{1i}|u_{t-1}|^{\alpha}D(u_{it-1})$ 是投资者对上升行情的主观态度,
$\eta_{2i}(|u_{it-1}|)^{\beta}D(-u_{it-1})$ 为投资者对下跌行情的主观态度。若 $\eta_{1i}(|u_{ti-1}|)^{\alpha}D$
$(u_{it-1}) > \eta_{2i}(|u_{it-1}|)^{\beta}D(-u_{t-1})$,说明投资者对上升行情的反应大于对下跌行
情的反应,上升行情对股市波动的影响要大于下跌行情;相反,若 $\eta_{1i}(|u_{it-1}|)^{\alpha}$
$D(u_{it-1}) < \eta_{2i}(|u_{it-1}|)^{\beta}D(-u_{it-1})$,说明投资者对下跌行情的反应大于对上升
行情的反应,下跌行情对股市波动的影响要大于上升行情。$i = 2,3$ 分别表示中
小企业板市场和创业板市场。

　　分别对中小企业板市场、创业板市场进行估计,得投资者对中小企业板市
场的上升、下跌行情的主观态度项为

$$\vartheta_2 = 0.240\ 2\,|u_{2t-1}|^{0.477\ 7}D(u_{2t-1}) + 0.019\ 5\,|u_{2t-1}|^{0.413\ 6}D(-u_{2t-1})$$
$$(9.145\ 6)\quad(-2.304\ 4)\qquad(2.396\ 2)\quad(72.837\ 3)\qquad(10.10)$$

投资者对创业板市场的上升、下跌行情的主观态度项为

$$\vartheta_3 = 0.183\ 9\,|u_{3t-1}|^{0.589\ 3}D(u_{3t-1}) + 0.044\ 2\,|u_{3t-1}|^{0.313\ 4}D(-u_{3t-1})$$
$$(2.386\ 7)\quad(-4.024\ 8)\qquad(16.740\ 9)\quad(-10.786\ 35)\ (10.11)$$

　　式(10.10)和式(10.11)中的所有估计参数均显著大于零,说明投资者的主
观态度会影响市场价格及其波动性,式(10.10)和式(10.11)中的第一项均大于
第二项,表明投资者对待上升行情与下跌行情的反应是不一致的,投资者对上
升行情的反应更加敏感,对下跌行情的反应则表现得较为迟钝,这一点正好验
证了前景理论在中国股市的适应性,同时该结果也与第9章对主板市场的相关
研究结论一致。投资者对待上升行情与下跌行情的反应不一致决定了中小企
业板市场、创业板市场收益率的非对称性,而收益率的非对称性又有悖于公平
公正原则。因此,构建中小企业板市场、创业板市场非对称性的涨跌幅限价交
易制度就是必要的。

10.4.2　中小企业板市场与创业板市场非对称涨跌幅度测算

　　为了估算出中小企业板市场、创业板市场明确的控制性涨幅与控制性跌
幅,这里我们以市场公平公正为原则,以主板市场10%的跌幅限制为基点,结合
本书前述有关多层资本市场层次性分析的结果,依据中小企业板市场和创业板
市场内在运行的非对称性特征,利用极值理论的方法来推算中国中小企业板市
场和创业板市场的最优涨跌幅度。

　　设中国多层资本市场在限价政策下的涨幅上限为 $L_{1i}(i = 1,2,3$ 分别表示

主板市场、中小企业板市场和创业板市场），跌幅下限为 L_{2i}，$Pr(r_{ti} > L_{1i}) = \pi_{1i}$ 为无限价交易下，市场价格突破 L_{1i} 的概率；$Pr(r_{ti} < L_{2i}) = \pi_{2i}$ 为无限价交易下，市场价格跌穿 L_{2i} 的概率，r_{ti} 为第 i 个市场的日收益率。实际上，π_{1i} 和 π_{2i} 也可被视为价格波动异常的比率。

上述分析表明，中国多层资本市场体系的相互关系决定了在主板市场跌幅控制选定为 10% 的基础上，中小企业板市场最优的跌幅限制适宜选择为 11.3%，创业板市场最优的跌幅限制适宜选择为 14.3%。在明确了中国多层资本市场体系中各自市场的跌幅下限后，接下来的关键工作就是依据中小企业板市场和创业板市场各自运行的非对称效应，来寻求最优的涨幅上限控制线。

由上述明确的基本原则与分析目标可知，寻求中小企业板市场和创业板市场最优的涨幅上限控制线旨在找到确定的 L_{2i}，使之满足 $Pr(r_{ti} > L_{1i}) = Pr(r_{ti} < L_{2i})$。由于中小企业板市场和创业板市场收益率分布未知，参数分析方法对 L_{2i} 的确定无能为力，对此，我们这里仍旧选取极值理论方法来解决问题。

设定价格波动的异常比率 π_{1i}、π_{2i} 为 5%，根据不断测算选取极大值分布合适的阈值，并运用极大似然估计方法分别确定中小企业板市场和创业板市场的分布参数，估计结果见表 10.4 和表 10.5。

表 10.4　中小企业板市场上升行情各参数估计

v	$n^*(v)$	p	ξ	σ	μ
1	30	0.162 3	− 0.020 5	0.909 1	5
2	28	0.452 8	0.000 2	0.892 3	4.9
3	25	0.716 9	0.000 2	0.786 5	4.6
4	22	0.572 3	− 0.000 2	1.245 8	2.9
5	19	0.786 1	0.002 1	1.009 4	4.2
6	16	0.456 9	0.001 2	1.108 6	3.4
7	15	0.901 2	0.000 7	1.141 7	3
8	12	0.192 3	0.000 9	1.325 4	2.7
9	9	0.732 1	− 0.001 9	0.984 7	3.2

表 10.5　创业板市场上升行情各参数估计

v	$n^*(v)$	p	ξ	σ	μ
1	20	0.189 2	−0.119 7	0.921 2	4.8
2	41	0.472 3	0.172 8	0.917 5	4.4
3	35	0.718 7	0.202 6	0.881 3	3.9
4	26	0.567 9	0.216 5	0.884 2	2.6
5	8	0.937 2	−0.181 7	0.891 9	2
6	20	0.486 2	0.224 8	0.864 5	2.3
7	19	0.356 9	0.178 2	0.842 3	1.9
8	31	0.178 9	0.203 8	0.871 3	2.1
9	17	0.703 1	0.192 1	0.942 4	1.7

从表 10.4、表 10.5 模拟结果可以发现:对中小企业板指数而言,当尾部数据个数为 15 时,双样本 k−s 检验的 p 最大,此时对应的阈值 3 为最优阈值;同理,创业板市场指数的最优阈值为 2,尾部个数为 8。

为了说明上述模拟方法的有效性,选取临近最优值的数据计算 Choulakian M. A. 和 Stephens V. 提出的 Cramer−von 统计量 W^2 和 Anderson−Darling 统计量 A^2,并计算 p。

根据第九章的模拟结果,上证综指的上升行情时尾部数据个数为 $n=15$,本节选取 $12 \leqslant n \leqslant 18$,下降行情的尾部数据个数为 $n=8$,本节选取 $5 \leqslant n \leqslant 11$ 分别估计相关的帕累托分布的参数,并计算拟合优度按检验统计量 W^2 和 A^2,结果见表 10.6 和表 10.7。

表 10.6　中小企业板市场模拟有效性结果

n	$k(-\xi)$	W^2	A^2
12	−0.001 8	0.097 8	0.765 2
13	−0.001 7	0.096 4	0.695 4
14	−0.001 1	0.096 0	0.720 8
15	−0.000 7	0.092 3	0.706 9
16	−0.001 2	0.095 7	0.642 4
17	−0.001 6	0.097 1	0.712 3
18	−0.002 2	0.099 6	0.842 5

表10.7　创业板市场模拟有效性结果

n	$k(-\xi)$	W^2	A^2
5	0.003 2	0.096 1	0.607 5
6	0.011 3	0.109 7	0.661 4
7	0.012 7	0.128 3	0.645 6
8	0.018 7	0.104 2	0.587 3
9	0.013 9	0.876 2	0.601 9
10	0.094 9	0.950 5	0.643 9
11	0.092 3	0.952 0	0.653 0

由表10.6可知,对于中小企业板指数而言,当 $n=15$ 时,根据 Choulakian M. A. 和 Stephens V. 提出的尾部数据的选取标准,选取15个尾部数据拟合广义帕累托分布是可行的。拟合优度检验统计量 $W^2=0.092\ 3$ 和 $A^2=0.706\ 9$,通过查询相关统计表,可知它们的 p 值都大于0.1。当选取 $12 \leqslant n \leqslant 18$ 时,根据统计量 W^2 的 p 值判断, $n=15$ 是最优的;根据值判断, $n=15$ 是次优的。

同理,由表10.7可知,对创业板市场指数而言,选取8个尾部数据拟合广义帕累托分布是可行的。当选取 $5 \leqslant n \leqslant 11$ 时,根据统计量 W^2 的 p 值判断, $n=8$ 是次优的;根据值判断, $n=8$ 是最优的。

根据表10.6和表10.7的参数值,分别测算 L_{2i},经计算得:中小企业板市场的涨幅上限 $L_{22}=17\%$,创业板市场的涨幅上限 $L_{23}=22.88\%$。

综上所述,我们认为,在以主板市场10%跌幅限价交易控制线为基点的前提下,中国多层资本市场涨跌幅限价交易制度适合调整为主板市场:(-10% , +13%),中小企业板市场:(-11.3% , +17%),创业板市场:(-14.3% , +22.88%)。由此,通过实行非对称的涨跌限价交易机制是能够提高市场效率,达到帕累托改进的目的。

10.5　新涨跌幅限价交易制度效应的模拟分析

为了验证中国多层资本市场体系依上述结论调整后涨跌幅限价交易制度的政策效应,本书按中小企业板市场涨跌幅(-11.3% , +17%)、创业板市场涨跌幅(-14.3% , +22.88%)的限制进行模拟分析,模拟方法仍采用蒙特卡洛模拟。模拟的样本区间及处理方法与之前相同,并且假定投资者对各市场不同行情持相同的主观态度,即 VF - EGARCH - M 模型中 α、β 的估计值不变。

通过 VF – GARCH – M 模型,对模拟后的中小企业板市场收益率及创业板市场收益率进行重新估计,可得投资者对市场行情的反应项的系数,见表 10.8。

表10.8 中小企业板市场、创业板市场主观态度项系数

	上升行情		下降行情	
	主观态度项 η_{1i}	p	主观态度项 η_{2i}	p
中小企业板市场	5.98E – 12	0 * * *	9.16E – 09	0 * * *
创业板市场	2.42E – 11	0 * * *	– 3.68E – 10	0 * * *

注:* * *表示在1%的显著性水平上显著。

由表 10.8 可知,反映投资者对中小企业板市场的上升行情和下降行情的主观态度的系数分别为 5.98E – 12 和 9.61E – 11,虽然这两个系数估计值在统计意义上显著异于 0,但系数本身几乎与 0 无异。由此说明中小企业板市场实施非对称性涨跌幅限价政策使投资者反应趋于一致,股市运行将呈现对称性效应。同理可得,创业板市场的非对称性涨跌幅制度也能够使投资者反应趋于一致,市场运行呈现对称性特征。

最后,再对中小企业板市场、创业板市场模拟后并经过平均化处理的数据进行正态性检验,中小企业板市场、创业板市场模拟数据经平均化处理后的收益率分布状况及相应的检验统计量分别如图 10.2、图 10.3 所示。

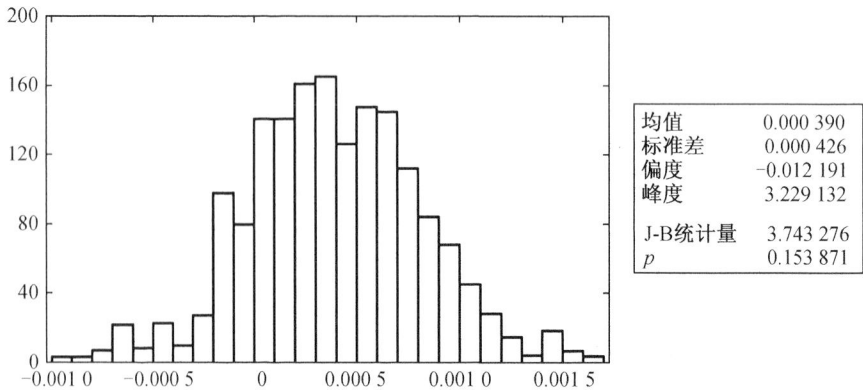

均值	0.000 390
标准差	0.000 426
偏度	-0.012 191
峰度	3.229 132
J-B统计量	3.743 276
p	0.153 871

图10.2 平均处理后的中小企业板市场模拟数据收益率分布图

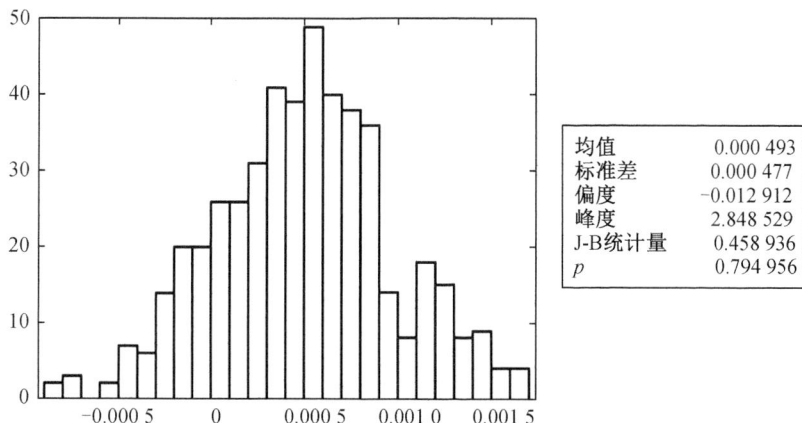

均值	0.000 493
标准差	0.000 477
偏度	−0.012 912
峰度	2.848 529
J-B统计量	0.458 936
p	0.794 956

图10.3　平均处理后的创业板市场模拟数据收益率分布图

由图10.2、图10.3中的统计检验值可知,经平均处理后的中小企业板市场、创业板市场模拟数据通过了 J−B 检验,说明这两个市场不能拒绝收益率的正态分布假定。也就是说,若中小企业板市场实施涨幅上限 17% 和跌幅下限 11.3% 的限价交易机制,中国中小企业板市场收益率的分布将会呈现正态分布;同理,若创业板市场实施涨幅上限 22.88% 和跌幅下限 14.3% 的限价交易机制,创业板市场收益率分布也会呈正态分布。实际上,在中小企业板市场涨幅上限 17% 和跌幅下限 11.3%、创业板市场涨幅上限 22.88% 和跌幅下限 14.3% 的限价交易机制下,模拟结果显示(图10.4、图10.5),即使是模拟数据不做平均化处理,两个市场收益率的分布也都能通过正态性检验。

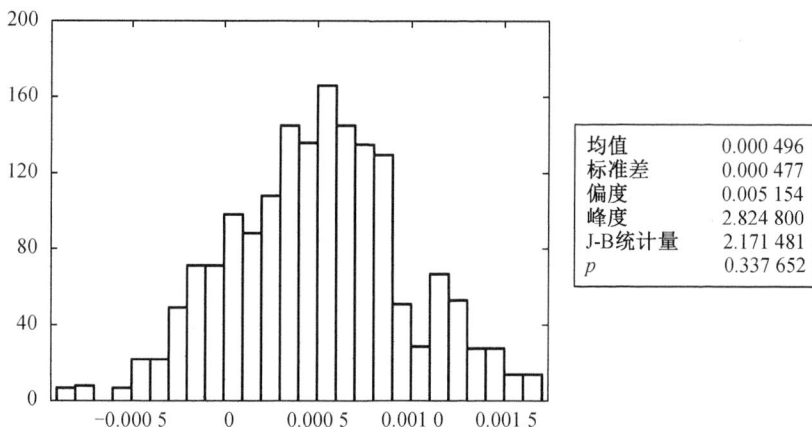

均值	0.000 496
标准差	0.000 477
偏度	0.005 154
峰度	2.824 800
J-B统计量	2.171 481
p	0.337 652

图10.4　中小企业板市场模拟数据收益率分布图

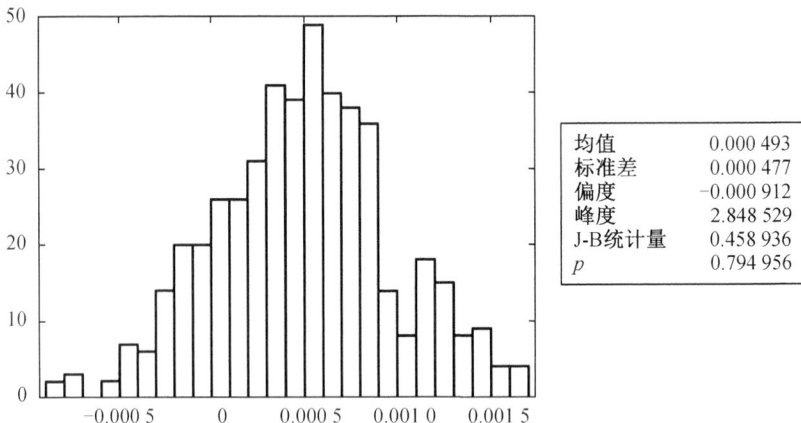

均值	0.000 493
标准差	0.000 477
偏度	-0.000 912
峰度	2.848 529
J-B统计量	0.458 936
p	0.794 956

图 10.5   创业板市场模拟数据收益率分布图

这充分证明,交易制度的变革将改变投资者的弱势条件,从而实现盈亏对等的局面,达到优化交易制度的目的。

10.6   本 章 小 结

本章从中国多层资本市场实际运行状况出发,考察了多层资本市场各自的风险特征,分析了市场间收益与风险的替代关系,并依据不同市场的层级关系,首先探讨了中国多层资本市场的对称性交易机制并进行设计,在此基础上,通过对主板市场、中小企业板市场和创业板市场运行非对称效应的考察,进一步探讨了中国多层资本市场体系的非对称交易机制设计,得到了以下基本结论:

(1)中国多层资本市场各自的风险特征不同,按照各自风险升序排列依次为主板市场、中小企业板市场、创业板市场。

(2)多层资本市场间的收益与风险替代关系不符合多层资本市场建立的目的,而且中小企业板市场的收益与风险的替代关系不符合资本市场的基础理论,即投资者在承担高风险的同时并未伴随高收益,这极大地降低了中国多层资本市场体系优化资源与风险配置的效率。

(3)多层资本市场间风险的关系为中小企业板市场的风险 1.127 7 倍于主板市场,创业板市场的风险 1.427 2 倍于主板市场。

(4)解决多层资本市场间收益与风险替代关系非有效的方法是实施"量体裁衣"的涨跌幅限价政策,若以主板市场涨跌幅 ±10% 为基点,对称性涨跌幅限价交易制度下的中小企业板市场涨跌幅应为 ±11.3%,创业板市场涨跌幅应为

$\pm 14.3\%$。

（5）资本市场自身所具有的非对称性效应决定着即便是依多层资本市场体系市场间的关系来设计交易制度,对称性涨跌幅的限价交易制度设计虽然能够提升多层资本市场体系的运行效率,但其仍然无法克服投资者天生的不利地位。因此,设计非对称性涨跌幅限价交易制度就是必要的。

（6）如果以主板市场跌幅限价10%为基准,结合各个市场非对称性效应,经多种定量分析工具的运用,得到主板市场的最优涨幅上限为13%,中小企业板市场的最优涨幅上限为17%,最优跌幅下限为11.3%,创业板市场的最优涨幅上限为22.88%,最优跌幅下限为14.3%。

（7）如果将多层资本市场的涨跌幅限价政策按上述结果调整,相应的模拟分析表明,中小企业板市场的运行不仅能符合资本市场的基础理论,重要的是它可以使多层资本市场各自运行达到对称性波动状态,使投资者真正处于公平公正的交易限价交易制度下,从而达到提升中国多层资本市场体系运行效率的目的。

为了简洁实用,对此,我们建议调整中国多层资本市场现行的对称性涨跌幅限价机制,将现行主板市场、中小企业板市场和创业板市场统一且对称的±10%限价交易制度调整为主板市场（-10%,+13%）,中小企业板市场（-11%,+17%）,创业板市场（-14.%,+23%）。

第11章 研究结论、局限性与展望

11.1 研究结论

中国股票市场历经二十多年的发展,从萌芽、产生、发展向规范化推进的过程中,股市日趋成熟,但相比西方成熟的资本市场,作为新兴市场,中国股市还存在很多亟待解决的问题,研究中国股市的有效性水平,正确认识中国股市的效率层级,以充分发挥其资源配置等功能。本书是关于中国股市收益率非对称性波动特征的研究,以中国股票市场为研究对象和研究样本,以对波动非对称现象全面和客观的认识作为研究的切入点,进而对中国股市波动非对称性进行深入探讨,从理论性视角分析了股市收益率非对称性波动的有效性及效率损失,并从行为金融角度探讨了股市收益率与交易机制的关系,且从实证的角度分析了中国股市收益率的非对称性特征,发现通过调整当前的交易机制可以降低股市收益率非对称性效应,借助极值这一理论对最优的涨跌幅度进行设定,利用蒙特卡洛模拟实验,对非对称性涨跌限制的具体制度予以设计、完善,并对这一设计做出相关检验。得出以下结论:

(1)经过理论分析,有效市场是帕累托有效的,收益率对称波动是有效市场成立的必要条件,而收益率非对称波动会导致市场无效,进而造成效率损失,提出了效率损失的度量方式与测算方法。

(2)运用经济学理论分析中国多层资本市场的效率情况,发现当前实行对称性限价交易机制的中国证券市场无论是在资源配置方面还是在风险配置方面都是非帕累托有效的,对称性交易机制会造成证券市场效率损失。

(3)利用行为金融的相关理论,对股市收益率与对称性交易机制之间的关系进行了分析。发现投资者的投资心理是非对称性的,进而导致交易行为的非对称性,反映到整个市场上就是市场的非对称性,显然这与现在实行的对称性交易机制是不相符的,当前实行的对称性涨跌幅不但没有对投资者投资行为非对称行为进行疏解,反而加剧了非对称性波动。

（4）从波动视角深入探讨中国证券市场的发展历程，进而分析了多层资本市场与收益率方面的基本特征，检验了其稳定性；通过对市场的回归分析，检验了市场体系内部的联动性和一致性。在中国多层资本市场实际运行中，主板市场、中小企业板市场和创业板市场的指数收益率无显著差别，但它们各自的风险却不同，这种收益与风险非对称的现象表明中国多层资本市场的运行是无效率的；主板市场、中小企业板和创业板市场的指数收益率格兰杰因果关系表明，上证主板市场波动率的变动会引起其他市场波动率的变动，并且存在 $1 \sim 4$ 个交易日的时滞。

（5）中国资本市场的对称性涨跌幅限价政策的确有降低风险的作用，但它对市场收益率的影响是不确定的，由于投资者的反应具有非对称性，中国资本市场的对称性涨跌幅限价政策加剧了收益率分布的偏离，根据行为金融的有关理论构建 VF － EGARCH － M 模型，这一模型的构建是建立在价值函数理论基础之上的。

（6）解决市场非对称性效应的办法是实施非对称性涨跌幅限价政策，中国资本市场最优的主板市场涨幅上限为 13.46%，最优的跌幅下限为 10.63%；中小企业板市场最优涨幅上限为 17%，最优跌幅下限为 11.3%，创业板市场最优涨幅上限为 22.88%，最优跌幅下限为 14.3%。如果将现行的对称性涨跌幅限价政策调整为（ + 12.7% ，－ 10%）、（ + 17% ，－ 11.3% ）、（ + 22.88% ，－ 14.3% ），模拟分析结果表明中国资本市场收益率的分布将服从正态分布。对此，我们建议调整中国资本市场现行的对称性涨跌幅限价机制，将现行的 ± 10% 分别调整为主板市场（ + 13% ，－ 10% ）、中小企业板市场（ + 17% ，－ 11.3% ）、创业板市场（ + 22.88% ，－ 14.3% ）。涨跌幅限价机制的这种非对称性调整不仅有利于纠正收益率的偏态性（正态分布有很多优点）和降低风险，而且也有利于提升投资者的预期收益。跌幅限价机制的这种非对称性调整不仅有利于纠正收益率的偏态性和降低风险，而且有利于提升投资者的预期收益，是一种典型的帕累托改进。

本书采用经验分析方法对中国多层资本市场的非对称交易机制进行了研究。从实证的角度发现，中国多层资本市场的投资者不断趋于理性、投机成分不断减少，但是与发达国家多层资本市场相比，仍然存在很大的差距。因此，在规范上市公司、培育机构投资者、完善退市制度等方面，中国证监会仍然有很长的路要走。

11.2　研究局限与展望

多层资本市场非对称交易机制的设计问题的研究一直是学术界和实证研究的焦点课题之一,随着研究内容的扩展和研究方法的不断改进,新的研究领域和研究课题不断涌现,虽然我们在本书尝试着提出了一些新的具有创新性的观点与方法,但是仍然不够完善和成熟,还存在很多需要改进的地方。本书的创作过程是一个不断思索和发现完善的过程,关于多层资本市场非对称交易机制的设计问题的研究还远未系统化,还有许多空间有待开发,限于作者自身水平和参考文献的局限,许多问题并未得到深入的研究和拓展。在这里,希望能为后来的学者提供一些参考,本书将对处于创作过程中的还需进一步完善的问题做如下总结:首先,在分析中国股市低效率的原因时,对中国股市的发展现状的掌握方面,还存在不足,不够全面。其次,由于影响多层资本市场非对称交易机制的因素是多方面的,既有制度性因素和政策性因素,也有市场层面的因素,还有宏观层面的宏观因素和微观层面的上市公司自身经营因素等,因此还需要对多层资本市场非对称交易的原因进行更加深入的研究和探讨。

参 考 文 献

[1] 成思危,李自然.投资者行为与股市波动[J].南开经济研究,2004,6(6):83-93.

[2] 耿晓媛.有效市场与交易机制、效率损失的关系[J].金融经济,2018(10)109-110.

[3] 胡朝霞.涨跌停机制对上海股市效率和波动的影响[J].厦门大学学报(哲学社会科学版),2004(2)100-108.

[4] 蒋天虹.深圳股票市场杠杆效应研究[J].财经问题研究,2008(2)71-75.

[5] 李腊生,关敏芳,沈萍.中国多层资本市场体系风险配置效率研究[J].广东金融学院学报,2010(5)26-39.

[6] 李腊生,李佳,周猛.多层资本市场体系资源配置与风险配置的一致性分析[J].商业经济与管理,2011(7)62-69.

[7] 李腊生,王欣.中国股票市场运行内在机理与价格决定[J].经济学动态,2009(10)61-66.

[8] 李腊生,翟淑萍,刘磊.投资者异质性与证券市场定价:理论模型与中国的经验证据[J].投资研究,2011(8)120-129.

[9] 刘海龙,吴文锋,吴冲锋.涨跌幅限制对股票市场波动性的影响[J].上海交通大学学报,2009,39(10):1569-1573.

[10] 刘红忠,何文忠.股票收益率分布的核密度估计及蒙特卡罗模拟检验:基于涨跌停板制度推出前后数据的比较研究[J].世界经济文汇,2010(2)46-55.

[11] 刘毅,张宏鸣.我国股市非对称反应影响因素的实证分析[J].财贸研究,2006,17(3):77-83.

[12] 陆蓉,徐龙炳."牛市"和"熊市"对信息的不平衡性反应研究[J].经济研究,2004(3)65-72.

[13] 王旻,杨朝军,廖士光.创业板市场对主板市场的冲击效应研究:香港股市与深圳中小企业板的经验证据与启示[J].财经研究,2009,35(5):63-73.

[14] 文凤华,黄德龙,兰秋军,等.过度自信、后悔厌恶对收益率分布影响的数值模拟研究[J].系统工程理论与实践,2007,27(7):10-18.

[15] 李腊生,耿晓媛.我国股票市场交易机制设计:基于非对称性涨跌幅限价交易制度的研究[J].投资研究,2012(9)82-94.

[16] 俞乔.市场有效、周期异常与股价波动:对上海、深圳股票市场的实证分析[J].经济研究,1994(9)43-50.

[17] 张兵.中国股市日历效应研究:基于滚动样本检验的方法[J].金融研究,2005(7)33-44.

[18] 张思奇,马刚.股票市场风险、收益与市场效率:ARMA-ARCH-M模型[J].世界经济,2000(5)19-28.

[19] ALEXANDER S S. Price movements in speculative markets:trends or random walks[J]. Industrial Management Review,1961(22)7-26.

[20] MALKIE B. Efficient market hypothesis in Newman P Milgate and J Eatwell [J]. New Palgrave Dictionary of Money and Finance,1992(77)364-371.

[21] BOLLERSLEV T. Generalized autoregressive conditional heteroskedasticity [J]. Journal of Econometrics,1986,(31)3:307-327.

[22] JIANG C X, KIM J C,WOOD R A. Adverse selection costs for NASDAQ and NYSE after decimalization [J]. International Review of Financial Analysis, 2009,18(4):205-211.

[23] NELSON D B. Conditional Heteroskedasticity in Asset Returns:A New Approach[J]. Econometrica, 1991, 59(2):347-370.

[24] GLOSTEN L R, JAGANNATHAN D R. On the Relation between the Expected Value and the Volatility of the Nominal Excess Return on Stocks [J]. Journal of Finance,2012,48(5): 1779-1801.

[25] GENG X Y. Identification and application of investors' risk appetite [J]. Computer Modelling and New Technologies, 2014,18(11):695-705.

[26] GENG X Y. Return asymmetry and efficiency losses of stock market [J]. Journal of Interdi Mathematics, 2017, 20(4):979-990.